DUFOSSE
9 JUILLET
1894

18f — 20%

S.G. Ris. 8° F. 15

Acosta (Emanuel) Oriente
Rerum a Societate Jesu in
gestarum ad annum usque a Deipara
Virgine M.D.LXVIII, Commentarius
Emanuelis Acostae,... recognitus et
latinitate donatus [a Joanne Petro
Maffeio]. Accessere de Japonicis rebus
epistolarum libri IIII, item recogniti, et
in latinum ex Hispanico sermone conversi.
— Dilingae, apud Sebaldum Mayer,
1571. In-8° (15 cm. 6), piéces limin.,
228 ff. et l'index. [S.G. Ris. 8° F. 15
(1/2 rel. anc. coins parch., dos veau brun, pièce

RERVM
A SOCIETATE
IESV IN ORIENTE GE-
STARVM AD ANNVM VSQVE
à Deipara Virgine M.D.LXVIII, commentarius Emanuelis Acostæ Lusitani, recognitus, & latinitate donatus.

ACCESSERE DE
IAPONICIS REBVS EPISTO-
larum libri IIII, item recogniti, & in latinum ex Hispanico sermone conuersi.

DILINGÆ
Apud Sebaldum Mayer.
Anno M.D.LXXI.

Cum priuilegio Cæsareo & Superiorum facultate.

parch. — Ex-libris du prince Roland Bonaparte.)
— fiche traducteur : Maffei (R.P. Giovanni Pietro) S.J.
— fiches analytiques
— fiche bbr. (N° ville) : Mayer (Sebaldus) Dillingen
— fil. vnt : Dufossé
— fiche provenance : Jésuites (collège de 1654)
— d'Val. ... : "Dufossé 9 juillet
1894   18fr.–20/70   "
— " Collegii Societ. Jesu Brzeżnic." 1654

cette éd. n'est pas
cat. imp. B.N.

RERVM
À SOCIETATE
IESV IN ORIENTE GE-
STARVM AD ANNVM VSQVE
à Deipara Virgine M.D.LXVIII, commentarius Emanuelis Acostæ Lusitani,
recognitus, & latinitate
donatus.

ACCESSERE DE
IAPONICIS REBVS EPISTO-
larum libri IIII, item recogniti, & in
latinum ex Hispanico sermo-
ne conuersi.

DILINGÆ
Apud Sebaldum Mayer.
Anno M.D.LXXI.

Cum priuilegio Cæsareo & Superiorum facultate.

Reseña Fin 90.15

149

CLARIS-
SIMO PRINCIPI,
AC DOMINO, D. OTHO-
ni Truchses à VValdburg, S. R. E.
Cardinali, Augustano Episcopo
ac Prænestino, Præposito &
Domino Eluuacensi
&c. Ioan. Petrus
Maffeius S.
P. D.

VOD TE
non fugit omni liberali doctrina eruditū, Otho Card. Ampliss., India prouinciarum omnium Maxima, tametsi proprie dici videtur pars illa

)(2 ter-

terrarum, quam nobilis-
simus fluuius Indus inter-
fluit; vsus tamen obtinuit,
vt etiã vltra Gangem ęque
magnũ,ac celebre flumen,
immensi illi terrarum tractus,qui ad Sinas vsq;,& in
extremo positos Oriente
pertinent Seras,Indiæ no-
mine censeátur. Porro vl-
tra Sinas, in Serico Ocea-
no, haud procul à continẽ-
te, ingens cernitur Insula
cõpluribus minoribus ad-
iacentibus, quam nostri
vulgo Iaponẽ vocant, Zi-
pan-

pangrim antiquis dictã fuisse nonnulli arbitrantur. Hac insula excepta, ceteras fermè regiones eas, cum alijs opibus, tum etiam pretiosissimis aromatibus, odoramentisque refertas, constat priscis tẽporibus, Romano florẽte Imperio, cum Europeis hominibus, & commercijs, & hospitio fuisse coniunctas. traditum est etiam, multas Christiana quondam sacra tum ab alijs, tum præsertim à duobus eximia sanctitate viris

Tho-

Thoma, & Barptolomæo Dñi Apostolis accepisse. Verum vbi Romani decus Imperij, cōspirantibus vndiq; in ipsū varijs nationibus concidit; mercimonij vocumq;, & litterarū cum illis gētibus communione sublata, Christi cultus, atq; religio paullatim extincta, ac deleta sic est, vt nullum prope ipsius vestigiū in illis iam regionibus appareret. Quo melius de Christiana meruisse Repub: Lusitani iure putandi sunt, quod cum

cum terrestri itinere, sine
summo vitæ discrimine ea
loca peti non possent, &
vix quisquam reperiretur,
qui peregrinationem eius-
modi suscipere auderet; or-
natissimis ipsi classibus extima legentes Africę littora; Bonęspei promontoriũ
ante id tempus pæne inco-
gnitũ, aureã Chersonesum
quæ Malaca dicitur hodie,
Taprobanã, quæ Sumatra,
siue Samotra; Sinas deniq;
pręteruecti; ad ipsam de
qua diximus Iaponis insu-

lam ingenti aufu, summaq́;
animi magnitudine pene-
trarunt: ijdéq́;, Indicæ oræ
magna parte fubacta, fi-
nus etiam Perfici faucibus
fortiter æque ac feliciter
occupatis, Arabici verò na
uigatione crebris incurfio-
nibus impedita, mercibuf-
que Indicis per Africū, atq;
Atlanticū Oceanū in Hi-
fpaniam auerfis; nō modo
Mēphitica Turcarū vecti-
galia grauifsimis damnis,
atq; incōmodis affecerunt;
fed etiam CHRISTI li-
bera-

beratoris noſtri cultum, ac nomen, apud eos populos vel nunquam ante id tempus auditum, vel diuturna vetuſtate, atq; obliuione deletum, ſalutari prædicatione longe lateq; propagarūt adhibitisperductiſq; ſecum, Summi Pontificis iuſſu, multis Euāgelij præconibus, tum aliarū familiarum, tum vero præcipuè Societatis IESV. Quorū Epiſtolæ (huc .n. tota ſpectat oratio) quas vulgo Indicas nomināt, in Europā
ſubin-

subinde perlatæ, minime dubium est, quin haud mediocrē vtilitatē pari delectatione coniunctā hominibꝰ nostris attulerint. Veruntamē ea volumina cum iam nimiū excrescerent, multosq; à legendi studio retardarent, prudenter mihi simul, ac pie fecisse videtur Emanuel, is cuius nos scripta cōuertimus, qui circuncisis ijs, quæ minus necessaria videbantur, cetera breuē in cōmentarium retulit, vt essent parata, & in prom-

promptu, quæ quis de rerũ Indicarum statu, progressúue, quod attinet ad religionem, scriptione maximè digna, cognoscere cuperet. Quam nos etiã, aliqua ex parte, circuncidẽdi castigandíq; siue diligẽtiam, siue licentiã, in Iaponicis Epistolis ita præstare conati sumus, vt historiæ fides, ac veritas omnino integra permaneret; quod facile perspiciet si quis hæc exempla cũ ceteris accurate contulerit. Cõmenta-
rius

rius autem ipse, Rerum in Oriente gestarum, ob eam causam inscribitur, quod eiusdē Societatis homines etiam in Brasilica regione, & in Occidentali quæ dicitur India, varijs locis, atq; prouincijs magna cū animarum vtilitate, fructuq; versantur; & res ad Christi Dñi gloriā ita multas, eodé duce, atq; adiutore perficiunt, vt proprio, & quidem iusto volumine ipsæ per se ad explicandū indigeant. Quam nos in historiam; & in in eas quæ supersunt ex Oriéte colligédas epistolas, quidquid otij, quidquid possum? operæ, deinceps cōferre decreuimus. Profecto .n. digna res est, in qua nō mea solum, verum optimi cuiusq;, ac literatissimi viri libentissime desudet industria; quippe quæ non modo plurimarum rerū variam, & iucādissimā afferat cognitionem, sed etiam veritatem catholicæ religionis, & sedis Apostolicę maiestatem, summamque Ro-

Romani Pontificis potestatem (quæ hac præsertim ætate omnibus tormentis, ac machinis oppugnatur) humanis, & diuinis testimonijs, atque miraculis, egregiè tueatur, & cóprobet. Interea, hæc quæ habebamus absoluta, tibi potisimū, Otho clarissime, pluribus de causis dicare statuimus. primum, quod hoc veræ, atq; orthodoxæ fidei firmamentum ei deberi maximè videbatur, qui sese calamitosis hisce tem-

temporibus contra perditorum hominum insanias, catholicæ, sinceræq; religionis defensorem acerrimum præbuisset: deinde, quod hæc ipsa, Dilingæ, in oppido imperij tui bonis artibus, & ingenijs florentissimo nunc primum prælo subijciebantur; postremò, quod ipsimet Societati IESV, quæ plurimum tibi debere se profitetur, ac prædicat, in primis id gratum fore mihi persuaserā. Tu, pro tua excellenti humamanitate, munusculū hoc qualecunq; libenter accipies, meq; in tuorum numerū adscribes æquo animo. Vale. Romæ. 15. Kalen. Decembris M.D.LXX.

RERVM
A SOCIETATE
IESV IN ORIENTE
GESTARVM

COMMENTARIVS.

QVO TEMPORE IGnatius Loiola parens autorq; Societatis IESV, Romam vnà cum socijs venit, ad obedientiam Pontifici maximo (qui tum erat Paulus hoc nomine tertius) rite deferendam; eo ipso tempore apud eundem Pontificem Petrus Mascarenius pro Lusitaniæ rege Ioanne legati munere fungebatur. is cognito eorum vitæ genere atq; instituto; quòd ita in mandatis habebat ab Rege, qui de ipsorum virtute ac pietate, ex amicorũ litteris iam ante cognouerat; egit cum summo Pontifice, vt ex ijs aliquot promulgandi Euangelij caussa mitterentur in Indiam: cuius prouinciæ ab Idolorum cultu ad Christianam fidem traducendæ Rex, catholicæ religionis cultor egregius, magno in primis

Rex Lusitan⁹ à Pontifice petit quosdã ex Societate IESV ad Indos mitti.

A deside-

desiderio tenebatur. Missi ex decem, qui tum erant Socijs, duo (nec enim plures concessit Ignatius, cuius arbitrio totã rem Pontifex ipse permiserat) Franciscus Xauerius Nauariensis, & Simon Rodericus Lusitanus Vlyssiponé attigere anno à Deipara Virgine 1540, quorum non aduentus modò Regi accidit exoptatus & carus, sed etiam, interim dum nauigandi tempus expectant, varijs in actionibus, atque muneribus pia sedulitas, et industria ita probari ac suspici cœpta est, vt vulgò non nisi Apostolorum nomine appellarentur. Inde hoc Societatis in Lusitania cognomentum est ortum, quod ipsa quidem sibi non modò non arrogat, verùm etiam recusat, ac refugit. Lætus eo rerum euentu Rex, Indorumq; iam propemodum oblitus, cùm reliquos octo, qui Romæ remanserant, suum in regnũ accipere potius, quàm hosce duos ab se dimittere cuperet: ipsi autem contrà, diuini amoris igne succensi, multa pro Christi nomine perpeti, remotis illis ac barbaris nationibus Euangelij lumen inferre, & quo consilio profecti fuerant, id ipsum assequi atque obtinere contenderent: diuisa tota res est. Francisco Xauerio India prouincia destinata, Simon Rodericus quamuis inuitus in Lusitania retentus; vt quo-

Francisco Xauerio India prouincia destinata.

COMMENTARIVS.

quoniam ad Ignatium alij multi se iam adiungere cœperant, instituendo in Conimbricensi Academia ipsorum Collegio præesset, quod veluti seminarium foret eorum, qui deinceps in Indiam supplementi causa mitterentur. Ei Collegio Rex vectigalium annuorum quod satis esset ad Socios centum alendos (qui numerus postea duplicatus est) litterisq; & prophanis & sacris erudiendos, attribuit.

Eorum, qui in Indiam mitterentur, seminarium, Conimbricæ institutum.

Xauerius igitur, anno post Christum natum 1541, cum Indiæ præfecto Martino Alphonso Sosa Vlyssipone discessit. itineris comitem secum duxit è Societate Italū Sacerdotem præstanti virtute virum, nomine Paulum. In Indiam peruenerunt Maio mense anni insequentis. In ea nauigatione, Xauerij vitæ ratio rerum ab ipso deinde gestarum quoddam quasi præludium fuit. Etenim ex quo die conscendit, tùm in ipsa naui, tùm in Mozambico Insula, vbi hyematum est, eam in ægrotos pauperes, egentesq; assiduitatem ac diligentiam, dies ac noctes, tanta cum alacritate, & iucunditate animi præstitit, vt sanctus perfectusque vir haberetur ab omnibus; & qui præsentes viderunt, rem verbis haud satis exequi possint. Goam simul atque peruentum est, omni statim conatu ad ethnicos Christianis

ANNO 1542 Societas Iesu peruenit in Indiam.

A 2 præ-

RERVM IN ORIEN. GEST.

Ratio vitæ quæ Xauerio fuerit Goæ & in reliqua India.

præceptis imbuendos, Christianos verò & Lusitanos, & incolas in fide atque officio retinendos, ac promouendos incubuit. Ad hæc, ægrotos, & vinctos inuisere, valetudinaria frequentare, vel in ijs habitare potius, quò cōmodius ægris ministrare posset; quibus et viuentibus interdiu noctuq; summo cum labore cunctis admirantibus, præstò erat; & mortuorum cadauera suis ipse manibus funebri linteo rite ad sepulturam insuebat, proque eorundem animarum expiatione sacrum missæ faciebat: quod ille semper, vbicumque terrarum fuit, in India solenne seruauit. Nec tamen interea confessiones audire, publicis concionibus, priuatisque colloquijs hominum vitam moresque corrigere, simultates ac disidia tollere, aliaque id genus facere multa desistebat. quo circa magno in honore, ac veneratione habebatur à populo.

Aliquot menses Goæ magno cum rei Christianæ adiumento versatus, in eam Indiæ oram discessit, quæ vulgò Comorini caput, seu promontorium dicitur: ab vrbe Goa passuum sexcenta millia. Regio est

Comorini promontorij accolæ à D. Tho-

piscatu margaritarū insignis. Gens autem ipsa quondam à D. Thoma Apostolo ad Christum adiuncta; sed quæ iam Christiani præter nudum nomen haberet nihil. Interroganti

COMMENTARIVS.

terroganti quippe Xauerio de religione fideq́;, illud vnum duntaxat respondebant: Christiani sumus. Hoc igitur Domini vinetum in siluam Xauerius planè degenerasse cùm cerneret, acri studio, & accuratissima diligentia p viribus colendum suscepit, vno Dei fretus auxilio, quem ille in eo præsertim negotio ita propitium ac liberalem expertus est, vt quamquam in ijs locis diu est versatus, breui tamen temporis spatio plurimos homines ad Catholicam ecclesiam aggregauerit: qui ad eam deinde virtutis frugem peruenerunt, vt qui ijs præsunt hoc tempore Socij affirment, eas ecclesias, etsi à Lusitanis destituantur, suis iam nunc posse viribus niti, cœptumq́ue virtutis ac religionis cursum tenere. Censetur in præsentia maritima illa ora, Christianorum amplius centū & triginta millibus, eorumq́ue numerus non mediocriter augetur in dies. Quæ ferè omnia vni secundùm Deum Xauerio præcipuè accepta referenda sunt, qui non illam modò plantauit rigauitq́ue vineam, sed alias quoque in eo tractu permultas: in ijs, Trauancoris regnum pænè totum, & Bringanum inter ac Permanelem, decem ferme pagos, et circa Beadalam ac Tramanancorè, vicos circiter septem. Neque verò, cùm in aliorum

ma Apostolo ad Christum traducti.

Comorinū Christianorū amplius centum & triginta millibus censetur.

Trauancoris regnum cū pagis & vicis alijs à Xauerio Christo adiunctum.

A 3   salute

salute procuranda vigilantissimus, tùm in sui ipsius custodia remissus erat, aut negligens. vitam quippe ducebat eiusmodi, quae satis ostenderet, nihil omnino sibi præter vnam Dei gloriam suamq; salutem & proximorum, esse propositam. Itaque res quas gerebat, sanctitas morum, laboresque perpetui, & infectationes, iniuriæque quas vel in conuertendis barbaris, vel in tuendis neophytis ac Lusitanis subibat, Goam ceteraſque in Indiæ regiones non dubio sermone perlatæ, tanta cum admiratione celebrabantur ab omnibus, vt vel ab ipsis Mauris, ethnicisq; Pater sanctus appellaretur. Qui rumor cùm etiam in Lusitaniam permanasset, cúmque Ioannes Rex eadem à multis certiſque autoribus tùm ipso adhuc viuente Xauerio, tùm multò magis mortuo, cognouisset; permotus rerum magnitudine atque præstantia, Proregi Indiæ per litteras mandauit, vt Xauerij gesta, atque miracula omnibus vestigijs indagata quàm diligentissimè ad se perscriberet. Regis ipsius litterarum subijcietur exemplum, è quibus quid ille de Francisci virtute, atque præstantia senserit, facile appareat.

Xauerij gesta Regis Lusitaniæ iussu indagantur.

IOAN-

COMMENTARIVS.
IOANNIS TERTII LVSItaniæ Regis ad Proregem Indiæ litterarum exemplum.

Prorex amice: ego rex tibi multam salutem. Francisci Xauerij vita, gestæq; res, adeò salutaris exempli fuere, vt eas in lucem edi palamque proponi ad gloriam Domini Dei nostri pertinere magnopere existimem. Cuius editionis quò maior autoritas fidesque sit, mando tibi planè, vt de præclaris omnibus viri illius actionibus, deque ijs rebus, quas per eum siue adhuc viuentem, siue defunctum, Dominus noster supra naturæ vires effecit, vbicumq; testes idonei fuerint, tabulas publicas seu instrumenta autentica conficienda quàm studiosissimè cures, & ad me primo quoq; tempore perferenda. Id erit mihi vehementer gratum. Ac licet rerum ipsarum dumtaxat tabulas imperauerim, tu nihilo minus efficies, vt ipsamet inquisitio in publica monimenta rectè, atque ordine referatur. Inquisitionis autem erit eiusmodi ratio, vt omnibus istis in regionibus, quicunque earum rerum probè conscij extiterint, ij de vita, factis, moribusque Francisci, quibus in terris atque oppidis infidelium fuerit, quid in ijs gesserit, iurati ad interrogata re-

Inquisitionis de vita Xauerij ratio.

spon-

spondeant. Eius porrò inquisitionis exemplum scriba relationis ipse desumito, tuoq́; chirographo subscriptum, adhibito etiam Auditore generali, complicato obsignatoq́;. Tu deinde ad nos id ipsum triplici via transmittito. Vlysiponę. V. Kal. Aprilis 1556. Regis epistola perlata in Indiam, ministri sedulò imperata fecerunt, atque ita multa de Francisco Xauerio ad Regem probè comperta atque explorata miserunt, vt singula hoc loco persequi nimis longum sit. Summatim nonnulla perstringam. Xauerius cùm apud Comorinenses degeret, in Christiana doctrina tradenda tenebat hanc regulam. Manè post preces horarias recitatas, puero vno comite, qui signum gestaret Crucis, vias oppidi circuibat, quęrens vbinam essent siue ægroti vel mortui, siue infantes adultiue baptismo lustrandi. Si quid occurrebat eiusmodi, manib' oculisq́; sublatis in cœlű, elata voce concionatoris instar, admodum piè pronuntiabat Symbolum Apostolorű, vnà cum Decalogo &c. eò statim magna vis hominum confluebat. Si pro ægroto vel neophyto faceret, vniuersam precationem Euangelio, sin pro defuncto, Psalmodia funebri, siue mortuorű officio concludebat. Ad sextam ferme horam diei versatus in opere, quamquã summa

Regula Xauerij in tradenda Comorinensibus doctrina Christiana.

ma corporis defatigatione, nullum tamen
intermittebat diem, quin aliquid pueris è
Catechismo explicaret. Inde vbi cibo se refecisset, Christianis omnibus copiam sui
faciebat: quæstiones ipsorum nodosq; dubitationum expediens, omnia discordiarū
semina tollens, pacemq; concilians: cùm
etiam sub vesperam, atque interdum noctu
sese in cœtus hominum frequentiores concionabundus insereret. Augebant autē laborem ac lassitudinem tùm calores in ijs
regionibus maximi, tū summa viri paupertas, cuius ille semper adeò studiosus fuit ac
tenax, vt in tam crebris ac longis terra marique peregrinationibus sine sacculo & pera ambulare solitus fuerit. Quin etiam in
vrbe Goa regio procuratori multa ad iter
necessaria liberaliter offerenti, instantique
vt acciperet, omnino remisit, & non modò
viatico prorsus nullo conscendit, sed etiam
impedimenta nulla in nauem imposuit
præter Breuiarium, & alium libellum, &
superpellitium. In ipsa autem nauigatione
precariò victitabat, aliorum benignitate
sese sustentans. Iam verò Christianos, quos
in Comorini tractu Christo pepererat, à barbarorum Regum & ceterorum iniurijs defendebat egregiè, proque ijs & Christi religione tuenda sæpe sese obtulit in apertum

Studium & cultus paupertatis.

vitæ

vitæ discrimen. Gens est in regno Bisnagæ, quos Badagaas vocant. horum permagna manº cùm ad neophytos diripiendos, occidendosq; in regnū Trauancoris irrupisset, cognita re Xauerius ex alio quodam oppido, vbi tum morabatur, Trauancorem prouolat: nihilque mortis metu perterritus, summo animi ardore, atq; constantia scelus hostium increpans, in mediā Christianorum turbam vltro se conijcit, vt ipsum reueriti reliquis parcerent. Quamquā alioqui sanè ipsius capiti assiduè pænè tendebantur insidiæ. itaque & à barbaris quibusdam aliquando conquisitus ad necem, arborem scandens, ibique pernoctans, manus eorum effugit. Tanto autem desiderio flagrabat vniuersæ barbariæ ab interitu reuocandæ, vt nullos labores, vel pericula subterfugeret; nullamque ferè partem caperet quietis. Insulæ Mauri sunt vltra Malucū. in ijs ille versatus est omni planè humano præsidio nudus, multis vndique cinctus veneni cædisque periculis. quò ille cùm discedere pararet, non modò ab amicis frustra deterritus, ac reuocatus est, sed etiam veneni multa remedia (cuius est vsus in ijs insulis frequentissimus, atque etiam iccirco multos iam annos sacerdote, atque pastore caruerant) sibi ab ijsdem oblata

Regnum Bisnagæ.

Periculorū mortisq; contemptº.

Insulæ Mauri.

Munerum recusatio.

COMMENTARIVS.

lata diuino magis quàm humano fretus auxilio, cuncta repudiauit. Qua de profectione, precibusq; amicorum ipse in Lusitaniam ad suos scripsit his verbis: Ego ipsorum in me beneuolentię ac studio ingentes egi gratias: sed ne ipse mihi solicitudinem struerē, ac multo magis ne quid de mea spe in vno Deo penitus fixa ac locata remitterem; amuleta, quæ mihi peramanter lacrymantes donabant, omnia recusaui; rogans eos, vt pro me Deum obsecrare ne desisterent: eo veneni remedio nullum certius inueniri. Extat de eadem profectione eiusq; difficultatibus, de terræ natura & inopia, ad Socios Romanos alia item ipsius epistola, cuius illa clausula est: Hæc ad vos eò scripsi, vt sciatis quanta sit in hisce insulis cœlestium solatiorum copia: namque omnia hæc pericula ac labores vnius Dei caussa vltro suscepti, thesauri sunt ingentibus referti spiritalibus gaudijs, ita vt hæc apprimè facta & apposita prouincia sit ad oculorum aciem paucis annis è suauissimi fletus vbertate perdendam. Equidem in vita mea nec vlla vmquam animi tanta, tamq; ppetua voluptate sum affect°, quanta in his locis afficior: nec tam leuiter corporis vexationes, atq; molestias pertuli: cùm tamē hostes circa finitimi sint, incolæ

Solatia cū afflictionibus coniuncta.

ipsi

ipsi non amicissimi, regio verò ita infelix & sterilis, non modò vt cunctis valetudinis aduersæ subsidijs, sed etiam consuetis alibi vitæ præsidijs ferè omnibus careat: sic prorsus, vt hæ mihi videantur insulæ diuinę spei verius appellandæ, quàm Mauri. Nec verò populi in his partibus desunt (Iauaros vocant) qui posse hominem interficere, summæ beatitudinis instar putent, à quibus cùm alij, tùm Christiani multi occiduntur.

Iauari populi quàm inhumani.

Tres menses apud eas nationes Xauerius posuit, partim Christianorum loca circumiens (quæ iam diu lustrauerat nemo, siue quòd absunt ab India leucas amplius mille, siue quòd, quem præsulem habebant, ipsimet Insulani peremerant) partim etiam in barbaris conuertendis ad Dominū ita multis, vt in vno duntaxat oppido Tolo, Christianorum omnis ætatis amplius viginti quinque millia ab eo facta fuisse dicantur: idq́; anno post Christū natum circiter 1547. Nam ex eo tempore is numerus per Socios qui in opere successerunt, valdè auctus esse credendus est. His rebus peractis, cùm intelligeret Xauerius, quàm vehementer insulæ Maluci & Amboini cultorum inopia laborarent, cessare nescius eò se contulit, ibique Christiana re præclarè

Tolo oppido, Christianorū amplius viginti quinque millia facta anno 1547. Insulæ Maluci et Amboini.

COMMENTARIVS.

clarè gesta, regnum aliud petijt, in quo intra mensem hominum plus decem millia ad cultum Christi perduxit, & significauit suis ipse litteris, sperare se eo anno plus centum millia Christianorum esse facturū. Multis igitur in eo tractu institutis ecclesijs, quæ sacrosanctæ sedi apostolicæ Romanoque Pontifici obtemperant, & multiplicantur in dies, relictisque ad earum tutelam aliquot è Societate custodibus, ipse quòd alijs Indiæ locis mortales plurimos doctoribus destitutos in æternum perire intelligebat, reuersus in Indiam est. Iaponis regnum paucis illis annis aperuerant Lusitani, cuius incolæ sunt ingenij ac docilitatis laude præstantes. Id ille vbi didicit, nequaquam loci longinquitate deterritus (abest enim id regnum ab vrbe Goa leucas plus mille) quamquam dissuadentibus cunctis, intempestiuo ad nauigandum mari, nauigio barbarorum Sinarum sese commisit, difficilíque ac periculosa nauigatione maritimam Iaponis vrbem Cangoximam tenuit. Comitem habuerat Iaponium quendam Lusitanicæ linguæ peritum. Eo vsus interprete, capita Christianæ religionis in Iaponicum sermonem transtulit primùm: deinde Christi Euangelium in ijs terris inauditum promulgare, nec sane frustra, aggressus

Hominum decē millia intra mensē ad Christum perducta.

Ecclesiæ Indicæ Romano parēt Pontifici.

In Iaponis regnū proficiscitur Xauerius.

Cāgoxima Iaponis vrbs.

Euangeliū Christi Iaponijs promulgatur.

gressus est. Cangoximæ cum neophytis aliquandiu moratus, ad magnam illam vrbē perrexit Meacû, regni totius caput, leucas trecentas ab eo loco positam, Christi notitia nulla. Iter habuit in primis laboriosum, atq; difficile. In viam se dedit Octobri mense, cùm frigora in Iapone sæuire incipiunt, tanta niuium copia geluq;, vt in siluis concretæ ex glacie moles passim ad instar trabiū rigeant. Mari non semel infesta pyratis loca traiecit; in infima nauium propter obscuritatem, ac nouitatem nominis sui à nautis sæpe coniectus. Terra autem, ne erraret ignarus viarum, indigenas equites citato cursu prosequebatur, & quidem pedibus nudis, quod eo anni tempore flumina multa vado superāda sese crebrò offerrent. Itaque sæpe niuium et algoris iniuria pedes intumescebant: sæpe etiam assidua sacrorū instrumentorum gestatione defatigatus, asperitate viæ fallente vestigia, concidebat. Nocte verò, aqua madidus, frigore fameque confectus, cùm ad hospitium perueniret, humana solatia nulla reperiebat: nam coelestia illa ac diuina (credo) non deerant. In ipsis verò pagis, & oppidis, quà transibat, ad alias contumelias & iurgia illud etiam accedebat, vt per plateas crebrò lapidibus peteretur à pueris: nec tamen iccirco à sacro-

Meacum, regni Iaponis caput.

Frigora in Iapone maxima.

Ingentes itineris difficultates.

COMMENTARIVS.

à sacrosanctæ fidei Catholicę præconio desistebat. Ad agrum Meacensem vt appropinquauit, omnia offendit bello tumultibusq; flagrantia. Itaq; re infecta Cangoximam reuerti coactus est, Christianis aliquot in reditu factis. Annum circiter in Iapone versatus est: in Meacensi peregrinatione menses quattuor posuit. Tum institutis ibi quoq; Socijs, qui cœpta promouerent, in alia regna discessit. Magnũ verò nomen, magnam sibi veneratione apud Iaponios peperit, planè vt illum Europæis omnibus anteferrent. At ille contrà, non leuius vnquã peccata sua solitus appellare, quàm maxima, sese omniũ infimũ ac nequissimũ esse dicere: atq; id sanè, pro eo quanti se faciebat ipse, verè, & ex animo; ad aliorum aũt æstimationem, atq; iudiciũ, admodum falsò, tanta enim fuit vitæ morumq; innocentia, vix vt in ijs quisquã vel venialis noxæ maculam deprehenderit. Nec tamen ea rerũ suarum extenuatione assequebatur, vt quicquã iccirco Iaponij de concepta opinione deponerent: quin etiam aiebant illũ à ceteris differre Socijs, quòd illi sigillatim ad varia multorum interrogata deinceps, atque ordine responderent; Xauerius, decem duodecímue maximè inter se diuersis propositis quæstionibus vno eodemq;

Submißio animi quãta in Xauerio.

demq́; responso simul ita satisfaceret vniuersis, vt si eorum vnicuique separatim ac propriè respondisset. Illa verò de Xauerij gestis supra humanas vires admirabilia celebrantur, quòd varijs temporibus in Iapone muto cuidam ac pedibus capto vsum linguæ, & ingressum, surdo auditum, item alteri surdo mutoque sanitatem diuinitus reddidit. Atq; hæc in Iapone. In Comorini autē regione dum ageret, non solum ægros complures à medicis desperatos verbo curauit, spiritusque fugauit immundos, sed etiam mortuos reuocauit ad vitam. Iuuenis quidam obierat multis affinitate coniunctus, hunc oppidani mortuum magnis clamoribus frequentes ad Xauerium afferunt, quem ille manu apprehensum viuentem erexit, idq́; Goam constanti fama perlatum est, quo Xauerius etiam cùm non multò pòst redijsset, ad Didacum quēdam magnæ autoritatis virum diuertit. is cùm rem gestam cognoscere de ipso Xauerio admodum cuperet, Cosmum Ioannem regium procuratorem inuitat, vt ambo simul id à Xauerio sciscitentur. Cosmus pudore deterritus, rem ad ipsum Didacum reijcit. qua ille recepta, paucis pòst diebus Xauerium nomine compellans, Ad gloriam (inquit) ac laudem Domini, cedo magister Francisce

Gesta quædam Xauerij admirabilia.

Muto, surdo, claudo, ægris desperatis, sanitas redditur.

Mortui ad vitam reuocantur.

COMMENTARIVS.

Francisce, quidnam fuit illud de adolescente, quem defunctum in Comorini promontorio reuocasti? Ad ea verba Xauerius nimirum erubuit, hominemq; amplexatus, atq; subridens, Iesu bone (ait) egóne vt mortuos excitauerim? O me nequam, iuuenem ad me, mortui specie, attulerant: iussus à me surgere nomine Dei surrexit: ea videlicet populo noua res visa. Hæc deinde Cosmo referens Didacus, Noli (inquit) dubitare, quin ope diuina iuuenem illum Xauerius reuera mortuũ suscitauerit. Ibidem mulier Christiana ad Xauerium accedit, rogat vt ad filium suum vita functum venire ne grauetur. Ille eò se confert: pueri cadauer flexis genibus Deum precatus crucis signo lustrat: puer statim exsurgit in vitam, ac sanitatem pristinam restitutus. Christiani qui aderant, miraculum exclamant: illos verò Xauerius obsecrat, rem vti silentio contegant.

Ex Iapone decedens, nauem conscendit Lusitani cuiusdam, qui Coulani præsidio præfuit. In ea nauigatione cùm in oram Sinarum è regione Chinchei iam peruenissent, atrox & periculosa procella coorta, scapham vnà cum duobus Mauris è nauali turba, retinaculo rupto, ex omnium oculis tanto impetu abripuit, vt pau- *Chincheũ in Sinarũ ora.*

B   lò post

lò post ne è summo quidé ipsius mali car-
chesio speculantibus appareret. tum verò
ea deplorata, cursum prosequi nautæ decernunt. Id vbi sentit Xauerius, magistrum
nauis ductoremq; obsecrat, vt dolones qui
ob venti vehementiam non erant omnino
sublati, demittant, & scapham expectent.
Negare ductor primò, magnum esse affirmans in mora periculum: exiguo illo contracto velo, quo maris impetum fugerent,
haustum iri nauigium fluctibus. Ad extremum tamen victus Xauerij precibus, sub-
mitti dolones imperat. Verùm vbi nihil
proficí ea re intelligunt nautæ, tumido
præsertim ac sæuiente mari, vela rursus expediunt. Contrà Xauerius niti, seriò affirmare scapham breui incolumem affutu-
ram. Cùm illi nihilo minus desperata re
dolones erigerent, extemplò Xauerius ad
proram accurrit, manuq; antennis iniecta,
nautas per Christum dominum, eiusque
vulnera obtestatur, ne ex eo loco discedát:
confidere se planè fore, vt par illud animá-
rum, quæ Christianæ esse possent, Deo miserante, non interiret. His auditis nautę denuo vela submittunt. Interea Antonius
Dias Xauerij rogatu rudentes ascenderat,
nihilq; dispiciens, descendere iam parabat,
cùm illum adhuc paululum exspectare
Xaue-

Xauerius iubet, simulq; ipse ad nauis extrema sublatis manibus se in preces effundit, nauarchum & ceteros bono animo iubet esse. Cùm hæc maximè fierent, ecce tibi repente aduentans scapha conspicitur. Tum ad eam exspectandam, cursumq; facilius inhibendum, nauis contra maris impetum in obliquũ locatur: nec mota: duarũ triúmue horarum interuallo scapha neutram in parte declinans rectà ad onerariam appropinquat: cui cùm funem eminus inijcere pararet, nihil opus esse ait Xauerius, ipsam per se placidè ad onerariæ latus appulsurã: itaq; factũ est. Duo qui vehebãtur, in nauẽ accepti. scapha, quáq; minimè sedata tẽpestate, retinente nemine, tã diu stetit, quo ad eã nautæ ad onerariã religarũt. Mauri illi duo ad Christũ deinde conuersi baptismo lustrant. Res tota summa omniũ admiratione animaduersa, ac notata est. *Mauri duo, fluctibus mirabiliter erepti, baptizantur.*

Fuit verò Xauerius vtiq; ipsius etiam Prophetiæ dono cõspicuus. multa pòst futura, multa longè remota prædixit, quæ humanitus sciri nullo pacto possent. Ex Iapone tẽdens Malacã, quingentarũ amplius leucarũ itinere, in portum Sinarũ delatus, è Duartis Gamæ oneraria in Didaci Pereriæ nauẽ transcendit: is quod Malacam in discessu ab hostib° circumuentã obsessamq; reliquerat, *Prophetiæ donum in Xauerio. Malaca.*

B 2   rat,

RERVM IN ORIEN. GEST.

rat,nihilq; postea de euentu rei cognouerat, percōtari de Sinis magnopere cupiebat,nū quid de Malacensi obsidione audissent. Simul etiam cum vectoribus in eius vrbis subsidium arma sedulò comparabat. quos ita solicitos metu conspicatus Xauerius, iubet (idq; sæpius) sine cura esse, pro certo affirmans otium esse Malacæ. Idem Didacus cum animo suspenso metueret,ne omnes naues in Indiam Malaca soluissent, quod bona iam pars idoneæ ad nauigandum tempestatis effluxerat. Nihil est (inquit Xauerius illi) cur timeas. Antonium Pereriam etiam num reperiemus Malacæ, sublatis ad velificandū antennis, nos ipso iam triduo præstolantem. Ad quem deinde Xauerius è freto Sincapurano passuū nonaginta millibus Malacam litteras de suo aduentu præmisit: quo simul atq; peruentū est, omnia prorsus vt ille prædixerat, res Malacenses pacatas, Antonium Pereriam tertium iam diem profectione parata ipsos opperientem inueniunt.

Fretū Sincapuranum.

Simone Mello Malacæ præfecturam gerente, cùm ibi Xauerius esset, Dachenses Mauri, immanis ac bellicosa gens, celocibus ferè sexaginta, noctis silentio Malacæ portum inuecti, vt onerarias, quæ in eo iactis anchoris stabant, inflammarent, atque diri-

Dachenses Mauri, bellicosa gens, Malacæ portum inuadunt.

COMMENTARIVS.

iriperent, Bandenſem nauem iam prope ceperant, cùm Luſitani qui in oppido habitant, biremibus circiter quinq; raptim inſtructis decemq́; dierum duntaxat impoſito commeatu, intra decimum diem redire iuſſi, coniectos in fugam pyratas ad Parlem vſque amnem ducentas ab vrbe leucas perſequuntur. iamq́; menſem totum vltra finitum ſibi temporis ſpatium abfuerant, cùm interea nullus de ijs nuntius venerat Malacam. Quin etiam complures ad explorandum lintres à præfecto dimiſſi, nihil omnino retulerant. Quo circa magna erat ſuſpicio, malè pugnatum eſſe: auxitq́; ſuſpicionem rumor à Mauris incolis diſſipatus, noſtros ab hoſtibus planè victos ac deletos eſſe. Cùm mœſta atque afflicta eo metu ciuitas eſſet, matronæ etiam maritos vt mortuos effuſe lugerent, in concionem populum Xauerius aduocat, & ad extremum, nonnullorum fidem in Chriſtum requirens, & inconſtantiam increpans: Sunt, inquit, in hoc cœtu cũ alij, tùm mulieres quædam, quæ ſortibus iactis, conſultisq́; veneficis, perſuaſere ſibi, claſſem noſtram à Dachenſibus captam, maritosque lugent. At vos fratres mei amiciq́;, omni mœrore depoſito, exhilaramini, & gaudere vehementer: namq́; hodierna die fratres

B 3 noſtri

RERVM IN ORIEN. GEST.

Malacensibus victoriam contra Dachēses pyratas vaticinatus est Xauerius.

nostri pugnarunt, insigniq; de hostibus parta victoria cum opimis spolijs reuertūtur ad nos. Certo die(ipsumq; notauit diē) adiuuante Domino incolumes aderunt, nō plus trib°è nostris, aut quattuor in pugna desideratis. Proinde tantam victoriam Deo gratulantes semel orationem dominicam,& salutatiōe angelicam recitemus, iterumq;pro ijs qui vita in certamine profuderūt. Hęc ille solita vultus orisq; serenitate cū perorasset, ingens omniū stupor & motus animi consequutus. tantaq; fuit de viri sanctitate auditorum opinio, vt nemo planè dubitauerit,quin illa Xauerius diuino afflatus spiritu verè pronuntiasset, cùm nec terra nec mari nuntij eō tēpore ad vrbē venissent, nec verò tam breui ex tā longinqua regione venire potuissent. Eodem die sub vesperam in æde Mariæ Virginis in cliuō, separatim ad matres familias verba fecit, ipsum nominatim definiens diem, quo die certū de suorum incolumitate ac victoria nuntium essent accepturæ. itaq; factum est. Nuntiū victores ipsi cùm ingenti præda paulò pòst subsequuti, nauigijs,& myoparonibus, tormentis, apparatuq; bellico, multis deniqu è ex hostium numero captiuis adductis. Applicanti ad oppidum classi Xauerius vna cum vrbis præfecto, & reliqua

liqua multitudine ad littus obuiam prodit,signum crucifixi Christi domini tenens: descendentem ducem, ceterosque primarios gratulabundus amplectitur. In ea celebritate atq; frequentia, Mellus vrbis Præfectus quid paucis illis diebus de suggestu Xauerius dixerit, Classiarijs publicè exponit. rei gestæ seriem cum Xauerij verbis ad amussim conuenire comperiunt. tantum denuo admirationis, atq; admurmurationis exortum, vt aliud ferè nihil per eos dies in ore sermoneq; omnium versaretur. Neque verò Malacensibus læta solùm ac prospera, sed etiam aduersa tristiaque vaticinatus est. Attenderunt eum sæpenumero quidam cùm pro concione solutos accusaret Malacensium mores, neglectamque iustitiam, imminentia vrbi mala pœnasque deprecantem eas, quibus deinde statim Malacenses affecti sunt. Proximo quippe anno Malaca ab Iais Mauris obsessa, & agri vastati. belli cladem contagiosa ac dira morbi lues excepit, quæ per vniuersum grassata populum, perpetuis funeribus vrbem propemodùm exhausit. *Cladem*
Idem Xauerius aliàs cũ ad Chincheum *imminen-*
Sinarum esset, Lusitanis qui ibidem ade- *tẽ prædi-*
rant, repente, Deũ(ait)pro fratribus nostris *cit.*
Malacensibus deprecemur, qui ab hostib⁰

B 4   graui

graui obsidione cincti opprimuntur, vsq; ad opem laborantibus ferendam nulla interposita mora contendite. Profecti quo in statu Xauerius dixerat, rem Malacensem offendunt. In Maluci insulis missæ sacrificium facieti aperuit Dominus vita excessisse in Amboino insula, vico Tibi, Ioannem Darausium Lusitanū. Conuersus igitur ad populum oblationis tempore, Ioannes, inquit, Darausius, qui erat in Amboino, extremum obijt diem: vos eum, quæso, Deo Dño commendate. mirati qui audiere, cælitus id patefactum Xauerio statuunt, cùm Maluco distaret Amboinus ducenta quadraginta millia passuum, nec per eos dies quisquam terra maríue ex ijs locis venisset. Spatio deinde interiecto dierū fermè duodecim, Ioannis Deiroi litteris cognitum est Darausium ea ipsa hora, qua Xauerius dixerat, è vita migrasse. Rursus in Amboino dum concionaretur, auditores iussit genibus nixos orationem dominicam recitare pro Didaco Ægidio, qui Maluci eo ipso tempore animam ageret. quod ita fuisse nauibus deinde, litterisq; è Maluco rescitum est.

Sed illa præsertim laude Xauerius præstitit, animos hominum à vitijs atq; libidine ad virtutem pietatemq; traducendi. Vrbis

Obsidionē Malacensium diuinitus cognoscit.

Absentis mors, sacrificanti reuelatur.

Artificium Xauerij in sanandis hominum vitijs.

bis vicos tintinnabulo circumiens pueros, quotquot poterat, Maurosq; sexus vtriusq; conuocabat in templum: ibi post Catechismũ peractum, verbis, vt poterat, è Lusitanico Mauricoq; sermone mixtis, quęrebat ex ijs, quis nam amicas haberet. quibus tres vel plures esse compererat, ijs vnam, miscens imperio preces, demebat, satis esse reliquas inquiens. atq; ita, subducens decimo vel vigesimo quoq; die singulas, non antè desistebat, quàm cunctas omnino dimitterent. Hoc ille artificio nouem circiter scorta cuidam paulatim detraxit. Quos flagitijs huiusmodi coopertos repererat, cum ijs hac ratione vtebatur & via: blandè primùm & familiariter compellare, nihil in vultu seueritatis, nihil asperitatis in verbis ostendere, vltro etiam ad conuiuium semet offerre. vbi sese arcta cum ijs & iucunda familiaritate coniunxerat, tum eos quò vellet, deniq; perducebat, atq; ita aggrediebatur ad alios. hoc maximè modo complures pænè perditos à flagitiosa vitæ consuetudine reuocauit. vt Xauerius ab ijs qui eum norunt, plus in familiari sermone atq; colloquijs, quàm publicis ad populũ concionibus profecisse iudicetur.

Victu fuit cultuq; corporis tenuissimo. *Victus &*
carnibus non ferè, nisi si quando vt morem *cultus cor-*
conui- *poris qualis*

RERVM IN ORIEN. GEST.

conuiuis gereret, vescebatur. totum saepe biduum ac triduum vix vno panis bolo transigebat: vino autê abstinebat maximè: cuius vas à Martino Alphonso Sosa cum alijs quibusdam donis sibi missum neq; gustauit, & pauperibus cuncta distribuit, in quos vbicunq; terrarum essent, quae sibi donarentur ab alijs, erogabat. Si quando in febrim incideret; domi condita, medicamentáue praeter libros habebat nulla. quieti id solummodò tribuebat, q̃d à quotidianis ex instituto muneribus otij supfuerat: vix autem horae duae trésue fermè supererant: nec ijs quidem planè vtebatur, sed aliud agens, naturae ipsa demum necessitate cogente cedebat somno. Obseruarunt eum saepe de industria quidam externi, cùm in cubiculũ se reciperet, obfirmato semper animo precationi insistentem, quoad somno oppressus, ac paenè concidens, ad saxum pro ceruicali recumberet. Christiana sacra cùm Indicis insulis iam ferè omnibus impertisset, summa ope sibi enitendum putauit, vt eadem in amplissimam quoque illam Sinarum regionem inferret. Eam igitur ob caussam ex Iapone reuersus in Indiam est, vt se ad hanc expeditionem pararet: nec, quamuis multis iter illud vel dissuadentibus, vel etiam impedire (praesertim Malacae) conantibus,

Somnus vix duarũ vel trium horarum.

Saxum pro ceruicali.

COMMENTARIVS.

bus, de suscepta sententia potuit dimoueri. Insula est in ora Sinarum, quam Santianum appellant, à continenti passuum millibus nonaginta, quo Lusitani mercatores ad negotia cum Sinis contrahenda commeant: nam Sinarum mediterranea penetrare aduenis capitale est. Eò Xauerius negotij ipse quoque sui caussa contendit, nullis terroribus cedere solitus, vbi Christiana res, & animarum salus ageretur. Cum Sionio quodam vt se Cantonij portus in littore exponat, emendicatis ad eam rem decidit aureis nummis trecentis. Dum hæc maximè gerit, grauissima opprimitur febri, ex qua paucis diebus est mortuus in eiusdem insulæ monte quodam deserto, summa rerum omniū inopia, sensibus animi ad extremum vsq; spiritū integris, verba illa sæpe intermortuis vocibus iterans, Miserere mei fili Dauid, Iesu fili Dauid miserere mei. item illa, O Dei mater memento mei: atque ita è mundi tempestatibus atque procellis ereptus, portum DEI beneficio tenuit, longè Cantonio tutiorem, quarto Nonas Decembris, anno Christi nati 1552; Indicæ verò suæ peregrinationis, vndecimo. Corpus humatum amictu sacerdotali, viua calce, quod ipsemet iusserat, amici eo consilio contegunt, vt ossa nuda in Indiam

Santianū, Sinarum insula.

Xauerius in Sinarū regionem contendit.

Cantonium portus.

Moritur Xauerius Anno 1552.

RERVM IN ORIEN. GEST.

Mira Dei opera circa defuncti corpus. am deportent. Inde mense circiter tertio effodiunt: non modò non absumptum, sed etiam integris vestimentis, ea insuper auctum dote reperiunt, vt varios efflaret odores mirae suauitatis. Ac nihilo minus in eadem calcis arca reconditum, in nauem imponunt: transuehuntque ex eo loco Malacam summa populi veneratione. sæuiens autem per eos dies pestilentia in vrbe, famesq; statim sedata est. Malaca deniq; (vbi menses aliquot sepultū iacuit) Goam delatum est, magno vtiq; nautarum bono: quippe ex multis, certisq; naufragij periculis, artemonis malo diffracto, ipsaque oneraria bis per imprudentiam in Syrtes inuecta, eius simplorato subsidio, cuius vehebant corpus, erepti sunt. Goam appropinquanti vniuersa sese obuiam effudit ciuitas, ingentiq; pompa, ac celebritate in D. Pauli templo depositum, inq; omnium conspectu locatum per aliquot dies omnium ordinū viri fœminæq; religionis caus-

Illæsum ab omni tabe hodieq, persistit Xauerij corpus, Goæ sepultum. sa celebrarunt, & eo quidem concursu, vt ad arcendam ex æde multitudinem, arca inclusum terræ mandare necesse fuerit. vbi illæsum ab omni tabe hodieque persistens, non leui argumento indicat castimoniam viri, ac virginitatem, cui dant testimonium etiam ij, qui confessiones illius excipere soliti

COMMENTARIVS. 15

soliti sunt. Hactenus de Xauerio, pro instituta operis breuitate, & angustijs temporis, multa: pro illius meritis ac dignitate, perpauca. Nunc quoniam eiusdem præcipuè ductu, atq; consilio Collegia Societatis IESV aliquot in illis partibus instituta sunt, ex quibus deinde stationibus Euangelij caussa diuersa ac remotissima Orientis loca socij penetrarunt; sequitur vt de singulis aliquid breuiter dicendum esse videatur.

GOA INSVLA & vrbs.

ATq; vt à Goensi ducatur initium, q̃d in Asia fundatū est omnium primū (distat autem à Lusitaniæ littoribus Goa recta quidem linea leucarum duo millia, cõsueta verò nauigatione, circiter quattuor) cùm Ioannes tertius Lusitaniæ rex in vrbe Goa peramplas ædes, quæ D. Pauli vocatæ sunt, & vectigalibus certis instructas ideo comparasset, vt in ijs aleretur proborum doctorumq; hominum copia, qui in vnam barbarorũ conuersionem toto pectore incuberent; Didacum quendam magnæ existimationis virũ, piumq; simul, ac litteratum vniuersæ procurationi præposuit. Is, vt primũ Xauerius in ea loca delatus est, viri institutis vitæq; ratione mirabiliter capt⁹,

Goense, primum in Asia fundatum Collegium.

Lusitaniæ regis liberalitas & insignis pietas.

factaq;

RERVM IN ORIEN. GEST.

factaq; ex eo de reliquis coniectura, secum ipse statuit Societate IESV maximè dignam esse, cui eiusmodi prouincia delegetur, totamq; rem per litteras cū Rege communicat. Rex, qui optimè de eo hominum ordine iam antè sentiret, haud grauatè concedit in eandem sententiam. Goanas ædes vna cum instrumento, vectigalibusq; confestim Societati attribuit; idq; Collegium nouis deinceps beneficijs liberalissimè cumulauit, auxitq; non Socijs solùm, sed etiam Neophytis nutriendis ampla decreta pecunia. Missi eò statim concionatores, Confessarij, doctores, & ceteri ad ysus domesticos necessarij. Versantur autem hoc tempore in eo contubernio (ex quo in ceteras Indiæ partes identidem supplementa mittuntur) Socij amplius centum: qui cùm nulli rei dent operam, nisi Christianæ fidei propagandæ, tantis occupationibus distinentur, vt sæpè non nisi tres quattuórue ex omni numero domesticos intra parietes, et ij quidē valetudine aduersa reteti, remaneant. neq; verò, si multò plures eò mittantur, cunctis negotium desit. Theologiæ scholas habent artiumq; liberalium: nec humanioribus modò litteris, verùm etiam Indicæ linguæ vsu exercentur, quo facilior, sine interpretis opera, Euangelij promulgatio

Goa, Socij ampliº centum Christianæ fidei propagādæ dant operā.

COMMENTARIVS. 16

tio sit. Eadem opera instituūtur etiam pueri amplius sexcenti è diuersis regionib' oriūdi, Brachmanes, Persæ, Arabes, Aethiopes, Cafres, Canarij, Guzarates, Dacanij, Malauares, Bengalæ, Canaræ, Pegui, Putanes, Chingolæ, Iai, Malai, Manancabi, Macazari, Malucij, Sionij, Mauri, Sinæ, & alij; qui q̃d præclara ferè indole sunt, & eorum contubernio præsident certi homines è Societate; magna spes est, fore, vt in terras quisq; suas dimissi Euangelium longè latéq; disseminent. Nec sanè laboris est cur pœniteat. nam ex quo tempore Socij in ea loca profecti sunt, vniuersam pæne Insulā Goam, finitimasque Diuarem et Coranum ad Ecclesiam Catholicam aggregarunt. Magnumque etiam in hac vita fructum industriæ suæ tùm sæpe aliàs cepere, tùm anno post Christum natum 1557, cùm illis humanissimè Constantinus Prorex bellum eo tempore in barbaros comparans, tria armatorum millia, quos ijdem in vrbe Goa salutari aqua perfuderant, sub signis ostēdit. Militum est autem ea consuetudo atq; animi pietas, vt quo die in expeditionem ituri sunt, noxis per confessionem elutis, summo mane ad sacrā ędem agmine veniant: hastisq; et sclopis ad ianuā templi religiosè depositis, vbi eucharistię Sacramentū ordine

Pueri amplius 600, è diuersis regionibus oriundi, Goæ instituuntur.

Tria armatorum millia in vrbe Goa salutari aqua perfusa.

Pia militū cōsuetudo.

RERVM IN ORIEN. GEST.

ordine singuli acceperint, altera ianua egressi arma sumant, seq; inde firmiores, & alacriores ad signa recipiant.

Anno 1560. hominũ millia plus viginti conuersa.

Anno verò, qui fuit à Christo nato 1560. hominum millia plus viginti conuersa, quorum duodecim millia & septingentos in ædibus suis ijdem qui Christianis præceptis imbuerant Socij sacro fonte lustrarunt. Mocadani tres siue præfecti, pictorũ, nautarum, aurificum, vnà cum domesticis Christiana religione suscepta, ad eadem sacra vitæq; institutum magnam sui quisq; ordinis multitudinem perduxere. Sunt

Principes ac dynastæ, Brachmanes & nobiles, tũ verò filia Mealis regis conuertuntur.

præterea in ijs qui conuertuntur, cùm alij nobiles multi Mauri paganiq; & Brachmanes Indicarum superstitionum antistites, tùm verò principes ac dynastæ: quo in numero fuit filia Mealis regis natione ac moribus Mauri, qui, vt in Idalcanis regnũ restitueretur, ex quo fuerat exactus, Goam ad Lusitanos opis implorandæ caussa confugerat. Hæc pueros Catechismum decantantes per vrbem Societatis instituto, dedita opera sæpius magna sua delectatione atque animi voluptate cùm attendisset, afflata diuinitus, parentibus quamquam inuitis ac renitentibus, Christiana sacra suscepit anno post Christi natalem 1557. Strenuus etiam in primis eques ac nobilis,
cui

COMMENTARIVS.

cui in baptismo Alfonsi nomen fuerat inditum, hoc anno mortuus est in eo bello, quod Antonius Prorex cum Mauris Paganisq; Malauaribus habuit. Rex Tricanamalis viuit adhuc, honorificeq; à Lusitaniæ Rege tractatur.

Rex Tricanamalis.

Rex verò Ceilani Ioannes, etiam Vlyssipone deinde versatus, & Societatis hospitio ibidem est vsus. Atq; hęc de principibus, ac potentibus viris: qui sanè in Catholica fide mirabiliter stabiles, fixiq; persistūt, exemploq; ipsi suo plurimos ab erroribus in semitam veritatis adducunt.

Rex Ceilani.

De Brachmanibus autem duos præcipuè in medium afferam: quorum alter in amplissimo dignitatis gradu locatus, eruditionis, & Astrologiæ præsertim fama præcellens, tantum sibi nomen vbiq; pepererat, vt à remotissimis etiam nationibus consuleretur, multiq; ab eo noxarum absolutiones suppliciter peterent. Is tantùm sua conuersione profecit, vt cum eo nemo ferè barbarus ageret, quin victus illius rationibus cederet, seq; ad Christum adiungeret. Alter item in primis insignis & locuples, quippe qui è sacerdotio quod gerebat, barbariæ illius totius decimas, atq; primitias caperet: omni pecunia commodisq; Christi caussa neglectis, ceteros quotquot poterat, ad

Brachmanes duo præcipui, Christi caussa omnia negligunt, & multos ad Christum adiungunt.

C   Euan-

Euangelij veritatem omni conatu atque opera perducebat: quod idem studium in alijs quoq; fermè neophytis æquè summis atque infimis cernitur.

Catechumenorum contubernium & hospitalis domus.

Institutum est etiam eiusdem Regis Lusitaniæ sumptibus contubernium frequens eorum, qui catechizantur;atque hospitalis domus,in quam vtriusq; sexus ægroti magno Christianę rei incremento,sese recipiunt. In his porrò collegij domicilijs quadringenta ferè capita numerantur. Atq; illa etiam Christianam rem non mediocriter adiuuant, vel quod baptismi quà maximè solenni ritu ceremoniaq; peraguntur,

Proregum & Præfectorum erga neophytos benignitas.

Proregibº atq; Præfectis magna animi delectatione lætitiaq; præsentibus; vel quod Proreges neophytis habent honoré, qua cunq;re possunt benignissimè cómodant, immunitates ac priuilegia tribuunt, inclinantq; ab illis onera in barbaros; idq; tùm sua ipsi sponte ac iudicio, tùm Regis verè Christiani mandato,tùm etiam Sociorum monitis ac suasu. Quod quoniam notū in vulgus est, sic fit vt Societatem neophyti magnopere diligant,barbari contrà valde reuereantur,ac timeant.

In eadem insula oppidum est insigne fano D. Ioanni Baptistæ dicato. eius oppidi principes (Gansaras vocant) tam secundo

Chri-

Christianæ rei progressu conturbati, ac vehementer attoniti, in consiliū de Republica veniunt. Tres dictæ sententiæ. Prima iubebat, quoniam tanto impetu insulā vniuersam religio Christiana peruaderet, fortunis animarū saluti posthabitis, in continentē migrare. Suadebat altera, tempestatis eius transitum expectandum: id fore, cū primùm Prorex Constantinus ex insula decessisset. Tum verò surgens è senioribus quidam præcipua existimatione vir, Non tam nobis (inquit) de Constantini discessu, quàm de Sociorum mansione cogitandū est: quæ quandoquidem erit perpetua, nec minori apud cęteros, qui succedent Proreges autoritate futuri sunt, cōmodius multò nobis vtíq; fuerit, relictis Idolis vni Deo nos dedere, & Christiana sacra suscipere. Salutare omnibus consiliū visum. itaq; tāti per eos dies ad baptismū facti concursus, vt mortales plurimos, nō sine magno quidē ipsorū mœrore, in aliud tempus reijcere necesse fuerit. mira est enim candidatorū in Christi sacris capessendis alacritas. In Bati vico primarius quidam Camotis nomine, sub vesperā admonitus, vt postridie (qui dies erat sancto Ludouico Regi Galliæ sacer) bene mane ad baptismū vnà cū suis præstò esset, Prorege ipsum affore, pinde

Mira candidatorum in Christi sacris capessendis alacritas.

G 2   non

non esse tali tempore somno indulgendū;
ecce tibi intempesta nocte ad sacerdotis
hospitium venit,& ianuam pulsat. Sequebantur
eum cognati ac necessarij omnis
ætatis circiter ducenti. viri vittis tempora
more patrio redimiti plumis insertis, quorū
erant sclopetarij fermè triginta; mulieres
auro pretiosisq; lapillis ornatæ. Ipse aūt
Camotis torque aureo insignis & sclopo,
purpureisq; femoralibus sericis, argenteo
ense ex humeris dependēte, militari ornatu,
in primo agmine erectus nuntiat se vti
condictū fuerat,paratum adesse cum tota
familia, quoniam quidem ea nocte dormiendum
non esset. Collaudata hominis vigilantia
studioq;, domum redire, & in lucem
quiescere iussus, vt primùm Prorex cū
Episcopo Malacensi aduenit; magna omnium
gratulatione gaudioque cum suis est
baptizatus. Petrus Almeida è Societate est
Goæ. Is Deorum signis demoliendis, diffringendisq;
mirificè delectatur. Id quoniā
Neophyti intelligūt,certatim in ea re magistro
gratificari conantur. Cùm è Bardensibus
quidā, contumelijs crucē affecissent,
id vbi resciere Coranenses Christiani, iniuriam
vlcisci constituunt. Nocte Bardem ingressi
lapidea simulacra aliquot furto surripiunt,
statimq; ad Almeidam afferunt.

Iniuria cruci à Bardensibus illata, quomodo vlti sint Coranenses Christiani.

Lau-

COMMENTARIVS

Laudat hilari vltu diligentiâ Almeida, nec patitur quenq́; prius se in simulacra manus inijcere: quæ vbi ipse comminuit, Christianos deinde iubet inspuere, pedibusq́; calcare. illi imperata faciunt alacres: quin etiã iniussu, iurgia & probra ingerunt, maledictisq́; conscindunt, quæ tanto nuper cultu ac superstitione venerabantur. Iidem Neophyti cùm à quodam è Socijs valde petijssent, vt crucem Corani desigeret, cumq́; ille rem differret diutius, quã desiderium ipsorum pietasq́; ferre posset; delubrum antea sibi valde religiosum irrumpunt, detracta materia Crucem ipsimet fabricantur, eamque à magistro consecratã magna animi voluptate gaudioq́; in vico publicè statuunt. & sanè idola sua, ritusq́; barbaros mirũ quanto odio prosequãtur. Anno quidem à Virginis partu 1567. in agro Salsettano (vbi præcipuè florebat Brachmanica prauitas) delubra plus trecenta deturbata, & solo æquata per litteras nũtiantur, sacris Dei templis eorũ vice refectis, quorum curã gerit Societas, idq́; partim Proregis imperio, partim etiam Fratrum Franciscanorum, & Societatis instinctu, quo facto vici planè octo & quinquaginta idolis nudati, purgatiq́; sunt. Gansares verò, de quibus suprà meminimus, affirmabát sibi Dæmonem

ANNO 1567. delubra plus trecenta deturbata, refectis, eorum vice, sacris Dei templis.

C 3

nem apertè dixisse, Diuus hic Ioannes, qui in meo colitur fano, maior atq; præstantior est me: quocirca ei cedere, vosque deserere, & in continentem abire cogor ex Insula.

COCINVM.

Societatis IESV Collegium aliud est in vrbe Cocino, passuum ab Goa trecentis millibus, quanquam minori Sociorum numero, ijsdem tamen occupationibus atque laboribus. Ac tametsi in pacatis numeratur hoc oppidum, non tamen omnino vacat insidijs. Melchior quidem Carnerius è Societate Nicenus episcopus. (nam etsi ecclesiastica honorum insignia ac titulos, atque opulenta sacerdotia legibus suis omni conatu Societas refugit, huiusmodi tamen episcopatus ac munera, quæ certos habent labores atque pericula, redditus ac vectigalia nulla, Pontificis maximi coacta imperio recipit) is igitur cùm per eos dies versaretur Cocini, eodemque se contulisset Armenius episcopus nescio quis; dum studiosè prouidet Melchior, ne Armenius Catholicæ fidei integritatem ac puritatem schismaticæ prauitatis labe contaminet: diuinitus factum est, quominus improborum scelere occumberet. Emissa quippe

Ecclesiasticos honorũ titulos quã do & quales recipiat Societas.

Melchior Carnerius diuinitus conseruatus.

quippe in caput eius sagitta, transfixū pileū capite illæso decussit. E regione Cocini, ingens insularū numerus visitur, quas Maldiuanas appellant. Harum Rex anno post Christum natum 1551, magna cum popularium multitudine Christiana sacra suscepit. Aliæ item Cocino vicinæ insulæ conuerti ad Dominū cœptæ. Recentissimis verò litteris cognitū est, quattuor è Societate Goam Cocino petétes, in pyratas Mauros incidisse. Dū igitur nautæ sese ad defensionē comparant, tormentario pulueri casu ignis iniectus, nauem quæ alioqui hostibus restitisset, intestino malo consumpsit. Vectores in mare desiliunt, multiq; ex ijs, ne mergerentur, ad ipsa hostium nauigia necessariò confugere. quo in numero Franciscus Lopes è Societate sacerdos ex capitis tonsura à Mauris agnitus, et solicitatus etiā atque etiam ad Christiana sacra deserenda, cùm constanter in fide persisteret, latera hastili transfixus, caputque gladio vulneratus, exiguam hanc vitam cum illa perpetua commutauit. alius è Socijs captus, ac deinde redemptus est. reliquis duobus quid fuerit, incertum est: eundem exitum, quem Franciscus Lopes, sortiti putantur.

Insulæ Maldiuanæ.

Franciscus Lopes constanter in fide persistens, à Mauris trucidatur.

C 4   DA-

RERVM IN ORIEN. GEST.
DAMANVM.

DAmanum est castrum, de Mauris à Constantino Prorege captū. id quoniam in ipsis Lusitanici imperij est finibus, valido præsidio Proreges tuent Lusitanorũ quandoq; mille. ibidē etiam è Societate nonnulli magno cum rei Christianę adiumento versantur. Sunt autem Lusitani milites tanta pietate ac religione, atque ita bene de Societate sentiunt, vt nunq; ferè in expeditionem exeant, (exeunt autem sępe) quin ex ijs aliquem secum educant, qui confessiones ipsorum excipiat, crucisque vexillũ ferens tempestiuis eos in ipso certamine cohortationibus animet. Quæ sanè officia Socij magnis corporis vexationibꝰ, periculisq; mercantur: atq; id ipsum alijs quoq; in regionibus, cũ sese offert occasio, quanq; in tanto capitis discrimine, non tamen sine coelesti quadā animi voluptate & gaudio, faciunt. Simul etiam in Damani agro Mauri aliqui ad cultum Christi domini perducuntur: in ijs illustri loco nata mulier Mauro marito coniuncta, qui (Damani quondā Prefectus fuerat, ingenti suorũ admiratione à Mauricis erroribus ad Christi veritatem transijt, neque à suscepta vitæ ratione suorum artificijs, ac blandimētis deduci

Lusitanorũ militum pietas & religio.

Inuicta mulieris constantia.

duci vlla ratione potuit. Barochensis reguli ad eam legatus venit mariti rogatu; nec Lusitanus præfectus, fretus constantia mulieris, aditum illi negauit. Maurus mulieris fidem oppugnare aggressus, cum vna Lusitanus præfectus, & mariti cubicularius, & è Societate vnus adessent; nonnulla primùm de muliere percontari; deinde nobilitatem generis, mariti splendorem, diuitias, opes in memoriam reuocare. Illa verò non modò manus non dat, sed ne responso quidem dignatur legatum. namq; à magistro iam ante præmonita, quasi aliud agens, preces quas didicerat, interim recitare, seq; signo Crucis cœpit munire. quod simulatq; Mauri viderunt, Crucem auersati, extemplò se inde proripiunt, ardentesq; dolore discedunt. eadem animi virtute, ac robore, matris quoq; abse repulit insidiosas preces: quæ cùm ad eam adijsset, multisq; blanditijs ad Mauricas leges reducere conaretur; satius (inquit filia) fuerit, si alteram sororem tecum adduxeris, & Christiana sacra ambæ susceperitis. Sin minus, neq; ego te posthac matrem, nec verò tu me filiã dixeris. his verbis auditis, anus abijt mœrens, nec vnquam postea redijt. Et sanè conuersio Maurorum eò pluris æstimanda est, quò difficilius à suis ritibus, prauisq; opinionibus abducuntur.   C 5   COV-

COVLANVM.

Item Coulani, quod oppidum abest ab vrbe Goa triginta fermè dierum nauigatione, Societatis domicilium est, ex quo cùm in cætera loca finitima, tùm præcipuè in oram Trauancorensem excurrunt. qua in ora ante quattuor annos, quinq; & viginti numerabantur Christianorum vici, & in ijs nonnulli sanè quàm celebres, quibus, cùm Societas adeo latè dispersis, propter paucitatem suam cunctis adesse non possit; ex incolarum numero (sunt autem *Sodalitia* Christiani veteres & honesti viri permulti, *Coulanorũ.* habentq́; inter se more Europæo Sodalitia ritè instituta, quas vulgò Confratrias dicimus) ex incolis igitur Christianis probata virtute deligunt, quos templis tuendis, tradendoq́ue plebi patria lingua quotidie Catechismo, præficiant. quas tamen Domini vineas ipsi etiam Socij ex interuallis quàm sæpissimè possunt, reuisunt. Et quoniam vsu compertum est, tenera ingenia quanto facilius quàm robusta ac iam confirmata, Christianis præceptis ac moribus infor-
Rex Tra- mentur; Coulani quoq; vt Goæ, et Malacæ,
uancoris pueris præsertim erudiendis inuigilant.
templũ ædi-
ficari curat   Allatum est nuper Trauancoris Regem, pace inter ipsum & Lusitanos Sociorum

COMMENTARIVS.

eiorum opera in perpetuum facta, eo beneficio ita deuinctum fuisse, vt non modò neophytos vexare desierit, sed etiam templum, quo ad sacra conueniant, suo ipse sumptu exædificandum curauerit: multis præterea principum discordijs toto regno tollendis tantam ab illis gratiam Socios inijsse, vt magna spes sit, totam eam regionẽ impio dæmonum cultu deposito, in Christi fidem esse venturam.

ORA COMORINENSIS.

DE Comorini promontorio, deq́; toto eo tractu iam diximus. quo Franciscus Xauerius cùm ex vrbe Goa se contulisset anno post virginis partũ 1542, ea sparsit fidei catholicæ semina, vt vberrimam deinde tulerint animarum frugem. nunquam enim ab eo colendo agro Societas postea destitit. idq́; tanto cum rei Christianæ incremẽto, vt cũ summa Christianorum multiplicetur quotannis, certus eorũ numerus hoc tempore tradi nõ possit. Anno quidem Christi nati 1554, censa dicitur Christianorum capitum centum viginti quattuor millia. anno autem 1555, centum triginta millia porrò litteris anni 1565 cognitum est, Comorinenses Christianos, et Goenses, et ex montana regione Cocini plus trecentorum milliũ summam

ANNO Domini 1565 Comorinensium, Goensium, Cocinensium Christianorum plus trecenta millia.

in

in vniuersum efficere: ex quo tempore ad eum numerum millia deinceps multa accessere. quorum pars maxima atque optima Comorinensium est, adeo spectatæ virtutis hominum, vt cum Europæis Christianis si minus antiquitate, constantia quidé certè, simplicitate fidei, ac religione cer-

Neophyti Punicalenses. tent. Punicalenses quidem Neophyti, cùm ob suscepta Christiana sacra à tyrannis finitimis vexarentur assiduè, è sedibus patrijs ad alia loca migrare, quàm Christum deserere maluerunt. ei migrationi cùm Proregis Lusitani iussu præessent Socij, anno post Christum natum 1560, immanis

Badagaa immanis tyrannus. tyrannus Badagaa cum equitum peditumque plus viginti millibus, & magno elephantorum numero subitò superueniens, vix spatium Christianis reliquit, se in naues cum vxoribus liberisq; recipiendi. Cū Lusitanis quanquam imparatis leuia quædam fuere certamina. Ioannes verò Mes-

Ioannes Mesquita malè mulctatus, tandem diuina ope liberatur. quita è Socijs vnus, septem octóue plagis affectus est magnis & grauibus; inde omnibus vestimentis præter intimam tunicā et femoralia exutus, summa corporis vexatione captiuus auehitur. idemq; rursus in ipsa, qua asportabatur biremi, in capite vulneratus, & fuste percussus, semianimis in mare prolabitur. atque inde magno labore

COMMENTARIVS.

bore viuus extractus, vbi peruenit ad Regem, in carcerem truditur, custodibus multis appositis. ingens quippe ex eo redemptionis pretium (quod iam è vulneribus conualuerat) animo & spe deuorauerat Rex. In ipso autem carcere pessimè acceptus est. catena primùm ferrea in collum iniecta, non plus laxa quàm palmum. quo factum est, vt sanguinis multùm è naribus funderet. alia item catena femora ac tibiæ colligantur: crassæ adduntur compedes. deniq; mortis & equulei insuper accedunt minæ. Sed ex ijs incõmodis omnibus absq; vllo pretio paucos post dies diuina ope est ereptus. Comes autem ipsius, cùm eius tumultus initio, manus hostium nando effugisset; aliâs deinde captus à barbaris, paulùm abfuit, quin occideretur. cuidam præterea Socio districtum gladium dynasta barbarus intentauit. Alius, quod impiam delubri ædificationem impediret, barbarus eius ædificationis curator, illum occidere voluit, haud tamen impunè: paucos enim ipse post dies repentina morte sublatus est. *Barbarus quidã moritur repentinò.*

Alius etiam in ijsdem regionibus fustibus cæsus, rursusq; per amicitiæ simulationem aureis diuenditus mille & ducentis. Franciscus verò Henriques, & Balthasar Nunes à barbaris capti ambo, ac pænè perempti, *Franciscus Henriques, & Balthasar Nunes.*

empti, alter etiam in ferrea vincla coniectus est religatis ad pedes manibus, membrisque adeò intumescentibus, vt ex eo morbo aliquot deinceps dies admodum laborauerit.

Ceilanum insula.

In eadem regione Ceilanum est insula, vbi res ad Dei gloriam contigit sanè memorabilis. Reguli cuiusdam filius natu maximus, quòd Christiana sacra suscipere statuisset, patris iussu necatus est. quem Lusitanus quidam Christiano more sepelijt, tali obita morte martyrem certum existimans. Lusitani iudicium DEVS illustri testimonio comprobauit. Si quidem eius nutu factum est, vt qua principis corpus humatum erat, in Crucis figuram terra fatisceret; quæ bis barbarorum opera glebis oppleta, iterum atque iterum in eundem hiatum est resoluta. aiunt etiam per eos dies Crucem ignei coloris visam in cœlo. quibus miraculis commota magna hominum vis ad CHRISTVM accessit, quorum multi Regis immanitate eandem martyrij coronam adepti sunt. In eo numero fuisset alius quoq; Regis filius, itemque sororis filius, ad quem regni hæreditas pertinebat (sororis enim, non Regis ipsius filios succedere in regnis Ceilani mos est) horum igitur vterque ad Christum pro-

Res memorabilis.

Mos Ceilanorum.

COMMENTARIVS.

propensus, Regis imperio mactatus esset, nisi eos præsenti periculo Regis soror maturè exemisset. ambos enim ad se vocatos recenti adhuc miraculo, interrogat; velint ne fieri Christiani. cùm se vtique velle dixissent, cum Lusitano transigit mulier eodem ipso, qui demortui principis funus curauerat, vt eos quàm occultissimè Goam vsq; perducat. quò vt venere, fidei præceptis imbuti baptizatiq;, magnum pietatis ac religionis specimen præbuere. Hos imitatus regius quidam præfectus, & alij decem nobiles viri, vxorib9, liberis, bonis deniq; omnibus sponte relictis, magno suo incommodo, corporisq; defatigatione passuum amplius sexceta millia terrestri itinere emensi, Goā baptismi causa cùm veniissent, Catechismo instituti, sacroq; fonte lustrati sūt. id accidit anno Christi nati 1545.

Regis eiusque sororis filij, cum nobilibus personis baptismo lustrantur.

SOCOTORA Insula.

Socotora est insula in faucibus Mecani freti, duodecimo in septentrionem gradu. distat ab vrbe Goa in occidentem leucas trecentas & sexaginta: porrò quinquaginta colligit ambitus: infelix regio & sterilis, ac valde motosa, incolis infrequēs, ijsq; partim Mauris, partim etiā Christianis, qui à Diuo Thoma cognominantur, ppte-

Christiani à D. Thoma.

rea quod Euangelium ipse in ea loca primus inuexit. Complures Iudaicos ritus, ac ceremonias retinent. gallinam aut quamlibet auem manu contingere, nedum gustare, est religio. statos habent ieiuniorum dies, quibus carne populus abstinet, sacerdotes verò etiam lacte & butyro, quo maximè cibi genere vescitur vulgus. palmarum succo duntaxat ac pomis eo tempore victitant. Lingua cognitu difficillima, nec vllum habet cum Arabica Aethiopicáue commerciú. Litterarum vsus apud eos nullus omnino. Maurum habent Xeguem, siue præfectum, qui ab incolis valdè timitur, tametsi neminem vi ad Maurica sacra compellat. Ita porrò de se magnificè sentiút, vt nullam aut terram, aut vitæ rationem, sua vel meliorem, vel beatiorem existiment. ad quos è Societate duo rei Christianæ caussa profecti, sæua statim febri in summa egestate, ac solitudine vterq; correptus, alter etiam extinctus est.

Socotoranorum religio ac ceremoniæ.

BAZAINVM vrbs.

NEc Bazaini, Societatis Collegium deest, eiusdem Lusitaniæ Regis beneficentia constitutum. Ibi tùm iuuentute humanioribus litteris excolenda, tùm ceteris omnibus ad Christum vocandis præcla-

præclarè admodum opera ponitur. nam & adolescentes quàm egregia sint indole atq; ingenio præditi, vel vnus Brachmanis primarij filius declarauit, annos circiter septendecim natus: qui cùm iā litterarū Indicarū duo genera vel tria teneret, Arithmeticæq; peritissimus esset suæ: litteras nostras & legere & scribere mensis vnius spatio perdidicit; nunc autem Arithmeticæ nostræ vacabat: idem pietatis ac religionis laude ita præstans, vt reliquos ipse ad virtutem atq; officium hortaretur.

Brachmanis adolescētis ingenium ac pietas.

TANAA oppidum.

TAnaa est oppidum à Bazaino passituum millia sexdecim, vbi etiam Socij aliquot ingentem Christianorū numerum partum ab se, tuentur, atq; augent. Ad eos venit è remota continentis regione senex, annū, vt videbat, agens propè octogesimū, ita deformatus & squallidus, adeò torrida cute & strigosa, vt anachoretam referret pellibus camelinis indutū. Is ædes Sociorū ingressus, ait velle se fieri Christianum. ediserit illi ex ijs quidam pro captu hominis summatim articulos fidei; deindē quærit, optétne ex animo Christianus esse. Cui senex: Atqui nullam (inquit) aliam ob caussam hucusq; contendi. Crede igitur

Senex 80. annos natº è continēte ad Socios fidei causa, proficiscitur.

D   (inquit

RERVM IN ORIEN. GEST.

(inquit Socius) sistitque eum ad sacratissimæ virginis, puerum IESVM inter vlnas habentis, imaginem pictam in tabula. quam senex vt vidit, summa animi iucunditate ilico amplecti, puerū IESVM venerabundus exosculari, tùm vehementer petere, vt nulla interposita mora baptizaretur: ætatem suam ne vnum quidem præterea diem recipere. postridie igitur baptizatus, prima luce insequenti migrauit ad Dominum. Multi etiam pueri ac puellæ de barbaris parentibus empti, quos ipsi parentes alioqui Mauris venditare solent, ad CHRISTI familiam aggregantur. quorum aliqui è vita discedunt, IESVM in extremo spiritu pronuntiantes. vnus ex ijs, denarijs tribus & semis, alius sesquidenario stetit, vt hinc satis appareat, quàm sint incomprehensiblia DEI iudicia.

Pueri & puellæ de barbaris empti ad Christum aggregantur.

In eadem Tanaati mansione, magna puerorum manus partim litteris instituitur, & Christianæ doctrinæ præceptis, partim etiam varijs in vsus hominum artibus atque opificijs: alij quippe calceariam, alij vestiariam sutrinam, alij textrinam, alij ferrariam fabricam exercent, nocteque se in ædes Collegij quietis & cibi caussa cum receperunt, Catechismum ac Litani-

Pueri varijs rebus exercētur.

COMMENTARIVS. 26

as alternantibus choris religiose admodum concinunt. Sunt etiam qui agro colendo dent operam: ij gausapinis induti per hyemem in opus exeunt ad Trinitatis vicum tria passuum millia ab vrbe disfitum, quo in agro batem (frugis nomen id est qua ferè victitant) ceparum in modum serunt, capita singula manibus collocantes, ingenti sanè labore: qua opera simul & ipsi agriculturam addiscunt, & ceteros incolas Christianos artifices interim adiuuant, vt cùm maturum deinde fuerit, ipsorum agricolarum filias in matrimonium ducant. Appellatur autem hic Trinitatis vicus, propterea quod in eo campo delubrum in primis celebre, quod operis magnificentia & elegantia, eius regionis delubra, quæ multa ac perampla sunt, omnia superabat; à Socijs area coëmpta expiatu, & sanctissimæ Trinitati dicatum est. Campus autem iuxta fanum ipsum à Christianis incolitur operarijs, quos ijdem Socij conuersos ad Dominum maxima ex parte pauperes in ea prædia deduxerunt, omnibus ad victum cultumque necessarijs rebus benignitate Lusitaniæ Regis instructos. nam & vestimenta ipsis, vxoribus, liberisque & oryza in cibum cùm opus est, et ad serendum semina et bo-

Trinitatis vicus cur sic appellatus.

Lusitaniæ regis liberalitas.

D 2 ues

ues cum aratris affatim præbentur ex amplo ædificio ad rem pecuariam inſtituto paſtoribus etiã adhibitis, qui armenta curent. Ex eo ædificio educta mane boũ iuga quotquot habet opus Chriſtianus quilibet (quinquaginta enim aluntur ibidem & eo amplius) perfecto opere in tectum idem reducit.

Empti ſunt etiam fundi quidam e quibus annui capiuntur aurei nummi fere trecenti. quæ pecuniæ ſumma partim in viduas erogatur, & orbos orbasque quibus quotidianus labor in victum haud ſufficit, ægrotoſque pauperes & Catechumenos interea dum erudiuntur; partim etiam ijs qui reddendo ſoluendóq; non ſunt, mutuò commodatur. Caprarum præterea greges, earumque cuſtodes aluntur, caſa excitata vnde patres familias ſuam quiſque lactis portionem quotidie filiolis petant, cuius toto anno copia ſuppetit: binos quippe ternóſue quot annis hędos ferè ſingulę pariunt. Iam verò fruges ſpatioſus ager largè ſuppeditat, vt nihil omnino ad ſuſtentandam vitam illis deeſſe videatur. Sunt autem omnes & boni coloni, & boni viri. itaque mores eorum barbari valdè ſuſpiciunt. Chriſtianæ fidei myſteria præceptionesq; aſsidua magiſtrorum diligentia exerciercitati callent egregiè, quotidie ad signum Angelicæ salutationis cuncti conueniunt, & sanè piè Christianæ doctrinæ elementa viri fœminæque pronuntiant. quin etiam in siluis, pueri, & è summis palmarum arboribus viri exaudiuntur præcepta Decalogi decantantes. Atque iccirco etiam minus grauatè, quanquam in summis occupationibus, non plus quattuor aut quinque Socij totum illud rei familiaris negotium, ceteroqui ab eorum instituto valdè alienum, sustinent, quod per eam occasionem Ecclesia Domini in annos non mediocriter crescit. Iam verò ex ipsis vnus Chirurgi quoque munere fungitur, curatque DEO adiuuante vlcera & apostemata æquè aspectu horribilia, ac genere ipso periculosa.

In medio Trinitatis vico horti sunt in communem vsum, valdè spatiosi, & irrigui, perpetua saliente, multis vitibus ficubus, medicis malis, & plantis alijs consiti.

Tanaates autem incolæ etiam ipsi multiplicantur in dies. ij quod maritimis copijs adiuuantur, ijdemque vel opificijs vel agriculturæ satis impigrè dediti sunt; propterea nec lactis, nec publici pecoris tantus apud illos est vsus. illud sedu-

RERVM IN ORIEN. GEST.

lò curatur, vt in virtute ac pietate proficiant. Semel profestis diebus, festis verò bis etiam, Catechismus illis exponitur. habent etiam supplicationes valde religiosas, candidatis pueris carmina sacra psallentibus: quo in genere ij pueri adeò excellunt, vt ad celebriores supplicationes Bazainum euocentur. ijdem elata ad sepulturam fidelium cadauera cum psalmodia funebri prosequuntur Cruce prælata: nam feretrum ipsum gestant Chr.stiani quattuor, solenni Misericordiæ sodalitij ornatu. quæ funerum cæremonia & Christianis & barbaris ipsis vehementer probatur.

Denique circa Bazainum vrbem ad passuum triginta circiter millia Socij castella regia inuisunt, magno & Lusitanorum bono, quos in officio ac pietate corroborant; & barbarorum, quos ab erroribus atque superstitionibus ad cultum Christi perducunt.

HORMVTIVM insula & vrbs.

Hormutium est insula in sinu Persico, vrbem eiusdem nominis continens. Ea quod vel propter inquilinorum colluuiem mixtam è varijs nationibus Ethni-

Ethnicis, Mauris, Iudæisque, Christianorum qui morantur ibidem, fidei sinceræq; religioni valde periculosa, vel propter nimium solis ardorem æstusq; grauissimos, humanis corporibus est vehementer infesta;iccirco ibi ferè semper aliqui è Societate versari soliti sunt per interualla sibi inuicem succedentes, vt cùm rei Christianæ, quo ad fieri potest, sine intermissione prospiciant, tùm etiam eadem siue incommoda, siue merita ad plures sui ordinis homines ea ratione pertineant. Iidem Socij cùm opus est, classium quæ in expeditionem educuntur sese comites præbent, vt naualis turbæ ac propugnatorum animas curent simul & corpora. quo in officio vitam quandoque ponunt, vt Alexio *Alexius* Diazio contigit in eo bello, quod aduer- *Diazius.* sus Turcas superioribus annis est gestum. Alius verò, quo tempore Hormutium obsidebatur à barbaris, cùm neophytos ex eo periculo ad Mogastanem oppidum haud longè ab vrbe positum ingenti labore traduceret, varias agere personas coactus est, Ducis, parentis, magistri pro discipulis semper ad mortem parati: ea cùm ab hostibus pericula, tùm ab incendijs coelique ipsius intemperie & corruptione imminebant. Verùm vt ad res Hor-

D 4   mutianas

Gaspar Belga.

mutianas reuertar, primus in eam vrbem è Societate Gaspar venit, ortus in Belgis, moresque hominum planè solutos ac perditos summa adhibita diligentia breui magna ex parte correxit, atque restituit. furta, fœnora, contractus nefarios sustulit ita multos, vt ex fraudata pecunia nummi aurei plus vicies mille in publicum redacti collocandis in matrimonio legitimo compluribus fœminis ad honestatem à flagitioso quæstu traductis, opportuno sanè subsidio fuerint. Idem in tractandis hominum ingenijs tanta dexteritate fuit, vt neminem ferè grauibus vitijs laborantem curare sit aggressus, quin ad sanitatem DEO adiuuante perduxerit. Quendam, cum alia ratione non posset, mercede ac pretio à turpi vitæ consuetudine reuocauit, emendicatis ad eam rem aureis fermè viginti: tanta enim summa cum illo transegerat. Alium verò cum ad sacram confessionem frustra sæpe cohortatus fuisset, domum artificiosè perductum, apud se tam diu continuit, quoad ille confesionem ritè serioque perageret; magno vtique Dei beneficio paratam quippe nauem habebat, quam, simul atq; expiatus est, conscendit extemplò, paucosque post dies cum hostibus nauali prælio dimicans cecidit.

Iam

Iam verò, æstate media, caloribus maximis, quo anni tempore Hormutij aqua collo tenus mersi vulgò homines iacent, Gaspar singulis hebdomadis bis térue cōcionari, cum Iudæis, Mauris, Ethnicisq; de religione concertare atq; disserere, quæstiones de officijs, quos casus conscientiæ appellant, publicè explicare, Catechismum pueris Maurisq; vicatim ære cāpano coactis quotidie exponere, discordias atq; inimicitias tollere, mulierculas è cœno flagitiorum extrahere, valetudinaria inuisere, ægrotisq; sedulò ministrare, quieti nō plus quàm tres horas, nisi forte morbi necessitate compulsus, tribuere. Accedebat ad hasce tam varias & assiduas occupationes ingēs præterea peccata confitentium vis, vt ægroti cuiuspiam agentis animā lectulo quandoque assidens, simul & illum in extremo certamine confirmaret, & valentis alterius confessionem vno eodemque tempore exciperet. Idem, spatio pænè bimestri, dum contra hostes classis instruitur, militum confessionibus audiendis ita distentus est, vt ad somnum vna duntaxat hora superesset, ipsumque biduum nullo interdum cibo traduceret. res difficillimas eximio fidei Christianæ tuendæ studio ardoreque perrupit. Maurorum cantica, sacrilegasq;

Labores Gaspari.

D 5 voci-

RERVM IN ORIEN. GEST.

vociferationes non modò compressit, sed etiam ex Alcorano (ita enim incolæ Mahometis fanum appellant) quod aiunt fuisse Hormutij celeberrimum omniū, eiecit ac sustulit contra omniū spem, vi tumultuq; nullo, crucibus tantùm sex cum agmine psallentium puerorum in Alcorano defixis. qua re Mauri vsq; adeò perterriti fractiq; sunt, vt deserto confestim fano diffugerint. Barbari etiam multi à Diaboli seruitute in Christi libertatem asserti. in ijs Iogues seu heremita, cuius erat ea sanctitatis fama, vt qua pedes lauisset, aquam, Rex ipse Hormutij religionis caussa biberet. Et sanè præstanti erat ingenio vir, insolitisq; visis quibusdā diuinitus ad Christiana sacra penè compulsus videtur fuisse.

Baptizatæ sunt etiam à Gaspare fœminæ duæ Mauræ, mater & filia, claro in primis genere locoq; natæ, è Zeidensi familia Mahometicæ stirpis. Idem sacrificio missæ adolescentem quendam penè defunctum à morte reuocauit. Alienata mente mulierem & à dæmone obsessam, diui Ioannis Euangelio ritè corpori ipsius imposito liberauit.

Virtus sacrificij missæ.

Obsessa mulier liberatur.

ÆTHIO-

COMMENTARIVS.
AETHIOPIA.

Claudius Æthiopiæ rex, professione Christianus ille quidem, sed à Catholico grege seiunctus atque schismaticus, cùm ad Ioannem Lusitaniæ regē litteras dedisset, in quibus erat, velle se omnino ad Catholicæ Ecclesiæ sacrosanctæ gremium redire, & in Romani Pontificis potestate esse; ab Rege se petere, vt cum eodem Romano Pontifice de recōciliatione ageret. Rem Ioannes suscepit, & primùm à Iulio Tertio; mox, eo per id tēpus demortuo, à Paulo Quarto, qui in pontificatu successerat, impetrauit, vt Ioannis ipsius sumptu aliqui ex Europa in Æthiopiā cū mandatis atq; autoritate apostolica mitterent. Declaratus Æthiopiæ Patriarcha Ioannes Nunesius è Societate spectata vitæ sanctimonia vir, cū Socijs multis profectus è Lusitania anno Christi nati, circiter 1556, Goā incolumis tenuit, ibiq; antequā cœptū iter perageret, excessit è vita. Suffectus in eius locū è Societate Andreas Ouiedus episcopus, quē ille Goa ad Claudium cum quattuor aut quinq; comitibus iam ante præmiserat. quibus tametsi Rex ille ceteroqui non illiberalem se præbuit, promissa tamen fidemque Regi Lusitaniæ datam minimè

Ioannes Nunesius Æthiopiæ patriarcha.

Andreas Ouiedus Episcopus.

Perfidia Claudij regis.

Adamas Claudij frater Patriarcham & Socios malè tractat.

minimè præstitit: cuius perfidiæ pœnas ab eo videtur exegisse Dominus: paucis enim post Andreæ aduentum diebus, ab hostibus victus atque peremptus est. Rex inde creatus Adamas Claudij frater, desertor olim fidei Christianæ, vir immanis ac ferus, & Apostolicæ sedis hostis acerrimus, Patriarcham in vincla coniectum, semestri spatio atque eo amplius malè habuit: quippe quem vinctum secum in castra bellumque raptauit, comites etiam Andreæ contumeliosè tractauit, viuosq; igne se cocrematurum esse minatus est. populares verò suos, qui veritati catholicæ fauere videbantur, varijs pœnis affecit. A Turcis denique, quorum arma Æthiopes ipsi rebelles in regnum asciuerant, ingenti accepta clade fusus, atque fugatus est. Socij cum Patriarcha ab hostibus capti, quod ipsum per ea bella quater iam ante contigerat, crudeliterque direpti, semel etiam igne in hospitium iniecto, magnum adiere discrimen. Nec iam Andreæ quicquam reliquum, ne vestis quidem erat, qua personam pontificiam tueretur. nec vinum tantùm in sacrificia deerat (nam vites ibi ferè non seruntur) sed et charta ipsa ad scribendum. Declarant id litteræ ad Lusitaniæ Regem ab ipso datæ schedula non

plus

plus digitali magnitudine, è vetusto (vt videtur) aliquo commentario excerpta. Tosto dumtaxat hordeo vescebatur; tanta demum inopia premi rerum omnium coepti sunt, vt ad vitam tolerandam, ne ex ijs locis re prorsus infecta discederent, bobus & aratro quæsitis terram suis ipsi manibus colerent. Nec tamen in tot tantisque difficultatibus nihil omnino profectum est. Initio saltem, concertationes de fide ac religione cum litteratis habitæ, multorum confessiones auditæ, complures etiam cælesti eucharistiæ conuiuio excepti. Cognitum est præterea ex Abbate quodam magnæ autoritatis viro, qui per eos dies Catholicam fidem receperat, plurimos idem esse facturos, si Lusitanorum exercitus, qui præsidio illis esse possit, in ea loca mittatur. Recentibus verò ex Æthiopia nuntijs spes etiam meliorum rerum affertur, cui ne desit Andreas omnia experiri constituit. Labor autem ipsius & perseuerantia alijs quoque multis de Christo benemerendi materiam præbuit. Missi quippe ad statum ipsius explorandum ex India Lusitani sexdecim, à Turcis occisi: alij deinde vulnerati captique, in ijs quidam è Societate Fulgentius Freries ad fines Arabiæ in freto maris rubri à Turcis oppressus mul- *Fulgentius Freries.*

tis

tis acceptis vulneribus catenatus Macuam in feruitutem abductus est, addictusq; triremibus: quem Socij deinde, Regis Lusitaniæ benignitate ab hostibus redemerunt, cùm in feruitute Christianos fecisset sex, è quibus tres continuò è seculi ærumnis ad gaudia migrauere cœlestia.

INHAMBANES, & MANOMOTAPA.

ANNO Christi nati ineunte 1560, Consaluus Silueria Lusitanus cum Socijs duobº Goa discessit in regna quæ dicuntur Inhambanis & Manomotapæ, Sofalam inter & Mozambicū, in extimis Africæ oris ad Bonæ spei promontoriū posita; vt nationibº illis Euangeliū nunciaret, quod concionatorū inopia nunquā probè cognouerat. Regio vtiq; auro abundat, sed carè admodum emitur, ea locorū insalubritas ac pestilentia, ea rerum ad victum ac valetudinem pertinentium est difficultas. Faseoli quippe & oryza præcipuo sunt in honore mensarum. Itaq; vt primū Inhambanem attigere, in morbum incidere ita grauem, vt Consaluus omnium natura valentissimus, oculorum acie vehementer hebetata fractisque viribus, propemodum extinctus sit. Vbi paulò
melius

melius habere cœperunt, ad vrbem regiam | Rex cum
Tongen iter intendunt; ibique Regem | familia,
vnà cum vxore, sorore, liberis, cognatis, re- | proceribus
gnique proceribus, populo deniq; penè to- | ac populo
to intra paucos dies magna omnium gra- | penè toto,
tulatione atque lætitia sacro fonte lustra- | sacro fonte
runt. Rex Constantini, Regina Catharinæ, | lustratur.
soror Elisabethæ nomen assumpsit. Inde
Consaluus Manomotapam ire pergit,
Socijs apud Regem relictis, qui statim ædē | Templum
assumptioni MARIÆ, virgini sacram | Mariæ
exædificandam curarunt: quorum alter cū | virgini
ex imbecillitate corporis, cœli intemperi- | sacrum.
em diutius ferre non posset, redire in Indi-
am est coactus: alter, Andreas Fernandes | Andreas
nomine, amplius biennium in ijsdē locis, | Fernandes.
quanq; graui iam ætate, versatus est. Et
quoniam nō modò regio infelix, & maximè sterilis, sed etiā incolę, quos vulgò Ca-
fras appellant, inhumani & moribus aspe-
ri, ac monitorū impatientes ferè sunt; Andreas & morbo frequēter implicitus, & fame graui sæpè vexatus, in populis erudiendis colendisq; multas minas & contumelias pertulit, magnumq; cùm aliàs adijt vitæ
discrimen, tùm quibusdam præsertim diebus, cùm Cafres armati se ad ludos & sacra nefaria comparassent. cui spectaculo
cū Rex ipse affuturus esset, cognita re Andreas

dreas eò se contulit, ardensque amore Domini, ingens edidit facinus, apparatum omnem sacrorum suis ipse manibus ita disturbauit, atque dissoluit, vt pedibus etiam proculcaret. Idem ab ipsomet Rege confessionem expressit (quem licet baptizatũ haud tamen æquissimum expertus est) pluuiæ ad fruges maximè necessariæ arbitrium ac potestatem penes se non esse: quod antea vulgò creditum fuerat, eamq; opinionem artificiosè tueri consueuerant Reges, vt hac ratione plebem sibi magis obnoxiam redderent. Dum hæc ab Andrea geruntur, interea Consaluus Mozambico insula superata, Lusitanis circiter sex comitantibus, oram biremi legens, ad Masutæ fluuij ostium, leucas nonaginta à Mozambico processerat, cùm atrox adeo repente coorta tempestas, vt magnam aquæ vim acciperet nauis, omnesq; de se actum iam prorsus putarent, in genua procumbente Consaluo, manibusque & oculis sublatis in cœlum suppliciter deprecante, sedatur atque comprimitur. Inde exscensione facta, die qui fuit Diuo Hieronymo sacer, plicatilis ara in ipso littore ad sacrificium extruitur, ita vehementi Solis ardore, vt calceati Lusitani ipsius quam pedibus calcabant terræ calorem ferre vix possent,

Andreæ ingens facinus.

Consaluo supplicante tempestas comprimitur.

sent, Consaluo autem inter sacrificandum
ex toto capite pustulæ erumperent: quas
cùm ad curandas medicamenta supete-
rent, præclaro sui ipsius odio incensus cuncta repudiauit, seq; naturæ duntaxat sanan-
dum permisit, ac tempori. Triduũ ibi morati, pergunt tranquillo mari ad Colimā-
nem fluuium, ibique rursus aduerso vento
repente vexati, & in ipso fluuio subeundo
valdè periclitati, ad Mingoaxanem Giloæ *Mingoa-*
rege amicum Lusitanorum contendunt, ab *xenes Gi-*
eoq; benignè ac liberaliter accepti, facta *loæ rex.*
etiam promulgandi Euangelij potestate,
quòd Rex tametsi Maurus, Mahometicos
tamen ritus superstitionesq; negligeret, &
religionẽ Christianam toto suo regno disseminari magnopere cuperet: diutius tamẽ
ibi nõ substiterunt, quod ad Manomotapæ
Regem festinaret, quo ad Christum adiun-
cto, finitimos reges longè viribus atq; autoritate inferiores facilè ad eadẽ sacra perduci posse confiderent. Ex eo loco ad amnem ingentem Cuamam tendunt, leucas
à Sofala triginta, vbi rursus periculosa procella in Lindem proximũ sinum compulsi,
tredecim dies steterunt: quoddam verò a-
ctuarium, quod à Mozambico eos cœperat
comitari, cùm se ab ijs disiunxisset, postridie perijt, A Linde cùm ad Cuamam per-

E uentum

RERVM IN ORIEN. GEST.

uentum esset, in ipso introitu fluminis re diuina peracta Consaluus à Lusitanis comitibus petijt primũ, vt quoniã fines Manomotapæ ingredi inciperent, totum legationis suæ negotium Dño suppliciter commendare ne grauarentur: deinde vt æqui boniq; facerent, si reliqua tota nauigatione se, vt precibus vacaret, ab eorum conspectu atque consuetudine remouisset: in rebus præsertim grauioribus consultò potissimum Deo exoratoque opus esse. tum iubet in certa nauigij parte circa se prætendi cortinam, ibique octiduo ipso delituit, cùm semel tantùm quotidie tosti ciceris pugillo, & exiguæ haustu frigidæ sese reficeret, & quicquid à precatione supererat temporis, in euoluendo libro consumeret, qui scriptas sanctorum continebat vitas.

Octiduum quomodo delituit Consaluus.

Octauo igitur die cùm ad Senam (qui terminus nauigationis erat) venissent, vicum sanè frequentem; ibi descensum est, nuntiusq; à Consaluo ad Regem de suo aduentu in intima regni missus. à quo dum responsum expectat, interim Christianos aliquot inquilinos à peccatis per cõfessionem absolutos, à turpi amicarum consuetudine ad sacras nuptias legitimasq; traduxit, catechismum publicè docuit, & è
Lu-

Sena vicus.

COMMENTARIVS.

Lusitanorum seruitijs ibidem capita ferè quingenta baptismo lustrauit. Regem etiam Inhamioris, Regis Manomotapæ stipendiarium, tribus passuum millibus à vico Sena, cùm aliquoties adijsset, cohortationibus suis ita permouerat, vt se vnà cum vxore & liberis quos habebat octo, libentissimè Christianum fore profiteretur. Sed Consaluus, partim quòd non habebat quē apud illum catechismi caussa relinqueret, partim etiam ne Manomotapæ Regis animū offenderet, si prius stipendiario ipsius quā ipsi Christiana sacra impertisset, Inhamioris regem vt potuit consolatus hortatusq;, vt ipse cum suis Dei bonitate fretus in suscepto consilio permaneret, totā rem in tempus aliud distulit. Iamq; alter mensis effluxerat, cùm Antonius Caiadus Lusitanus, qui morabatur in vrbe Regia Manomotapa, Legatus à Rege ad Consaluū aduenit Manomotapam perducendum. Cōsaluus sacrorū ornatu cū sacrato lapide & calice in sarcinam colligato, sublatoq; in humeros, se in viā dedit. Cū ad fluuios vētum erat, qui multi in ea regione sunt, si quidē vado superari possent, quāuis ad iugulū vsq; ptingerét, transibat, elata manibꝰ seu capite sarcina: sin minus, vasi ligneo impositū pamplo Consaluū, natantes ipsi pro-

Capita quingenta baptismo lustrata.

Inhamior rex.

Consaluus quomodo fluuios trāsmittebat.

propellentesq; traijciebāt Cafres, sub nocte natalem Dñi ad Chetuchin pagū haud longè à Manomotapa ventū est, factumq; ter sacrū summa Lusitanorū animi voluptate. Inde Natalium feriarū octaua, cū vrbem Manomotapam introissent, misit cōfestim Rex qui Consaluū cum muneribus viseret, auri pōdere ingenti, vaccisq; pmultis, & famulatu ad ministeria quotidiana: quippe qui de Lusitanis mercatoribus iam ante cognouerat, Consaluum non modò vitæ sanctitate virtuteq; præstante, sed etiam generis claritate ac nomine in primis esse conspicuum. Consaluus gratijs actis, muneribusque repudiatis, ex ipso legato Regem cogniturum esse respondit, quod genus auri, quásue diuitias quæsiturus in ea loca venisset. Obstupuit ea animi magnitudine Rex, venientemque ad se deinde Consaluum tanta gratulatione & significatione honoris excepit, quanta neminem vnquam antea. Nam & in ipsa penetralia, quò nulli est aditus, introduxit, & asidente matre, considere Consaluum etiam in tapete iussit, Antonioque Caiado è conclauis ianua interprete adhibito, Rex quattuor continuò sciscitatur, quot fœminas, quid auri, prædiorum, vaccarum denique vellet, quas incolæ non minoris quàm aurum

Rex munera mittit Consaluo eiq; honorē habet.

rum ipsum æstimare dicuntur. Cùm nihil se præter ipsum Regem respondisset optare, conuersus ad interpretem inquit Rex, Profectò necesse est qui nihil horum accipiat, quæ à ceteris tantopere adamantur, longo interuallo à reliquis distare mortalibus: & nihilo minus ad extremum multa benignè pollicitus, omnia necessaria prolixè cùm detulisset, amantissimis verbis Consaluum domum remisit. Vbi dum ille manè rem facit diuinam, è principibus quidam prætereuntes cùm è foribus aspexissent in ara propositam perelegantem MARIÆ sacratissimæ virginis imaginem, quam in tabula depictam ex India Consaluus aduexerat, specie decepti ad Regem deferunt, Consaluum egregia forma puellam apud se habere, hortantur vt ab illo deposcat. Haud surdis auribus dicta. Misit ille confestim, qui Consaluo renuntiaret, audisse se, illum vxorem secum adduxisse, vehementer cupere, vt eam sibi sisteret. Tùm Consaluus tabulam pretiosa veste inuolutam ad Regem affert. Cuius desiderium quò magis exacuat, antequam tabulam detegat, præfatur illam esse effigiem matris Dei, cuius in ditione ac potestate sint omnes Reges, & Imperatores orbis terræ totius. tum deniq; tabula aperit, Regis

Mariæ virginis imago.

gis quoq; matre præsente. Rex imaginem veneratus, Consaluum etiam atq; etiam obsecrat, vt eam sibi largiatur, domi habere se velle. Libenter verò Consaluus annuit: quin etiam ipsemet in regio cubiculo collocat, ibidemq; veluti sacellum quoddam precandi caussa peristromatis pretiosis exornat. Narrant qui inde venere Lusitani, noctibus deinceps circiter quinque, Reginam cœlorum ea ipsa specie quam tabula ostenderet, diuina circumfusam luce, suauíque splendore fulgentem augustissimo simul ac iucundissimo aspectu, dormitanti Regi astitisse. quod ille mane matri narrabat, rei nouitate vehementer attonitus, itémque Lusitanis, qui rem statim Consaluo renuntiabant. Postremò Rex Consaluum ipsum accersit, ait se mirum in modum angi, quod sermonem Reginę eius quæ secum singulis noctibus loqueretur, non intelligeret. Cui Consaluus cùm eam esse linguam diuinā dixisset, quā nemo cognosceret, nisi qui sacrosanctis eius Reginæ filij legibus pareret, quippe qui Deus esset, generisq; totius humani redemptor, Rex in præsentia quidem, si minus verbis, vultu certe ac significatione se Christianum velle fieri ostendit: bidui deinde spatio interiecto per Antonium Caiadum

Regina cœlorum dormitanti Regi assistit.

COMMENTARIVS. 36

dum Confaluo apertè denuntiat, certum esse sibi matriq́ue Christiana sacra suscipere: proinde ad se baptizandum quamprimùm veniret. Confaluo tamen dies aliquot supersedere satius visum, dum Rex Christianæ fidei præceptis ac rudimentis imbuitur. quibus, cùm satis iam operam dedisse videretur, quinto circiter & vigesimo post aduentum suum die Confaluus Regem simul & matrem non sine solenni pompa & gratulatione baptizat. Regi Sebastiani, matri Mariæ nomen est inditum. Eo ipso die Rex Confaluo, quoniam aurum respueret, vaccas centum donauit: ille ad Antonium Caiadum misit mactandas, vt in frusta dissectæ distribuerentur in pauperes. Quam eius liberalitatem ac beneficentiam populus ingenti admurmuratione probauit atque suspexit. Regem imitati trecenti fermè è regni proceribº, Christo sese pariter addixere. Hi nunquam à Confalui latere discedebant. adferebantur etiam dona Confaluo lac, oua, butyrum, hœdi, aliaque id genus, quæ ille nec aliud genus carnis omnino gustabat; cocto duntaxat milio quodam exiguo, herbísque, & siluestribus fructibus victitans. Iamq́; spectata vitæ morumq́ue sanctimonia studióque

Rex cum matre baptizatur.

Trecenti proceres Regem imitantur.

E 4   salutis

salutis humanæ, tantam sibi summorum infimorumq; beneuolentiam conciliauerat, tantosq; in omnium animis motus effecerat, vt in Christianam religionem vniuersa multitudo videretur incumbere, cùm à Mauris quattuor potentibus & callidis viris, & apud Regem gratiosis, ijsdemque veneficis, dæmonis instinctu Consaluo parantur insidiæ. Autor conspirationis fuit Mozambicanus Minguames Mauricæ superstitionis antistes, siue, vt ipsi appellant, Cacicius. ij Regi partim coram ipsi, per idoneum internuntium valde sibi dolere demonstrant, quòd tantum in capitis regníque discrimen vltro se ipse demiserit. Consaluum, cui tantum fidei & honoris habeat, missu Proregis Indiæ, terræq; Sophalæ regulorum, ad explorandum Regis statum, solicitandosq; ad defectionem popularium animos aduenisse, vt motibus excitatis ipsi deinde infesto exercitu subsequuti, Regem opprimant. Addunt insuper fabulosa portenta, Consaluum veneficum esse teterrimum omnium & sagacissimum, varia veneficia ac medicamenta secum attulisse ad incolarum animos occupandos, Regémque mactandum. quicunque caput suum aqua perfundi paterentur, conceptis præ-

Mauri quattuor Consaluo parant insidias.

sertim

COMMENTARIVS. 37

sertim verbis Langariorum (sic enim Lusitanos vocant) à Consaluo pronunciatis, confestim volentes, nolentes in eius potestatem venire: id ipsum alibi contigisse. proinde videret etiam atq; etiam Rex quò progrederetur, cui se suaq; crederet. Si Consaluum abire permittat incolumem, fore vt ciues mutuis inter se cædibus amentes atq; lymphati miserandum in modum grassentur atq; concurrant. His alijsq; id genus mendacijs onerato Regi, adolescenti præsertim, ac matri, facile persuasum est, vt Consaluum primo quoq; tempore interficiendum curarent. Nec dum ea consilia eruperant, clandestinis agitata colloquijs; cùm ad Antonium Caiadum Consaluus, Haud ignaro (inquit) mihi, nec imparato, mors instat ab Rege. Caiado autem ita incredibilis visa res, vt subridens prorsus negaret. iamq; dies aduenerat necis, vel vitæ potius, qui dies natalis erat idem D. Susannæ virginis martyrisq;: Consaluus ab Antonio magnopere petit, vt Lusitanos duos tresue ad se confestim accersat. Confessionem (inquit) illorum tuamq; simul excipere, & sacra eucharistia hodierno die reficere vos omnino constitui: nec enim postea potero. Hos ille dum absentes euocat, Consaluus ad meridiem vsq; præstolatus, cùm

Consaluus mortis suæ præscius.

E 5 non

non adessent, consecratas consumpsit hostias duas, factisque eodem die Christianis circiter quinquaginta, vestem ijs ad corporis cultum, rosaria ad precandum diuisit. Lusitanos verò sub vesperam redeuntes, confessionis Sacramento, quoniam Eucharistiæ non licebat, purgatos, mira vultus hilaritate animiq; tranquillitate animabat inscios quid Consaluus conditum haberet in animo. Ijsdem sacrorum apparatu dat in ædes Antonij deferendum. ipso linteatus cum effigie Crucifixi, domi remansit, reuertentiq; rursus Caiado, pectus hominis manu leniter apprehendens, Antoni Caiade (inquit) profectò paratior ad mortem obeundã ego sum, quàm ipsimet inimici ad inferendam: Regi autem ac matri libenter ignosco: Maurorum quippe artificijs ac dolis inducti sunt. Hæc ille serena facie atq; hilari cùm dixisset, Antonius ab eo digressus, tametsi vix fieri posse putabat, vt Rex tam nefario scelere sese obstringeret; tamen, quoniam ex recenti quodam sermone, eius animum exulceratum, contra quàm existimasset, offenderat; famulos duos ad Consaluum custodiendum ea nocte misit, à quibus ea quæ sequuntur, accepta sunt: Consaluum, cùm secus hospitium in area ad multam noctem; quasi è corpo-

50 sunt Christiani.

Martyriũ Consalui.

corporis custodia exire gestienti mora nimis longa videretur, ita citatis gressibus ambulasset, oculis semper intentis in cœlum, manibus modò sublatis ad sidera, modò Crucis in figuram extensis, ducens ex intimo corde suspiria; suum deniq; tugurium subijsse, habitaque coram Christi simulacro oratione, quod vnum solatium illi supererat, in arundineum stratum decubuisse, & in somnum incidisse iustorum: id enim ex insidijs conspicati satellites octo circiter, ilico irrumpunt: in ijs barbarus nobilis nomine Mocrumes, qui sæpe cum Consaluo conuiuium inierat, iacentis pectus opprimit insidens: arreptum inde pedibus brachijsque, humo tollunt alij quattuor: sublati collo, reliqui duo funem inijciunt, quo vtrinque adducto, Consaluus expressam ex ore naribusque magnam sanguinis copiam effudit, & spiritum simul DEO Domino reddidit. Tum verò CHRISTI simulacro sacrilegijs manibus comminuto, defuncti corpus reste ligatum, attractumque interfectores in præterfluentem Monsengessem deijciunt, ne videlicet (quod Mauri confinxerant) cadauer ipsum tam malefici hominis sub dio relictū veneni sui tabe vnctos inficeret. Hūc habuit exitū pia Consalui

salui legatio; quo sublato, Rex eadem sæuitia percitus Christianos pariter quinquaginta, quos ille extremo die suo pepererat
Domino, magistri donis exutos iubet occidi. Id simul atq; cognitum est, regni proceres, quos Encoses vocant, rei atrocitate permoti consensu coueniunt Regem, et aiunt:
Si hominibus hisce mors iccirco debetur,
quòd aquam infundi capitibus suis à Consaluo permiserint, eadem & omnium nostrum, & verò tua quoq; causa Rex est. omnibus vno eodemq; letho occumbendum,
Qua denuntiatione repressus Regis furor
cùm aliquantulum resedisset, eum biduo
pòst Lusitani quoq; adeunt, docent quàm
graui scelere sese obligauerit: terrores insuper addunt, non Deum modò indignam
innocentissimi viri necem debitis pœnis,
sed etiam hominis ipsos nobilissimi, bello
atq; armis vlturos. Ad ea Rex diligenter ex-
cusare sese, culpam in suasores impulsores-
que reijcere, magnum perpetrati facinoris
dolorem ostendere, deniq; vt factis verba
consentiant, è quattuor consiliaris duos
confestim interficit: nam reliqui duo, quorū alter fuit princeps nefarij consilij Minguames, rem odorati, maturè diffugerant,
qui tamen quod summa diligentia con-
quirebantur, nequaquam euasuri poten-
tissi-

Regis fu-
ror, et quo-
modo re-
pressus.

Regem cō-
missæ cæ-
dis pœnitet.

tissimi Regis manus existimabantur. Hisce rebus perlatis iu Indiam, Antonius Quadrius ei prouinciæ pro Societate præpositus, id ipsum vehementer optante Prorege, idoneam nauigandi tempestatem expectabat, vt Socios aliquot Manomotapam mitteret ad cœpta promouenda, quæ felicem omnino progressum habitura sperabant, eius Ecclesiæ fundamentis tam innocenti castoq́; sanguine positis.

MALACA.

IN vrbe Malaca (quæ in Orientem distat ab Goa mensium fermè quattuor nauigatione) inter Mauros Ethnicosq́; posita, (auream Chersonesum antiquis aiunt fuisse) Societatis item Collegium Regis Lusitaniæ sumptibus alitur, ijsdem & iuuentutis instituendæ, & promulgandi Euangelij muneribus occupatum. Baptizatus est præter cæteros nuper barbarus quidam insignis vir nomine Bandara, iuri Ethnicis dicendo præpositus. is multos è suis, ipsumq́; filium vnà secum ad baptismum adduxit, qui Christiana rudiméta sanè breui ac feliciter didicit. Conuersus est etiam superioribus annis Iudæus quidam, qui ab ipsa vrbe Roma eo vsq́; contenderat, in primis

Bandara vir insignis baptizatus.
Iudæus quidam eruditus conuertitur.

mis eruditus, multis concertationibus de religione cum Socijs habitis.

MALVCI regio.

Ternates Insula.

IN Malucensi regione complures insulæ numerantur: quarum quæ Ternates vocatur, habet ipsa quoque Collegium frequens, ex quo in omnes illas prouincias operarij dimittuntur: quorum industria quàm plurimi ad Christum accessere. In

Regulus Bazani cũ suis Christo credit.

ijs Bazani insulæ Regulus, Regis Maluci gener anno Christi nati 1 5 5 8 Mauricis sacris desertis Christiana suscepit, ipse fraterúque eius, sorores tres, & spuria vna cum matre filia, affines præterea & cognati, & nobilitas vniuersa. Idem finitimas insulas cum vno è Socijs circumijt ipsemet omnium ordinum viros ac fœminas. ipsáque seruitia in Domini rete compellens, quorum longè maior vtique numerus fuisset, nisi periculoso morbo Socius oppressus. Ternatem inde viginti leucarum itinere se necessariò recepisset. Agebat Rex eo tempore annum quintum circiter & vigesimum, & oris dignitate, & corporis agilitate conspicuus. nostratem, si paulò candidiori esset colore, dixisses. Baptismo magnam ipsius ac suorum gratulatione peracto, Socius paulò pòst rem diuinam
fecit,

COMMENTARIVS

fecit, cui tanta cum attentione cuncti affuerunt, ac tanta religione sacram Eucharistiam supplices adorarunt, vt nequaquam tyrones viderentur in fide. Confestim etiam Mahometis fanum dirutum est. eæ res in oppido Maluco auditæ Lusitanis & cæteris Christianis ingentem lætitiam attulerunt; quæ tùm solenni supplicatione, tùm bellicorum tormentorum displosione declarata est; Mauris contra tantum dolorem inussere, vt castrum Ternatis Christianorum oppugnare confestim aggressi fuerint. sed frustra. nam & Lusitani, qui in præsidio erant, egregiè se defenderunt; & rex ipse Bazani, offensionem soceri minimè veritus, obsessis Lusitanis non semel subsidio venit. Anno verò circiter 1561, Amboinensibus quoque Christianis contra Mauros opem tulit, DEO valde propitio: classe quippe sex duntaxat Caracorarum profectus (genus nauigiorum id est) cùm ad expugnandum quoddam hostium oppidum descendisset, penè ex insidijs oppressus à Mauris, qui eodem Caracoris quadraginta deuenerant, paucos admodum è suis amisit. Comitem expeditionis vnum è Societate habuerat, cuius brachium in eo prælio sclopi ictu vulneratum est.

Mahometis fanum diruitur.

Varijs præterea temporibus ad Christũ
aditum

adiuncti sunt è principibus, Elisabetha Regum Maluci Tidorisq; soror, foemina prudens, atq; vna omniū quotquot in ijs erant insulis Maurorum, iuris Mahometici peritissima, quæ Francisci Xauerij disputatione victa, simul & in Christiana religione ita confirmata est, vt exemplo suo cæteris ad virtutem atq; officium præluceret. filij quoq; ipsius, itemq; Tidorensis regis cognati sex, è quibus vnus dynasta magnaq; apud Regem autoritate, in Tidorensi bello contra Lusitanos exercitum duxerat, is regem quoq; ipsum ad ecclesiam propediem perducturus existimabatur. Accessit ad hos magna sua cum animi voluptate atq; lætitia, Selebū quoq; rex ipse, multiq;, ex eius regni proceribus. Reges item Manadensiū (quę gens in primis bellicosa ac strenua totius eius regionis putatur) & Sianorum, item regis Bengaiensium filius, & vniuersa penè Cauripana nobilitas. Nam cætera multitudo tanto vndiq; studio certatim ad baptismum accurrit, vt Didaco Magalianio ex Societate eas insulas peragranti ex oppidis sese obuiam mira alacritate descendenti ad littus effunderent, baptismum sibi liberisq; suppliciter postulantes. quorum optimis studijs tùm propter assiduos Maurorum finitimorum impetus et insidias, qui

Christianæ

Elisabetha foemina princeps à Xauerio ad Christū conuersa.

Didacus Magalianius.

COMMENTARIVS.

Christianæ religionis progressū omni ope impedire conantur. Ijsdem in regionibus Alfonsus Castrius è Socioru numero Lusitanus, cùm annum iam vndecimum eam prouinciam summo labore administraret, gloriosam vtiq; pro Domino morte Maurorum scelere oppetijt, anno post Christū natum 1558. Cùm enim eo tempore Maluci Tyrannus Christianorum hostis acerrimus Ternate obsideret, vbi captus à Lusitanis pater eius in custodia detinebatur; Alfonsus ex insulis Mauri Irim insulā Ternati proximam naui petens, à nautis Mauris in Tyranni gratiā omnibus primùn vestimētis exuitur: deinde pedes eiusmanusq; crasso fune colligantur. dies quinq; ita vinctus in nauigio crudeliter habitus, atq; inde ad collum eius graui admodum arboris viridi trunco ad instar iugi deligato, nudus exiguo tantùm velo femoribus obductis sub dio constituitur, ibiq; interdiu noctuq; relinquitur natura imbecillus, cœliq; iniurijs quanq leuibus, vehementer obnoxius: tunc autem magna corporis vexatione & cruciatu triginta dierum spatio ibidem detentus prope nullo cibo, cùm viuus iam custodiri posse non videretur, ne suo periret letho, violentas manus illi inferre Mauri decernunt. Ille brachijs ad tergum reuin-

Alfonsus Castrius à Mauris necatur.

F ctis

&tis per asperas cautes aliquandiu ductus, appropinquante iam exitu vitæ, ad terram sponte procumbit, lignoque sibi subiecto, quod suspensum è collo gerebat, à Mauris ense conficitur. Corpº ab illis in mare proiectum, tertio pòst die repertum ibidem vnde proiecerant, insolito quodam radians fulgore, vulneribusq; ita recentibus, vt si ea tunc accepisset. quæ res eo admirabilior visa, quòd æstus maris eo loco, fluminis instar est rapidissimus. Eius viri mors ipsis quoq; barbaris regibus dolori fuit. magna enim erat apud omnes nomen eius in admiratione. Regem quidem Geiloli Maurú, grauemq; Christianorum aduersarium, de Alfonsi exitu atq; animi fortitudine verbis honorificis disserentem ad eos qui aderant inter cetera ferút dixisse. Quid simile nostri Cacitij? Nec verò Dóminus tam iniustam necem, ne in hoc quidem seculo inultá reliquit. quippe ab Iris insulę prefecto ac magistratibus pro certo cognitum est, paucis diebus omnes non modò parricidas illos, sed etiam parricidarum propinquos vario ac miserabili mortis genere perijsse. namq; alij fœdissimis toto corpore pustulis enascentibus paulatim excoriati horribiliter vlulantes igne sacro consumpti sunt: alij tormétis in bello discerpti: deniq; is etiam,

Rex Geiloli Maurus honorificè de Alfonsi exitu loquitur.

Percussores Alfonsi, cum propinquis, diuina vltione consumpti.

qui

COMMENTARIVS.

ui abreptum Alfonsi vendiderat calicem, embris mirandum in modum intumescentibus, vitam finijt: quos aiunt, sublatis ad sydera manibus, tùm deniq; diuinum auxilium supplices implorasse.

REGIO MAVRI.

Vltra Ternatè leucas 60, regio Mauri cernitur diuisa bifariam; altera pars in continenti est, & Morotia dicitur, octo Christianorum loca complectés: altera Morotai nominatur, constatque duabus insulis, quarum in vna minore vici Christianorum tres anno post Christum natum 1552, in altera maiore, octodecim visebantur. Christianorum porrò capitum numerus erat quinq; & triginta millium: qui ex eo tempore maiorem in modum multiplicatus est. anno quippe 1563, Christianorum vici sex & triginta fuisse dicuntur, & in ijs aliqui familiarum ferme octingentarum, anno verò 66, ad septem circiter & quadraginta: qui nullos habent pastores magistrósue, nisi è Societate, cuius in ea prouincia non sine magnis assiduisque laboribus, atque periculis in summa egestate versatur industria.

ANNO 1552. Christianorum 35. millia.

ANNO 1566. Christianorum vici 47.

F 2 AM-

RERVM IN ORIEN. GEST.
AMBOINI insulæ.

AD Maluci prouinciam Amboini quoq; terra sicuti Mauri pertinet, abestq́; Ternate leucas 80, Malaca autem (ex quo loco nauigantibus Malucarū insularum prima Amboinus occurrit) trecentûm & quinquaginta. Christianorum pagi erāt in ea septē duntaxat anno 1545, cùm Franciscus Xauerius eò se contulit: Sociorum deinde opera factum est, vt anno 1562 plus triginta numerarentur. anno verò 63 Christianorū plus decē millia facta: quo ipso tempore Socij ad alia oppida duo baptismo lustranda profectionem parabāt, incolarum circiter quadraginta millium. Vni eorum Lucebata nomē est, cuius principes ad ceteros in proposito continendos iam baptizauerant. In eadem insula est insigne oppidum Recaniue Maurorum: ij à Mahometis cultu ad Christiana sacra conuersi, cùm alijs vitijs, tùm illo precipuè purgati sunt: multas habebant singuli vxores, qui quidem per diuitias poterant. nam in Amboino vetus erat consuetudo puellas à parentibus in vxores dote persoluta coëmere: id quoniam pauci poterant, duplex inde sequebatur incommodum; vt & diuites multis nuptijs per libidinem miscerentur;

Anno 63 decem millia Christianorum facta.
Lucebata.

Recaniue.

Mos nefarius sublatus.

COMMENTARIVS. 43

tur; & pauperes vel cælibem vitam agere, vel quas alij respuissent, in matrimonium ipsi ducere cogerētur. Hic mos quanquam infimis pro virili adiuuantibus, resistentibus tamen vi summa potentioribus, magna Sociorum contentione sublatus est.

SOLOR, MACAZAR &c.

MAcazaris ampla regio leucas 300 abest Malaca, & spatij tantundem occupat ambitu. felix admodū terra, auriq; ferax & sandali, & aquilani cuiusdam ligni odorati, pigmentiq; eius q̄d lacre vulgò appellatur, cuius tùm ad pingēdum, tùm ad obsignandum vsus egregius: ita quippe materiæ subiectæ adhærescit, vt inde nulla ratione possit nec auelli, nec elui. Seruitijs multis, & omni copiarum genere abundat. Inde Malucum dierum octo, Amboinum verò ferme quatridui est cursus. Primus in ea sese publicè ad Christum adiunxit vnà cum vxore ac liberis alijsq; compluribus Rex Supanorū, gener imperatoris cuiusdam opulentissimi, qui mediterranea plagæ illius incolit loca, vrbemq; præcipuè Sedenrem maximam ac celeberrimam: hæc in plano sita, carnibus, piscibus fructibusq; est referta. lacus est proximus multis nauigationib° frequens, copio-

Rex Supanorum cum vxore, liberis alijsque ad Christum accedit. Sedenrem vrbs celebris.

F 3　　　　sis

RERVM IN ORIEN. GEST.

sis vrbibus vndiq; cinctus, cuius longitudo leucas viginti, latitudo quinq; circiter colligit, plenus varij generis piscium. ex eo effluens amnis, per mediterranea triginta dierum iter emensus in mare sese effundit ad vrbem orientis Maluuum, cuius oræ aiunt regem in primis potentem dominari, qui Lusitanorum amicitiam vehementer expetat. Alia est regio eodem Macazanis nomine, sed inferior. regem habebat cum alijs multis Christianum: cui demortuo successit barbarus frater, quem tamen aiunt cum suis omnibus velle fieri Christianum. Huic finitimus est rex alius item Christianus, eius propinquus, qui doctores Euangelij apud se habere percupit: atq; id ipsum ij populi ferè vniuersi, cùm alijs rationibus, tùm verò miraculi cuiusdam nouitate permoti. Cùm enim Franciscus Nunes Lusitanus navarchus in ea loca venisset, membris ita debilitatis, vt non nisi furculis nixus duabus ingredi posset; ope diuina repente conualuit, crucemq; religionis causa defixit, ex qua eius rei monimentum furculas suspendit.

Maluuum vrbs orientis.

Franciscus Nunes Lusitanus.

Solor.

Solor autem, gradus octo cum tribus quadrantibus in meridiem obtinens, leucas à Malaca distat trecentas, valde salubris est regio, multa circa sunt oppida. Christianos

COMMENTARIVS. 44

nos verò habet cõplures, quos ibidem Lusitani ipsi negotiatores aduenæ faciunt.

Anno quidem circiter 1559 Lusitanus quidam mercimonij caussa cùm eò venisset, Regem cum vxore ac regni proceribus baptizauit, ac deinde mortuus est. Rex aũt cùm Socios per litteras inuitatos propter eorum penuriam ad se venire non posse cognouisset, fratris ipse filium regem designatum Malacam ad ipsorum Collegij rectorẽ cum mandatis misit, vt quoniã magistros ad se populumq; docendũ legare non posset; hæredem saltem hunc suum in ædibus Collegij Christianæ fidei præceptis ac doctrinæ institutum, ad se deinde remitteret, qui doctoris apud eos populos munere fungeretur. Huic Laurentij nomen impositũ est, & quoniam præstanti erat ingenio, precandi formulas, & catechismũ breui tempore didicit. Insinuat verò se in eam insulã Mahometica etiam prauitas. anno quippe Christi nati 1559 tres quattuórue Cacitij ex oppidis Calecu et Bengala profecti, Meschitam Maurico more habere iam cœperat, barbarosq; multos eiusdẽ superstitionis infecerant labe, dum Christiani desunt, qui errantibus rectũ salutis ac veritatis iter ostẽdant. Magno tamen labore Malacenses Socij effecere, vt Cacitiorũ princeps ex ijs locis pelleretur in Indiam.

Rex cum vxore & proceribus baptizatur.

Rex fratris filium Malacam fide imbuendum mittit.

Mahometica prauitas. Calecu. Bengala.

F 4　Ere-

È regione Soloris ad tria millia passuum, permagna cernitur insula habitatoribus frequentissima, aliasq; habet vicinas. nullus ibi deorum cultus, delubra erant nulla. itaque illata Christiana sacra ita auidè arrepta, vt rex cum omnibus optimatibus, alijsque præterea ducentis in vrbe regia Labonamā baptismum susceperit, & concionatores pastoresque vehementer efflagitet ad cæteram multitudinem instituendam, ac baptizandam.

Rex cum optimatibꝰ alijsq̄ 200 conuersus. Labonama vrbs regia.

Ne Timorenses quidem insulani ab Solore leucis dissiti minus quadraginta, religionem aut superstitionem habent vllam: gens totius eius tractus maximè rudis. Solorem Timoremque Malaca petentibus terræ Iaæ regnum occurrit nomine Panaruca, quod barbarorum est vniuersum. ij multis Maurorum bellis vexati, vt impia Mahometis sacra susciperent, obfirmato semper animo restiterunt. ijdem Lusitanis admodū sese amicos demonstrant, profitenturq̄; palam se nullam, nisi Christianā religionem, legemq̄; Euangelicā acceptu- ros. et sanè vix dici potest, gentes illæ penè omnes, Mauris fermè exceptis, Christianā fidem quāopere sitiant. Cambaiani regnū amplum ac celebre, compluribus ibi à Dominicano q̄dā fratre, qui aliquandiu apud

Timor Insula.

Panaruca regnum.

Quàm multæ & quæ gentes Christi fidem sitiant.

eos

eos fuit, baptismo lustratis, Euangelicos ministros postulare non desinunt. eodem studio ac desiderio tenetur Macazarenses, Amboinenses, Morotiani, Morotaienses, Bazanenses, Papuani, Bengaiani, Selebes, Siani, Cauripani, Bolanenses, Manadij, Tidorenses, & vniuersi penè Malucenses, Manomotapani, Inhamiorenses, Giloani, Æthiopes, Ceilanij, Trauancorenses, aliæq; plurimæ nondum bene cognitæ, vel exploratæ nationes atque prouinciæ.

Insulam quidem aiunt esse leucarum circiter ducentarum è regione Amboini, quò cùm Lusitani aquationis caussa descendissent, ab incolis vi prope retenti: & tum quidem capitum quattuor millia, deinde rursus amplius duo millia baptizare coacti sunt: atque inde abiere, quod miserandum in primis est, vna tantùm sublata cruce, magistro ibi nullo relicto. Nec sanè, cùm in Christiana fide amplectenda ij ferè quos diximus, populi faciles alacresq; tùm verò in exercenda vel in retinenda segnes infirmiue magna ex parte cernuntur. Multi aduersa valetudine, ac præsertim febri vexati, ad templum confugiunt statim, & aqua piaculari seu benedicta, quæ datur à Socijs opera vt nunquam desit, epota, eadem ipsa hora sanantur. Idem

Cogũt quidam Lusitanos, vt se baptizent.

Diuina beneficia per aquam benedictã collata.

vir-

virtutis expertæ remedium Diuarensibus est contra venenatos serpentium ictus. Bazanius neophytus quidam, cùm filij eius duo baptismo lustrati confestim in febrim grauissimam incidissent, vnà cùm vxore ad sacerdotem è Societate expostulatum accessit. Sacerdos malitia dæmonis cognita, quærit ex ijs, putarent ne filios ob Christiana sacra suscepta periclitari. Annuentes iussit piacularis aquæ paululum bibendum laborantibus dare: sanos statim futuros. Neque fefellere promissa. hausta quippe aqua, eodem temporis vestigio discussa febri ac fugata, magna & parentum gratulatione & sacerdotis lætitia sanus vterque surrexit. atque in ijs regionibus eiusmodi multa sæpe contingunt. Atiuensem verò populum recens ab impietate reuocatum, illa etiam res valde roborauit in fide, quod cùm antea infantes lethalibus vesiculis, erumpentibus vulgò perirent, postquam eò Christiana sacra illata sunt, diram luem illam magna sua cum admiratione sedatam viderunt. In Amboino autem insula, cùm diuturna siccitate valde laboraretur, neophytæ quædam mulieres ad vetustiorem Christianam accedunt, rogantes qua ratione placare Dominum precibus & pluuiam salutarem

Diuarenses populi.

Atiuensis populus di ralue liberatur.

Neophytæ mulieres precibus pluuiam impetrant.

COMMENTARIVS. 46

tatem expoſcere debeant. Crux erat à Franciſco Xauerio, in littore poſita, ad eam neophytas illa perducit. Cruce ramis virentibus exornata, ſolo ſcopis diligenter purgato, nixæ omnes genibus. Tu (inquiunt) Domine, qui quibus indigeant rebus homines, quos tua ipſe morte & cruciatibus redemiſti, ſcis optimè, da nobis aquam. Chriſtianæ ſumus. Mirum dictu. Sereno tunc cœlo, coactæ momento nubes, tantam repente vim imbrium profudere, vt neophytæ in Chriſtiana religione magnopere confirmatæ potentiam DEI prædicare non deſinerent, factáque mulierum manu deturbatum è fano ſimulacrum, à quo nuper tanquam DEO pluuiam ſupplices petere conſueuerant, multis probris ac iurgijs laceratum atq; conſciſſum raptantes, in profluentem deniq; conſenſu proiecerint. *Oratio plena fidei.*

In pago quodam Socij fanum extruxerant. id Mauri cùm audiſſent, incolis renuntiari iubent, ſibi certum eſſe, vel rerum ſuarum periculo fanum extructum apud ipſos incendere, continuóque bellici apparatus rumorem de induſtria diſſipant ijs terroribus ad Chriſtianos perlatis, ſacram ædem lateribus

ſuis

suis oppositis defendere omnino constituunt. idq́; tanto omnium ardore, vt ipsi pueri puellæq́; communi consilio vim saxorum iaculandi caussa separatim vterque sexus in loca opportuna congereret. Sed eo periculo, cùm Mauri consilium mutassent, diuina ope liberati sunt. Vlate est eiusdem regionis vicus, qui quòd in conspectu Maurorum est positus, habetq́; trecentos incolas, qui armis vti possint, assiduis penè bellis implicitus est. Vnus è Socijs trimestri spatio apud eos versatus, narrat, eo tepore toto, quotidianis prælijs cum hoste certatum, ijsq́; Dei beneficio & Vlatensiũ pietate, ferè secundis. vt enim viri in pugnam exierant; pueri signum Crucis ibi collocatum religiosè petentes, positis genibus, percutientes pectora, manusq́; tollentes in cœlum, diuinam misericordiam, idque sæpè iniussu, supplices implorabant. quo in numero erant, qui vix adhuc eloqui possent. Fœminæ quoque detractos sibi lapillos & margaritas ad Crucem Deo offerentes, aiebant, Hæc omnia tua sunt Domine: tu nobis ea dedisti: noli hoc oppidum perire pati, Maurosque tuos inimicos, rerum nostrarum potiri. Quid mirum, huiusmodi fultos presidijs Vlatenses, superiores fuisse? ijdem inita aliquando pugna, cũ è recen-

Puerorum & puellarum studium in templi defensione.

Vlate vicus.

Pietas puerorum & fœminarũ.

COMMENTARIVS. 47

è recenti pluuia tormentarius puluis igni resistens,repentè Sclopos inutiles reddidisset, consternati animo, atque ope humana diffisi, cùm ab hostibus admodum vrgeretur, multi gladijs & scutis humi depositis manus tollentes in cœlum, nixique genibus, Respice nos (inquiunt) Domine Christianos, & pro tuo nomine præliantes: fer opem: ne nos tua clementia deserat. Haud incassum missæ preces. nulla accepta illatáue clade, contra omnium opinionem exercitus vterq; diuersi in patriam reuertere. Et ea sanè gens esse dicitur miti admodum ingenio, & minimè contumax, ac natura ad omne officium ac virtutem propensa. itaq; magistros etiam eximio quodam amore prosequitur.

Alij eiusdem tractus pagani, è quibus nonnulli baptizati iam fuerant, cùm infesta sibi Maurorum arma ob id ipsum imminere sensissent; è Socijs euocarunt, qui populum vniuersum baptismo lustraret; quòd Christiani potius vitam sponte profundere, quàm Mahometani libertatem retinere decreuissent. itaq; duorum mensium spatio plus octingenti catechismo instituti, & sacro fonte abluti sunt. Alij multi eiusdem oræ Christiani, à Mauris, in quorum ditione habitabant, ad Mahometica

Ottingenti baptizati.

tica sacrilegia solicitati, patrijs fundis, ædi-
busque relictis, cum vniuersa familia in
Christianorum loca migrarunt.

Quilanen-   Quilanenses autem, cùm in montis iu-
ses.   go, vnius religionis causa obsessi à Mauris
tenerentur, nullis vnquam periculis aut
minis ad deditionem potuere perduci.

Homani.   Nec minor fuit Homanorum in fide
constantia, qui cùm oppugnati ab Regis
Maluci copijs aliquádiu fortiter restitisset,
cùm iam hostium impetum ac multitudinem sustinere non possent, trecentis pacto-
lis, qui mille circiter aurei numi sunt, tran-
segere, vt Christianam religionem retinere sibi liceret. Quin etiam præfecti Homanorum filia ab hostium duce ad matrimonium inuitata (quòd per eam putaret se facilius oppido potiturum) respondit fieri
quidem posse, vt ad ipsum accederet, sed
Recaniuen- viua nequaquam. Iam Recaniuenses, in
ses.   quibus bellatores mille numerantur, cùm
naues aliquot Maurorum ad eos venissent,
minantes, nisi ad cultum Mahometis redi-
rent (quem non plus anno ante reliquerát)
validam Iaani regis classem ad eorum excidium esse venturam; illi nequaquam ea
denunciatione deterriti, responderunt, se
nec mortis, nec rei familiaris, nec patriæ
periculo, à vera IESV CHRISTI religione

gione vllo vnquam tempore discessuros,
malle se in hac vita labores & vexationes,
quàm in altera, sempiterna subire supplicia. Interim Iaana classis nauium ferme viginti infesta superuenit. Tùm Recaniueses, quòd in humanis viribus haud satis praesidij cernerēt, primò sanè perculsi, deinde verò Socioru praecipuè cohortationibus animati confirmatiq́; certum sibi Dei subsidium polliciti sūt. Nec eos sanè fefellit spes. naues enim hostiu, cùm oram Recaniuensium legerēt, atrox tempestas coorta fudit, atq́; disiecit. statimque Lusitanorum classis Recaniuem magna omniū gratulatione peruenit. Inde cùm assiduè sese ppter Christum vexari Amboinenses neophyti cernerent, communi fidelium omnium indicto concilio, decretum est, vt contra Mauroru impetus inuicem sibi cuncti succurrerent; publiceq́; polliciti sunt, magna sanè Sociorum animi voluptate, se omnino Christianos esse morituros. In ora autem Comorinensi, cùm neophytus quidam regem barbarum, cui ea natio vectigalis est, vita functum lugere ethnico ritu, barbamque simul & capillum recusaret abradere, direptis bonis est à barbaris interemptus.

Anno verò Christi nati 1566, Christianorum Comorinensium nauis Cocinum petens,

petens, à Mauris prædonibus capitur, statimq; sex è Christianorum numero primarijs viris iniecta vincula cum mortis minis, nisi à Christianis ad Maurica sacra deficiant. Illi verò se quidlibet perpessuros respondent potius, quàm tantum sceleris admissuros. Mauri vbi se nihil proficere intelligunt, vinctos atrociter vexant primú, deinde, Agite, Cruces, inquiunt (nam è collo suspensas ferebant) ocyus auferte: ceruices præcidendæ sunt vobis. Tum Christiani, Ecce, capita præstò sunt: Cruces si vultis, vos ipsi detrahite: nos enim citius vtiq; moriemur, atque ita flexis genibus quinq; ex ijs obtruncantur, egregiam ipsorum constantiam Lusitanis compluribus, ceterisq; qui aderant, valde admirantibus. Sexto pepercere Mauri; qui Socijs Cocini deinde narrabat, se in eo discrimine intimum quoddam robur, atque virtutem cótra terrores illos diuinitus sibi suppeditari sensisse. Circa Persicum sinú anno à Deipara virgine 1554, Turcæ nauem cepere, qua præter Lusitanos neophyti vehebantur, Malauares adolescentuli sex circiter, & triginta, ab nono ætatis anno ad septimum vsque decimum. Hos Mauri à Christo ad Mahometem traducere summa ope alternis blandiendo minandoq; frustra conati,

Comorinēses Christiani 5. pro Christo obtrūcantur.

Adolescētulorum neophytorum in fide constantia.

ad

COMMENTARIVS. 49

ad verbera deniq; & varios cruciatus descendunt. Adduntur ad ceteram immanitatem, atque sæuitiam stillæ adipis igne liquati. quæ cùm tormenta, multasque præterea iniurias, puerorum egregia virtus fidesq; contemneret; vi denique arreptum vnum ex ijs circumcidunt inuitum ac renitentem, quem deinde cùm Mahometanum esse iam Turcæ dicerent, cauillantes atque tentantes; ille vtiq; pernegare, corpus tantùm violatum esse, non animum affirmare: proinde se non minus Christianũ esse quàm antea.

Iam in ijs insulis, quas Mauri appellari iam diximus, ingens neophytorum numerus, quòd susceptam religionem deserere nollet, patrimonijs spoliati partim contumeliæ caussa ipsimet sub hasta diuenditi, partim etiam perempti crudeliter sunt. *Neophyti propter fidem partim diuenditi, partim perempti.*

Illud verò quod in Amboino annis superioribus contigit, cum veterum vtique martyrum illorum fide, ac fortitudine cõparandum videtur, non modò quòd multi neophytorum vici pro veritate Euangelica sæuè direpti, omnes etiam incolæ alicubi ad vnum crudeliter cæsi sunt, sed etiam quod plurimi à barbaris genere feritatis inaudito consumpti sunt: præcisos quippe viuentibus brachiorum toros, ac tibiarum *Amboinéses Christiani multa crudelia fortiter perpessi sunt.*

G arti-

articulos inspectantibus ipsis igne torrebant barbari, vorabantque, paulatim ceteraquoq; corporis membra laniantes, quoad neophyti lęto cruciatu confecti animā Dño redderent, quorum aliquot ad extremū vsq; spiritum, salutares illas voces IESVS, MARIA, exaudiebantur iterantes identidem. vt interim illos omittam, qui in acerbā seruitutē aliò atq; aliò abducti sunt, atq; hæc propterea maximè, quod à Mauris obsessi, Crucis signum (quod in singulis Christianorum vicis publicè collocari cōsueuit) refixum, atq; ad mœroris indicium atra veste inuolutum, ne in Maurorum contumeliosas manus veniret, humi defoderant.

Neq; verò eiusmodi euentus, atq; pericula neophytorum dumtaxat propria, sed cum ipsis quoq; eorū doctoribus (ne videlicet sit discipulus supra magistrū) cōmunia sunt.

Sociorum pro religione labores & interitus.

E Socijs quidam, dum in Amboino rem Christianā fideliter administrat, Maurorum insidijs subinde appetitus semel etiā domi flamma ab ijsdem iniecta viuus penè combustus, veneno denique fertur esse sublatus, vir in excolendis tuendisq; neophytis, etiam contra barbarorum impetus ita fortis & impiger, vt ipsimet hostes eius animi

animi magnitudinem admirarentur. idem in pauperes ita benignus, vt cùm ipsam quoq; subuculam in eleemosinam erogasset, in extrema valetudine, quod nulla sibi vestimenta suppeterent, stragulo tectus ad Christianos de more visendos vicatim circumire non intermitteret.

Alius dum sibi commissam egregiè tuetur ecclesiam, à Mauris aliquoties contumeliosè tractatus, & fustibus cæsus, cùm ad oppidum quoddam barbarorum baptismi caussa euocatus mari contenderet, vnà cũ ipso nauigio demersus est. Comes verò ipsius (vt hoc etiam obiter addam) ægrè ac periculosè natans ad saxum allisus à fluctibus in littus euasit, corpore lacerato, vt quadrupedum instar humi reptare cogeretur. in hunc ille modum cum vastas solitudines nullo prorsus obuio triduum peragrasset, in siluestrem denique incidit hominem, ex ijs quos Allifuros nominat, à quo sublatus in humeros, & ad pagũ vsq; Christianorũ delatus est. Verùm adeò humanè fertur ab illis exceptus, vt ad eum visendum concurrerent vndique spectaculi miseratione collacrymantes, certatiméque cibum, ac vestes, & alia quæcunque poterant, ad eum leuandum reficiendúmque conferrent.

Allifuri, homines siluestres.

RERVM IN ORIEN. GEST.

Tres alij Socij Hispani anno post Christi natalem 1555, cùm ex Europa in Indiam nauigarent, cumq; oneraria quingetas circiter ab vrbe Goa leucas, in Syrtes incidisset, vectores plurimi, scaphis è naufragio raptim extructis, littus incolumes tenuere. ipsi verò quanquam liberaliter inuitati, tamen ne in extremo illo periculo ceteram turbam desererent, quam capere scaphæ nequiuerant, ibidem certa sibi penè morte proposita remansere cum reliquis, & fame consumpti sunt. Antonius verò Criminalis in Cisalpina Gallia Parmæ natus, cùm anno 1544 ad Franciscum Xauerium in opere subleuandum cum socijs aliquot in Indiam missus esset, vir spectata vitæ innocentia, acrique studio Catholicæ religionis augendæ; à Xauerio in alias regiones Euangelij caussa decedéte, Comorinensi Ecclesiæ vniuersæ præpositus est. quod ille munus in summa rerum difficultate, afsiduisq; belli tumultibus amplius triennium alacriter obijt, cùm semel saltem singulis mensibus passuum millia amplius ducenta percurreret, idq; pedibus ferè semper nudis, noctem sæpe humi transigens, in quotidiano cibo potúque parcissimus. Is igitur dum ad Remanancoris vada quæ appellantur, catechismo dat operá, subi-

Martyriũ Antonij Criminalis.

COMMENTARIVS.

subitò affertur infestas adesse Bisnagensiū copias. Erant in portu vicino parata nauigia, in quæ ille si vellet, tuto confugere posset, multis præsertim id ipsum hortantibus. Sed pastor, capitis sui cura præ ouium salute neglecta, puerorum ac mulierum turbam, quòd ea maximè opportuna iniuriæ videretur, ne in barbarorum manus magno cum religionis fideique periculo veniat, quanta maxima potest diligentia, insistit in naues imponere. quo in officio dū suimet oblitus magno animi ardore versatur, hostes interea superueniunt. Ille extremo periculo animaduerso, spe immortalitatis plenus, genibus nititur, manibusque sublatis, confestim se in preces effundit. Atq; vnus quidem atq; alter barbarorum manipulus illæsum Antonium præterit mori cupiente, ne direptum ac dilaniatum Christi gregem aspiceret. Badagarum verò (sic enim è Bisnagensibus aliqui appellantur) altera succedente caterua, vittatus quidam ex ijs in læuum Antonij latus iuxta lienem hastam adigit. Accurrit alius statim ad spolia detrahenda, attritam videlicet tunicam. Antonius verò exuentem vltro adiuuat, quin etiam vt secum videlicet è mundo nihil prorsus auferat, interiorem quoq; subuculam raptim suis ipsemet manibus

RERVM IN ORIEN. GEST.

nibus discerpit, ac proijcit. Inde iterū supplex prouolutus in genua consuetudinis suæ non immemor (id enim illi cū iaculatoria precatione vicies triciésue solemne quotidiè fuerat) vulnera deinceps in pectore duo, quartum deniq; in humero cū accepisset in latus concidit moribundus. Caput abscissum, & vnà manantē subuculā sanguine barbari ex alto suspendunt: truncus ibidem nudus, inhumatusq; relinquit. Atq; hanc quidē laborum suorum vigiliarumq; mercedē ac præmium summo Dei beneficio tulit Antonius. Aloysius verò Mendesius cùm in eadem ora ijsdem ferè muneribus vacaret, ab iniquis atq; impijs iugulatus est.

Aloysius Mendesius ab impijs iugulatus.

Atq; his tot tantisq; terroribus periculisq; propositis, magno animorum studio certatim eiusmodi prouincias expetunt Socij, propterea credo, quod cùm officium sequuntur, tùm inter eas difficultates, & incommoda quotidiana, ab omni ferè sęculari vel humana delectatione seiuncti, summa Dei benignitate liquidissimis voluptatibus, quas caro sanguisque non percipit, gaudijsque cælestibus, ad quæ nunquam aspirat animalis homo, sæpè numero perfruuntur. Illud verò eos vehementer angit, quod propter ipsorum paucitaeitatem atque penuriam, agri quàm plurimi, qui adhibita cura felices ac nitidi opimam virtutum omnium frugem ferre potuissent, vel steriles atque horridi miserabiliter iaceant; vel etiam aliquandiu subacti, cùm propter ingentem occupationum molem suis temporibus ab se recoli nequeant, paulatim deserti quandoq; siluescant. vni quippe interdum operario et ei quidem nondum sacerdoti, multa hominum millia Dei verbo pascenda, regendaque varijs locis incumbunt, multisque amplissimis in regionibus, ministri Euangelici nisi è Societate nulli versantur. ipsi autem iccirco adesse vbique non possunt, quod eorum numerus cùm in vniuersum exiguus est ipse per se, tum per Europam vniuersam vltimosque Occidentis, & Orientis fines ita longè lateq; dispersus, vt mirum sit, terras ita multas, tantoq; interiacentis Oceani spatio inter sese disiunctas, non dico Euangelio collustrari, sed cursibus peragrari tam breui tépore potuisse, à religiosis præsertim viris ex assidua corporis & animi patientia, ac volūtaria paupertate, ferè semp incōmoda valetudine vtentibus. Quo magis iustum & pium desiderium ipsorum habendum est, cùm in tanto tamq; salutari opere quā plurimos adiuto-

RERVM IN ORIEN. GEST.

res exoptant, ne scilicet vberrima animarum seges, quam è sacrilegis ereptam Diaboli manibus iam pridem oportebat, vna messorum inopia videntibus atque inspectantibus ipsis intereat.

FINIS.

DE IAPO-
NICIS REBVS,
EPISTOLA-
RVM LIBRI
IIII.

AD LECTOREM.

IAponis insula distat ab Lusitania, & quidem periculosa in primis nauigatione, leucarum millia omnino sex. Itaque quod in tanto locorum interuallo frequentibusq́; naufragijs est necesse, epistolæ sæpenumero intereunt. Intestinis præterea seditionibus bellisq́; pænè assiduis ea regio flagrat. quo circa multæ rerum publicarum conuersiones, crebriq́; regnorum, atque imperiorum ortus atque occasus, in ijs locis existunt. Quod ego te, lector, initiò monitum volui, quo minus mirere, sicubi vel interruptam historiæ seriem, vel aliquam fortè in rerum personarumq́; vocabulis varietatem offenderis.

VALE.

DE IAPO-
NICIS REBVS
EPISTOLARVM
LIBER PRIMVS.

PAVLVS IAPONIVS SO-
cietati IESV pacem & gratiam
IESV CHRISTI.

PLACITVM EST EI
qui me de matris vtero eduxit meæ, me perditum, & errantem à grege veluti ouiculam quærere, longissimè positum non deserere, à tenebris ad lucē, ad vitam ab interitu reuocare. quæ ipsius erga me beneficia tot atque tanta, quod immensam eiusdem benignitatem clementiámque testantur; ad pietatis ac religionis officium pertinere sum arbitratus, vt totam conuersionis meæ rationem per epistolam vobis exponerem. Cùm in Iapone (quod meum patrium solum est) coeca illa superstitionum caligine mersus iacerem; ad bonziorum coenobium, infestas mihi quorundam metuens

Ratio conuersionis Pauli Iaponensis.

metues manus, veluti in asylum fortè confugeram. Eodem, commercij caussa, Lusitanorum appulerat nauis: in quibus Aluarus Vazius mihi iam antea notus, cognita re, primò si vnà secum vellem decedere, pro amicitia mihi sese liberaliter obtulit: deinde, cùm id, ob eius nondum expedita negotia, longius esse prospiceret, mihíque foret in mora periculum; paranti profectionem amico, qui propinquo in portu stationem habebat, me per litteras commendauit. Eas ego confestim, intempesta nocte cùm pertulissem; vt in re trepida, non cui erant inscriptæ Hernando nomine, sed Georgio Aluaresio nauiculario, per imprudentiam reddidi. Is me benignissimè exceptũ abduxit, eo consilio, vt me ad Francisci Xauerij, qui cum erat ei magna necessitudo, familiaritatem adiungeret: cùm interea & conciliandæ voluntatis meæ, & informandi ad religionem animi gratia, multa partim de viri vita, rebúsque quas gereret, partim etiam de Christianæ disciplinæ institutis quotidie mihi narraret. His ego sermonibus, paulatim non solùm cognoscendi hominis, verùm etiam Christianæ studio religionis exarseram. itaque cùm Malacam peruenissem, sacro fonte iam tũ essem ablutus, si per episcopi vicarium licuisset, qui
cogni-

LIBER I.

cognito rerum mearum statu, ob eam maximè caussam me baptizari prohibuit, q̃ post sacra suscepta, ad vxorem ethnicam mihi redeundum esse negabat. Quocirca infecta re, cùm nec Xaueriũ ibi, vt putaueram, offendissem, & maturus iam reditus esset in patriam; ad Sinarum regionem nauigaui, quæ distat ab Iapone, 200 circiter leucarum interuallo (quod iter est sex vel septem dierum) vt inde in Iaponem primaquaq; nauigandi facultate traijcerem. A Sinis, cùm in conspectum oræ Iaponiæ venissemus, nec plus 20 leucis à terra abessemus; repente sæuissima teterrimaque totius quatridui tempestate in eundem ex quo solueramus Sinarum portum reiecti, descendimus. Hic mihi & naufragij metu perterrito, & intimis religionum stimulis agitato, quid agerem incerta ac solicita mente deliberanti, ecce Lusitanus Aluarus Varius occurrit, is, cuius precipuè benificio me ex Iapone euasisse narraui. Miratus cur discessissem Malaca, & simul audito maris periculo quod adieram, suadere institit mihi, vt secum denuo Malacam reuerterer; ad cuius hortationem Laurentij quoque Bottellij autoritas accessit, hominis honorati, cùm diceret non dubitare sese, quin Xauerius Malacæ propediem esset futurus,

qui

qui me in Diui Pauli Collegiũ Goam perduceret, Christiana doctrina diligentius excolendum, & inde reuertenti in patriam mihi aliquem è Societate comitẽ esset daturus. Placuit consilium. itaq; rursus veni Malacam. ibi in ipso descensu opportunè mihi fit obuiam, qui me ex Iapone asportauerat, Georgius Aluaresius. is me continuò ad Xauerium deduxit, tunc fortè in templo solennia nuptiarum sacra facientem. quis essem, cuius rei caussa venirem, exposuit. quibus ille auditis, tantam vultu verbisq; animi lætitiam ostendit, meq; nactum iam aliquam Lusitanæ linguæ consuetudinem, ita & tum accepit comiter, & deinceps benignè amicèque tractauit; & ego congressu hominis & aspectu vsque adeo sum recreatus; vt satis appareret, totam eam itineris mei rationem institutam fuisse diuinitus. Mox ad Collegium Diui Pauli reuersurus, quod neophyti Christiani in promontorio Comorini erant ei ex itinere inuisendi, me vnà cũ Georgio Aluaresio via breuiore præmisit. Goã tenuimus initio mensis Martij, anno post Virginis partum 1548. Eodem ipse quoq; peruenit quarto vel quinto post die: sane celeriter. cuius aduentu gauisus sum vehementer, quippe iã ipsius humanitate ac prudentia

mira-

LIBER I.

mirabiliter captus. In Collegio deinde edo-
cti quæcunq; ad Baptismum erant necessaria, ego & famulus, quem ex Iapone mecū
adduxeram, mése Maio insequenti, in templo maximo, per manus Episcopi, festo
ipso spiritus sancti die, baptismi sacra susce-
pimus. Opifice rerum omniū bene iuuāte
Deo & Domino IESV Christo redimen-
dæ nostræ salutis caussa crucifixo, totū hoc
ad nominis eius gloriam & catholicæ fidei
propagationé felix faustumq; fore confidimus. Mihi quidem Christianæ veritas religionis, cùm ex recétibus plurimis erga me
Dei beneficijs, tum ex intima quadam sen-
suū meorū ac mentis tranquillitate, patet
qudie clarius. ppaucis etiam diebus, cómo-
de et legere, et scribere didici. Diui Matthęi
Euangeliū mādaui memoriæ: id nūc Iaponicis literis retinédi caussa describo. Xauerius Iaponicā prouinciā cogitat. me ducet
secum. Vobis istic, quo res bene atq; è sententia eueniat, pijs apud Deum precationibus pro vtroq; nostrum diligentius enitendum est: pro me quidem certe; vt sua tot
tamq; præclara in me beneficia ne male patiatur esse posita, mihiq; roboris tantū animiq; suppeditet, vt si céties oppetēda mors
sit, vitā libés pro veritate pfundā. Ego sum
spe optima:& non sine magno meorū po-
pula-

pularium fructu, & amplificatione nominis Christiani, constitutum in Iapone Societatis collegium, antequam moriar, me visurum esse confido. Goa 3 Kal. Decemb. 1548.

COSMVS TVRRENSIS Societati IESV.

Cosmus quomodo à Domino ad Societatem vocatus.

Quando multa mihi per hos dies ac magna de Christo ex domestica Sociorū, qui ex istis regnis huc veniunt, præsertim verò Francisci Xauerij consuetudine contigit didicisse; vt communicem vobiscum hanc animi mei lætitiam, Patres in Christo fratresque breuibus enarrare constitui, quo pacto Dominus me suam in hanc Societatem vocarit. Antehac, tametsi propenso in religionem sui semper animo, multæ me tamen variæq; cupiditates à proposito retardarunt. Anno redempti generis humani 1538, nescio quid vt quærerem, profectus ab Hispali, Canarias primùm, tum Diui Dominici, quam appellant, complures præterea alias insulas petij, de quibus, quòd satis iam notæ sunt, me nihil attinet scribere. Vidi etiam continentem, quam nouam Hispaniam vocant, fertilitatis eximiæ: in qua, Dominicanorū & Franciscanorum opera, magnus Christianorum

Hispania noua.

aorum numerus cernitur.ibi quadriennio
fermè per summam sæcularium rerū omnium abundantiam ac satietatem exacto,
cùm maius quiddam atque solidius, quasi
diuinans animus meus appeteret; Kalen-
dis Ianuarijs,anni M.D.LXII, sex nauium classem nactus,occidētem versus pergere intendi. cùm quintum iam & quin-
quagesimum diem in alto,procul ab omni
terræ conspectu nauigassemus ; ad insulas
denique venimus multas numero,magni-
tudine perexiguas,loco depressas; quarum
incolæ,nudi,pisce tantùm atque arborum
folijs victitabant.hîc dies octo substitimus.
decimo inde die insulam conspeximus a-
mœnissimam , frequentibus ac proceris
admodum consitam palmis:sed nos vehemens venti vis descensu prohibuit. post
decem alios, vel duodecim dies insulam
tenuimus magnā,sed ab habitatoribus penè desertam, Vendenaum nomine, cuius *Vendenaū*
ambitus est 200 leucarum.in ea cùm qua- *insula, &*
dragesimum circiter diem morati,neminē *incolarum*
ex incolis vidissemus ; ad extremum bar- *consuetu-*
bari nauigio ad nos accedebant, pacis pe- *do.*
tendæ gratia sanguinē è pectore brachijsq;
suo more mittentes. sed nostrarum perter-
titi strepitu bombardarum, ita repente in
fugam vertere sese,nunquam vt postea cō-
H   parue-

paruerint. seminudi incedere, arboribus ꝓ
tectis vti dicuntur: pro scalis, autem arundinibus miræ proceritatis & crassitudinis.
Inde cùm ad septentrionem nauigaremus,
vento aduersante cursum ad meridiem a-
uertimus, paruamq́; in insulam descendimus, carne & oryza abũdantem. sesquiannum circiter ibi traduximus. incolæ sunt
iaculandi peritissimi; venenatis vtuntur sagittis, quas vt inficiant, virulentas quasdã
bestiolas, viridium instar lacertarum, enu-
triunt. Hinc, de nostris ad, 400, amissis, pæne coacti discedere, contendimus ad Malucum; quo in loco mora ferme biennij
facta, quod classi nostræ nouam in Hispaniam reditus non patebat; de sacerdotum
aliquot, virorumq́; nobilium comitum nostrorum sententia, cum Præfecto Lusitanorum qui erat ibidem, trãsegimus, vt nos in
hasce Indiæ regiones adduceret. In eo itinere insulam attigimus, quæ dicitur Amboinus. ibi Xauerium reperi: cuius primo
congressu in ipsius imitationem sum vehementer incensus, itaq́; repente eius vesti-
Episcopus gijs institissem, nisi Episcopum Goæ prius
Goæ. inuisere decreuissem. quo circa meum illi
animũ aperire in præsentia supersedi. Goã
inde peruentum est. ibi me statim ad Episcopum contuli, à quo exceptus liberaliter,

LIBER I.

ter, & Ecclesiæ cuiusdam administrationi præpositus, in eo munere quinque circiter mensiū spatio ita sum versatus, vt me graues interea ferè semp curæ cogitationesq; vexarent. quibus defatigato iam animo cū nullam planè requiem inuenirem, ad nostrum hoc Diui Pauli Collegiū veni, meq; in P. Nicolai qui tum Collegio Rector præ erat, familiaritatē dedi. ab eo cùm genus vitæ disciplinamq; Societatis domesticā cognouissem; valde mihi, præsertim autoritate Xauerij iā ante permoto, res tota placuit: cumque me ex instituto Societatis iccirco tantisper à negotijs remouissem, vt, mente quoad possem à sensibus auocata, omnem cogitationē in Dei beneficijs erga me perpendendis, & in exigenda præteritæ vitæ meæ ratione desigerē, tertio die postq; rem sum aggressus, ita me repente securū, & ab angoribus liberū vacuūq; persensi; vt egomet ipse rei nouitatē mirarer, mihiq; posthac in Societate omnino viuendū ac permanendum esse decernerē. Id cōtigit anno superiore, 13 Kal. Aprilis. quo ipso tempore Xauerij quoq; magnopere me cōfirmauit aduentus; cùm salutis meæ caussa consultò missus in hanc vrbem à Domino videretur. vnde ille paulò post discedens, vt promontorij Comorini Christianos inui-

Collegium D. Pauli.

seret, curâ mihi reliquit, pueris domi quos alimus, priuatim quotidie; plebi autem in templo singulis dominicis diebus Christianæ rudimenta doctrinæ, & Diui Matthæi Euangelium exponendi. Intulit etiam sermonem de terra Iaponia, (cuius naturam & incolarum genus è libello quem separatim mittimus cognoscetis & simul) significauit esse sibi in animo, cùm à Comorino redierit, in eam insulam proficisci, & me secum ducere. quod ego singularis beneficij loco à Domino accipio; & paratus, quocunque ille voluerit, sequi, id vnum laboro, ne in patrem totius consolationis Deum pro immensa eius in me benignitate ingratus reperiar. itaq; Patres & Fratres in Christo mei, in gratijs agendis, quæso, mihi succurrite, tum quòd me in hanc Societatem asciuerit; tum etiam quòd mihi Iaponicam prouinciam destinauerit. Habemus in hoc Collegio adolescentem no- *Paulus à* mine Paulum cui à sancta fide cognomen *sancta fide.* est inditum, natione Iaponium, multis ornamentis ingenij, memoriæq; sed præcipuè DEI vera notitia præditum. Sextus agitur mensis, ex quo Christianus est factº. bis duntaxat expositû à me sibi Diui Matthæi Euangelium summa felicitate à primo capite ad extremum vsque memoriter hausit.

hausit. Nostra in Iaponem profectio in proximum Aprilem mensem paratur. Eam confidimus valde vtilem rei Christianæ futuram: eoque magis, quòd vetus opinio quasi quoddam oraculũ percrebuisse apud Iaponios dicitur, nouam se legem, multò quàm qua hodie vtũtur sanctiorem ac meliorem aliquãdo accepturos. Sacrificijs vestris & precationibus nos admodum commendamus in Domino. Goa 8 Kal. Aprilis 1549.

Vetus opinio Iaponiorum.

FRANCISCVS XAVErius Societati IESV &c.

Qvam lætos atque vberes animarum fructus Indica ferat vinea; & non in Regijs modò præsidijs, verùm etiam in reliquis oppidis barbarorum, sanctissima Christi fides quàm feliciter crescat, fusius ad vos scripsi mense Ianuario superiore. Ego ex India versus Iaponem Aprili mense profectus sum, duobus è Societate comitibus, (altero sacerdote cui Cosmo Turrensi nomen est, altero laico) itémque Iaponijs neophytis tribus: quos mihi sanè videtur Dominus præcipua quadam benignitate clementiáq; fouisse. namque vt in Diui Pauli Collegio Goæ, cælesti lauacro expiati sunt, tanta eos diuina bonitas volupta-

Trium neophytorũ præclara in Deum pietas.

voluptate gaudioq; perfudit, tantamq; ad
suæ in ipsos beneficentiæ cognitionem adduxit, vt præ lætitia spirituali, piaq; dulcedine lacrymas non tenerent. in virtutibus
verò mirabile dictu est quantum profecerint: planè, vt eæ nobis iucundam atq; vtilē
sermonis materiam præbeant. Ad hæc, &
legere, & scribere didicerunt, ac distributis
in horas precationibus diligenter vacant.
Interrogati à me quónā sentirent se genere
meditationis, orationísue potissimū affici;
passione Dñi recitanda cogitandaq; dixe-
runt: itaq; huic vni maximè lectioni com-
mentationiq; dant operā. Articulos fidei,
Incarnationis Domini, Redemptionisque
generis humani caussas, ceteraq; Christiana mysteria per otiū cognouerunt. Percon-
tanti mihi sæpenumero quósnam religionis Christianæ ritus, quæue instituta sibi
maximè crederent profutura; duo illa semper, scilicet Confessionem & Communio-
nem sine controuersia responderunt, addē-
tes insuper, sua quidem sententia neminē
omnino fore participē rationis, quin auditis Christianæ disciplinæ decretis assentia-
tur ac pareat. Vnius verò ex ijs, cui Pauli
nomen, sanctæ fidei cognomen impositum
est; illam quoque vócem audiui; cùm inge-
miscens in hæc verba prorūperet: O miseri
Iaponij; qui ea ipsa quæ Deus ad vestrū est
fabri-

Quæ religionis instituta maximè prosint.

fabricatus obsequiũ, adoratis vt numẽ. cui ego, quid ita? inquã. tũ ille, q̃ solẽ, ait, venerant ac lunã; quę res, ijs qui nouere Dñm IESVM Christũ, famulant ac seruiũt. quid enim agunt, inquit, aliud; nisi diei tenebras ac noctis illuminãt, vt ea claritate mortales ad magni Dei, & filij eius IESV CHRISTI cultum & gloriam in terris vtantur?

Verùm vt ad institutã itineris nostri narrationem reuertar, Malacam venimus pridie Kal. Iunias, anno 1549, ibi Lusitanorũ accepimus ex Iapone litteras, in quib⁹ erat scriptum, principẽ quendam eius terrę virum velle fieri Christianum: itaq; legari ab eo ad Prætorem Indiæ, qui aliquot è Societate nostra Christianæ religionis interpretes postularet. asserebat etiam, quodam Iaponis in oppido, mercatores Lusitanos in hospitiũ iussu reguli diuertisse dæmonũ incursibus vehementer infestum, atque ob id habitatoribus destitutum: cùm ignaris quid esset Lusitanis vestes detraheretur, famulus etiam nocturno spectro perterritus exclamasset; excitatos eo strepitu, arripuisse arma: deinde famulũ crucibus vndiq; circum dedisse hospitium: incolas verò & regulum mercatoribus aperuisse, domum eam ab dæmone inhabitari; & simul quæsisse quo nam ad eum fugandum remedio vterentur; respondisse Lusitanos, nullum

EPISTOL. IAPON.

Nullum aduersus dæmonas cruce firmius præsidium.

lum aduersus dæmonas cruce firmius inueniri præsidium: itaque ex eo die Cruces domibus eius oppidi ferè singulis collocatas. Nuntiabatur ad hæc, peramplum patere euangelizantibus in Iapone campum; quòd ea gens moribus mansueta sit, ingenio docilis, & acuta: quo circa magnam in spem veni, si per nostra peccata nō steterit quominus cæptis faueat DEVS, ingentem animarum vim ad Ecclesiæ gremium accessuram. His ego rebus cognitis, tametsi ea mihi admodum læta videbantur, tamen aliquandiu substiti, mecum adhuc de profectione deliberans: sed cùm certa constarent mihi iam diuinæ voluntatis indicia, videremque me, si ab incœpto desisterem, ipsismet Iaponijs ethnicis multo detestabiliorem futurum, (quamquam perennis ille humani generis aduersarius meum hoc iter summa ope nititur impedire) fidenti animo pergere, & primo statim aduentu Regem ipsum Iaponis adire constitui, eique mandata quæ habemus à Domino, exponere. Et quamuis apud Regiam Academia dicatur esse percelebris; tamen haud dubiam nobis, si ad certamen ventum sit, Deo fauente, victoriam pollicemur. nec nos litteratorum veremur sophismata; nec barbarorum minas, vel dæmonum

Singularis in Deū Xauerij fiducia.

LIBER I.

monû insidias pertimescimus. quid enim nobis aut ab eorum scientia qui IESVM nesciunt, potest esse periculi; aut ab eorum vi, quibus nihil in nos, nisi quantum Deus ipse permiserit, licet? præsertim cùm nulla re alia, nisi diuinæ gloriæ studio & salutis animarum adducti negotium hoc susceperimus; & Iob à Diabolo sacræ litteræ non nisi concedente Domino lædi potuisse testentur. Illa verò nos vna asiduè cura solicitat, ne grauius ipsi pro humana fragilitate peccemus; néue DEI auxilio, quod laborantibus ille semper benignè suppeditat, abutamur. quod tamen ne accidat, cùm sacrosanctæ matris Ecclesiæ (cuius imperij fines, animabus ad procreatoris agnitioné trahendis propagare satagimus) tum nominatim Societatis IESV meritis impetratum iri speramus.

Sanè quàm periculosum iter hoc Iaponicum est, partim ob frequentia latrocinia, partim etiam ob tempestates, quæ passim hoc mari ita sæuæ excitantur, vt præclarè agi cum ijs qui nauigant existimetur, si tribus è nauibus duæ cursum incolumes teneant. Quocirca venit mihi sæpe in mentem vereri, ne, qui è nostra Societate doctrina sunt præstantiores, si cui eorum in hæc loca mitti contigerit, temerarium esse negotium,

Quàm periculosum iter Iaponicum.

gotium, Deumque tentari quodammodo, tam apertis adeundis periculis, putent, qua tamen eos suspicione postmodum libero, quod spero, Societatis nostræ litteris inhabitantem Domini spiritum præsidere. Illud quidem occurrit mihi sepe numero, q̃d aliquando patrem nostrum Ignatium audiui dicentem: omnibus ijs, qui in Societate nostra versantur, summo studio conatuque elaborandũ esse, vt inanes ab se timores, & cetera cuncta depellant, quę homini, quo minus totam in vno Deo spem collocet, impedimento esse consueuere. Porrò, quemadmodum interest inter eos, quorum ita spes est in Deo reposita; vt rebus tamen affluant necessarijs, & eos qui ob id ipsum vt Christum imitarentur, & soli Deo confiderent, omnibus sese vitæ præsidijs exuerunt; sic procul dubio multùm refert, vtrũ quis, cùm vnicum habere se profiteatur in Dei bonitate perfugium, tum in tuto ac veluti in vmbra se exerceat; an, alia re sibi nulla nisi Dei honore gloriaque proposita, sese caputq; suum volens vidensque in discrimen offerat pæne quotidie: cuiusmodi si quis extiterit, næ illum ego propediem sæculi tædio migrandiq; ad Dominum desiderio affectum iri crediderim: quandoquidem hæc hominum vita quæ dicitur, mors perpetua

Documentum P. Ignatij.

LIBER I. 62

perpetua potius, ac triste quoddam ab coelestibus regnis exilium est.

Iaponij (sicuti à comitibus nostris accepimus) valde superstitionibus dediti sunt; bonaq; eorū pars, monachorū fermè ritu, in coenobijs viuunt. ij, religionis caussa, neque carnes gustare, neq; pisces dicūtur. quo circa nos, eorundem comitum nostrorum monitu, ne barbari in nobis offendantur, assiduam ibi si res exiget, cogitamus diætam. Affirmant præterea qui inde veniunt, summam hoc hominum genus apud populum autoritatem obtinere: quod iccirco adscripsi, vt intelligatis quibus cum res nobis futura sit, et quantopere vestris et Societatis vniuersæ apud Deum suffragationibus egeamus.

Iaponiorū superstitio.

Nos, festo ipso D. Ioannis Baptistæ die, Malaca soluemus. nauigationē gubernatores binestrem circiter pollicentur. cùm in Iaponem peruenero; tum ad vos de hominū institutis, moribus, opinionibus copiose perscribam. Interea spem mihi nescio quā afferebat quod de Paulo nostro cognoueram, coenobitas quos dixi Iaponios, huiusmodi quibusdam commentationibus exerceri: Qui coenobio præsidet (is autem eruditione cæteris antecellit) ad coetum domesticis conuocatis, aliquam in sententiam

Cōmētationes coenobitarum Iaponiorum.

tentiam disserit primùm: deinde certos vnicuiq; locos ad cogitandum proponit. verbi gratia: Cùm agit quis animam interclusa iam voce, si rum diuinitus detur animæ facultas loquendi; quibusnam verbis ad corpus vtatur? vel, quidnam dicat, si quis existat ab inferis? Ad eam verò cogitationem, vnius horæ spatium præstituitur. quo expleto, Præfectus veluti pensum à singulis exigit: quem excogitasse boni quippiam cœperit, ornat laudibus; quem secus, obiurgat. ijdem ad populum quintodecimo quoq; die verba faciunt sanè frequentem; & inter dicendum, grauissimas inferorum pœnas cruciatusq; depictos in tabula aspiciendos auditoribus proferũt. cuius acerbitate spectaculi vsq; ad eiulatus & lacrimas, fœminæ præcipuè, permouentur. quærenti mihi de Paulo, numquid è concionibus eorum teneret memoria; cuiusdam respondit se meminisse, qui diceret improbum virum siue mulierem, esse dæmone ipso nequiorem; quòd scelera multa quæ ille per se perpetrare non possit, vt furari, falsum testimonium dicere, aliaque id genus; huiusmodi hominibus adiutoribus atq; administris admittat. Disiunctionem nostram Dominus pro infinita sua misericordia coniungere dignetur in cœlis: nam

Iaponijs pro cõcione inferorũ cruciatus proponuntur.

in

in terris quidem ecquando posthac visuri inter nos simus, incertum est. Malaca. 10. Kal. Iulias. 1549.

FRANCISCVS XAVERIus Societati IESV &c.

IAponem DEO adspirante attigimus Augusto mense, die Assumptioni Mariæ virginis sacro, cùm festo ipso Diui Ioannis Baptistæ die natali, Malaca sub vesperam soluissemus. Nauiculario vsi sum' ethnico, mercatore Sina, qui suam in id operam præfecto Malacæ detulerat. ac primò sanè feliciter nauigauimus: sed mox (vt sunt barbarorum ingenia ad leuitatem atq; ad inconstantiam prona) profectionis mutare consilium nauicularius cœpit, & in occurrentibus passim insulis tempus frustra conterere. Nobis autem in eo itinere cùm alia multa, tùm illa duo præcipuè molestissima contigerunt: alterum, quòd oblata diuinitus tempestate nautæ per nequitiam abuterentur; qua elapsa, ad oram Sinarum appellere, ibíq; totam hyemem, cursum expectates ponere cogebamur: alterum, quòd in eadé naui simulacrú vehebatur dæmonis; cui nautæ, quamquam inuitis nobis & inspectantibus, patrio ritu sacrificabant. ab eodem etiam per sortes de *Dæmoni sacrificant nautæ.*

ipsa

ipsa nauigatione petebant responsa;qu$ę$(vt
aiebant credebantq; barbari) modò lætaꝫ
modò tristia reddebantur. Centum à Malaca leucas, Sinas versus prouecti, quandam
ad insula stetimus: ibiq; aduersus maris illius sæuitiam naualib⁹ instrumentis, aliaq;
materia comparata, post multas cæremonias & sacrificia quæsitum est ab idolo, prosperam deinceps fortunam essemus habi-
turi, nécne. cùm valde prosperam respondisset, proinde ne moraremur diutius; sustu-
limus anchoras, velaq; gratulabūdi fecimus omnes: illi, simulacro quod in puppi
locatum candelarum luminibus, odoramē-
tisq; ex incenso ligno quodā Aquilano ve-
nerabatur; nos conditore cœli terræq; Deo,
& eius filio domino Iesu Christo cōfisi, cuius cultū religionéq; amplificādi studio in
ea loca deferebamur. Cùm iam essemus in
cursu, placuit nautis ab dæmone percōtari, vtrum nauis qua vehebamur, Malacā esset ex Iapone reditura. cùm in Iaponē ꝗdē
peruēturā omnino, sortilegi retulissent, verùm ex Iapone Malacam minimè reuersu-
ram: tùm verò institutæ nauigationis pœni-
tere barbaros cœpit, satiusq; ijs videri apud
Sinas hyemare, & Iaponicā profectionem
in alterum annum differre. Noster autem
quis animus, quis tùm esset dolor, cogitare
vobis-

vobiscum potestis ipsi, cùm de tota itineris nostri ratione, consuleretur dæmon. Mox in oram terræ quam Cocincinam vocant, *Cocincina* delati; duo, vno eodémque die (qui fuit *ora.* Diuæ Mariæ Magdalenæ sacer) vespere, sanè quàm aduersa pertulimus. Etenim exasperato vehemétius mari, ingentesq; voluéte iam fluctus, cùm iactis anchoris agitaremur in salo, apertum in ostium sentinæ vnus è comitibus nostris Emmanuel Sina *Emmanuel* fortè præteriens decidit. mortuum credidi- *sina in ma-* mus:nam & altè ceciderat; & à capite pæ- *re lapsus.* ne ad vmbilicum obrutus aliquantisper in aqua iacuerat. veruntamen extractus magno cum labore, exanimis licet grauiterq; caput sauciatus, adhibita curatione paucis diebus, Deo fauente conualuit. Nondū huius planè curatū erat vulnus; ecce tibi eodē fermè casu, eadémq; nauis iactatione, filia nauarchi in mare delabitur, & in omnium *Nauarchi* oculis, frustra conantium opitulari, submer *filia sub-* gitur. Cuius interitu tanti sunt eiulatus ac *mersa.* lacrymæ consequutæ; tanto præterea, quotquot in naui eramus, vitę in discrimine versabamur; vt admodū digna miseratione res esset. Barbari ad propitiandū per sacrificia dæmonem versi, nulla capta quiete, diem noctémque totam mactandis idolo auibus ferculisq; apponendis operam dederunt.

per

per sortes etiam quæsiere caussam infortunij. responsum est: sī is qui prius in sentinā ceciderat Emmanuel fato functus fuisset, puellam in mare non fuisse lapsuram. Cernitis ipsi profectò quantum nobis eo responso dæmō ab suis ministris creârit periculum: & nobis quid futurum fuerit, nisi furentis rabiem Dominus compressisset. sed me tamen in primis graues illæ in Deum iniuriæ, & barbarorum sacra illa sacrilega permouebant. itaque fusus in preces, Deū rogaui sæpius, vt priusquam fluctibus operiremur, homines ab se ad ipsius imaginem ac similitudinem conditos, tam falsis opinionum erroribus impijsq; superstitionibus liberaret. tetrum quippe spectaculum, & indignum est facinus; Dei vice ab hominibus ad vnius DEI laudem factis, adorari perpetuum ipsius humani generis inimicum. Cuius de minis atq; terroribus, quibus ille mortales, nactus occasionem, aggreditur, quòd multa mihi eo die nocteque Dei beneficio contigit experiri, quamquam ea sanè cognitu vtilia sunt, tamen breuitatis caussa cetera prætermittam; vnū illud summatim attingā: huiusmodi ipsius petitiones eludi nulla ratione faciliᵒ, quàm animi magnitudine quadam ac securitate præstanda, non illa quidem; quæ proprijs viribus,

Contra dæmones animi constātia retinenda.

viribus, sed quę vnius Dei tutela præsidioq; nitatur. venisse tempus vlciscendi doloris sui, crebro mihi ponebat ob oculos. sed magis tali in re ac tempore nobis timendum est, ne fixam in Deo fiduciam, quę debet esse firmissima, remittamᵒ, quàm ne ab hoste (qui nihil valet nisi Domino permittente) vincamur. Porrò, quid nobis in extremo spiritu futurum est, fratres, cùm debilitatis corporis animiq; viribus grauiori quàm vnquam antea tentatione vexabimur; nisi per otium prius spem totam in Deo reponere, atq; ad eum tempestiuè confugere didicerimus?

    Verùm vt ad rem redeam, lenita paulùm tempestate, vela ventis mœrentes dedimus, paucisq; diebus in portum Sinarum quem Cantonium vocant, peruenimus. Ac nautis quidem non dubium fuit, quin hyemandum esset ibidem; quamuis nos partim rogando, partim etiam eam iniuriam cum Lusitanis & cũ præfecto Malacæ expostulaturos minãdo, frustra eos reuocare à proposito niteremur. Sed nescio quomodo factum est, vt stationis mutandæ petendiq; portus Cincei (qui in eadem est insula) subitò consilium caperent. Eò cùm iam appropinquaremus; nauarchus à quibusdam præternauigantibus repente fit certior, Cinceum

Cantonius portus.

EPISTOL. IAPON.

Cinceum portus.

ceum portū à piratis compluribus obsideri. Præsens omnino periculum imminebat: eratq́; ventus Cantonē reuertēti, aduersus; Iaponem petenti, secundus, q̃ circa subita re perculsi nautæ, voletes, nolentes, cursum in Iaponē dirigere, & nos quò polliciti fuerāt (et q̃ dē reliquis portubus insulæ exclusi) recta

Cāgoxima vrbs.

à Cangoximam, quæ Pauli nostri patria est, inuito dæmone perducere sunt coacti. ibi, cùm à Pauli cognatis, tùm à reliquis oppidanis amicissimè excepti sumus.

Iaponiorū mores.

Iaponia gens (quantū perspicere hucusq́; potuim⁹) ceteras nationes, quæ nup inuentæ sunt, virtute ac probitate antecellit omnes. tractabili admodū est ingenio, atq́;, vt plurimū, à fraudibus abhorrenti: dignitatis verò mirū q̃ studiosa: sic prorsus, vt eam reliquis rebus omnibus anteponat. rei familiaris inopia patet illa quidem in hac gente latissimè: sed ea nulli est dedecori: (quamquā eam alioquin ęgerrimè ferant) nec sanè minus iccirco qui nobiles sunt, à plebe coluntur: neq́; verò eorum quisquam, pauperrimus licet, connubio cum plebeijs vlla mercede iungatur: vsq́; adeò existimationē diuitijs præferunt. Magnum sibi inuicem habent honorē. armis plurimū tribuunt, ijsq́; præcipuè delectantur; & simulac quartū decimū ętatis annū attigerunt, ense ac pugione præcincti plebei æquè atq; optimates incedunt. iniuriā nullā, nec verbū paulò contumeliosius ferunt. In victu sanè sibi temperant: sunt tamē in potu liberiores. vsum vitis ignorant: oryza exprimūt vinum. Aleā, lususq; omnino refugiunt, quòd nihil homine indignius putent, quàm rebus ijs vacare, quæ animum alieni appetentē ac rapacem efficiant. Si quando iurant (q̃d perrarò fit) per Solē iurant. litteras norunt plerisq;, quo etiā facilius Christianis ritibᵒ imbuūtur. Vnica singuli sunt vxore contenti. ad omnem honestatē atq; ad humanitatē sunt valde ꝓpensi natura, discendiq; ꝑcupidi. sermones qui de Deo habentur (præsertim cùm probè, quæ dicūtur, intelligūt) audiunt libentissimè. A furtis verò tā auersum nec de Christianis nec de barbaris populū quemquam videre me memini. Veterum quorundam, instar philosophorum, maxima pars opiniones sequuntur. Solem multi: Lunam alij adorant. vt quidq; naturæ maximè consentaneum est, ita facillimè assentiuntur, & acquiescunt, si peccati cuiuspiam, ratione probabili conuincuntur. Multò minus impuros, & rectæ rationi magis obtemperantes prophanos homines quàm sacerdotes, inuenio, qui ipsorum lingua Bonzij appellantur. ij cum reliquis flagitijs, tum præposteræ libidini turpiter *Bonzij sacerdotes et eorum vi-* adeò *ta.*

I 2

adeò dediti sunt, non modò vt id non ce-
lent, sed etiam profiteantur palàm; & longo iam vsu virorum æquè ac mulierum aures callum ad tam nefarij sceleris nomen
obduxerint. quod tamen vitium nos vulgò
cùm reprehendimus, & quá sit graue Deo-
que inuisum ostendimus; ceteri sanè lætan-
tur, & approbant: Bonzij, ad quos potissimùm reprehensio pertinet, tantù abest vt
aut erubescant, aut doleant; vt etiam apertè
derideant nos et illudant. Permultos habét
in cœnobijs filios optimatum, instituendos
litteris: horú ætatis flore abutuntur. De Bon
zijs qdã sunt cultu corporis nostris mona-
chis non absimiles: vestibus vtuntur cineri-
tij coloris: tertio vel quarto quoq; die capil
lum ac barbam penitus videntur abradere:
horum laxior etiam est disciplina: mulie-
bres (quibus cum viuunt) eiusdem ordinis
habent cœtus: quas, fama consentiens est,
prægnantes, partum medicamétis abigere.
itaq; ob eam rem apud multitudinem admodú audiunt male: nec sanè (quantú egomet ipsorum aliqua ex parte iam cognitis
moribus, iudicare possum) iniuria. Hos
inter, et alios quos dixi sacrificulos (ij cleri-
corú fermè vtunt ornatu) minimè cóuenit.

Duo apud Japonios admirãda. Duo precipuè in hac terra mihi penè stu-
porè incutiunt. alterú, quàm grauia quam-
que

que nefanda peccata, q; flocci fiant.atq; id nimirum accidit maximè patrū culpa; qui traditam sibi tùm à natura, tùm aliquā fortasse etiam à maioribus normam rectè viuendi, corruptam ipsi deinceps ac deprauatam posteris reliquerunt: vt ex hoc, obiter illud etiam appareat, quemadmodum in communi vita, naturales igniculi probitatis, pugnantibus cum natura vitijs paulatim penit⁹ extinguūtur; sic in vita perfecta, virtutum habitus licet iam constitutos, nisi assidua ac diligens cura adhibita sit, remissioribus officijs labefactari sensim, ac destitui. alterum est, cur hi sacerdotes, cum nec integritate, nec innocentia sint cum secularibus comparandi, tāto nihilo minus apud eos in honore atq; existimatione sint. et q; quā in magna omnes prauitate summaq; opinionū peruersitate versantur; tamen qui sapientia præstare vidētur cæteris, præcipuum dignitatis obtinent locū. horū cum aliquibus congredi mihi sæpe numero contigit: cum vno præsertim, cui tùm ob eruditionis famam, et muneris quo fungitur amplitudinē, tum etiam ob ætatem, quæ annorū est 80, cuncti plurimum tribuunt; eumq; sua lingua, Ninxit, appellāt, quod vocabulū, veritatis cor, si interpretere, significat. Is inter Bōzios, est veluti Episcop⁹. felix vtiq;, *Ninxit Bō-* *ziorum ue-* *lut Episco-* *pus.*

I 3

si ipsius nomini facta consentiant. Eũ ego in sermonibus quos habuit mecum, de immortalitate animorum valde incertum offendi: quam ille, parum sanè sibi constans, modò asserit, modò negat. quàm vereor, ne reliqui sint huic similes litterati. ipse autem dici vix potest, quáta me beneuolentia prosequatur. neq; verò ceteri omnes & Bonzij, & laici, non admodũ nostra consuetudine delectari videntur. atque illud mirantur inprimis, diuinoq; prorsus affirmant factum esse consilio, vt eam vnam ob rem quò de rebus diuinis verba faceremus, tam remotas in regiones (omnino leucarũ sex millium & eo amplius iter est) ab ipsa vsq; Lusitania contenderimus. Mirantur etiam vehemēter, cùm audiunt, gentibus ijs quæ in IESVM Christum crediderint, eiusq́ue preceptis obtemperauerint, certissimũ sempiternæ beatitudinis præmiũ esse ppositũ.

Quæ Iaponij mirari soleant.

Ad summã scire vos volo, quò magis gratulemini Deo Domino nostro, magnam in hac insula paratã esse Christianæ rei bene gerendæ materiem. itaque nos Iaponicè si nossemus, dubium mihi non est, quin multi fierent Christiani. veruntamen breui (Deo fauente) discemus. quadragesimus dies est, ex quo ad eam rem animũ adiecimus: præcepta decalogi Iaponica lingua iam exponimus.

LIBER I.

nimus. Hæc ego fusius ad vos eò perscribo, vt vehemétius gaudeatis in Domino, pares omniú vestrúm industriæ studijsq; aperiri prouincias: & simul, vt diligentius interea cùm reliquas virtutes, tùm præcipuè patiétiam meditemini: illud verò semper animis vestris memoriéq; fixum inhæreat, gratioré esse Domino victimam, plenum Christianę humilitatis animum, quo se vitamq; suam quis illi studiosè deuoueat, quàm permulta licet præclara, sine humilitate, facinora. Nec multùm aberit fortasse, quin è vobis complures huc intra biennium euocem. proinde estote parati; sumissioni vacate; vobis ipsi, vbicunq; opus est, resistite fortiter; omnem curam, cogitatione, laboré in vobis penit* cognoscédis insumite. hinc nimirú et fides in Deum, et caritas crescit in proximú: hinc perspicietis quotidie clarius, q; nullú vobis perfugiú in vestris viribus esse debeat constitutú. porrò, inani sublata spe, quæ vna vera ac solida est in Deo fiducia consequetur. hinc intima illa deniq; existet humilitas: quá vos, terrarú vbicúq; fueritis, sed præcipuè si in hæc loca mittemini, magis etiã q; fortasse putatis, necessariá vobis intelligetis. Quo circa vos rogo, vt omni prorsus humana spe, vel carnis prudétia, atq; elatione deposita, omnibus vestris in actionibus vno

Patientiæ & humilitatis commendatio.

Deo

Deo nitamini. hoc tam firmo præsidio si muniti fueritis, tum nec quoad corpus, nec quo ad spiritum res erit vlla tanta tamque difficilis, quam vos meo iudicio non & suscipere, & sustinere possitis.

Pauli erga Xauerium officium et fides.

Cangoximæ (quam Pauli nostri patriam esse docuimus) tùm à magistratibus, tú ab vniuerso populo accepti sumº comiter admodú ac benignè; nouos è Lusitania sacerdotes cunctis non sine quadá admiratione visentibus. Pauli verò ipsius officium erga nos ac fides egregia constitit; qui q, se ad Christi gregem adiunxit, nequaquá offenduntur in illo Iaponij. quinimmo suspiciút homine, quòd Indiá peragrauerit, q, ipsis incognita multa didicerit. Regulus quidé ipse, cùm ad eum Paulus, quinq; pcul ab oppido leucis commorantem, salutatú accessisset honoris caussa, pictamq; in tabula (quam ex India adueximus) Christi Domi-

Imago Christi et Mariæ à Regulo honorata.

ni nostri, & sanctissimæ Virginis matris secum attulisset imaginem; magnopere ipsius aduentu congressuq; lætatus est; multaque de Lusitanorum moribus, ac dignitate, deq; imperio quod obtinét in India percótatus, deniq; prolatá à Paulo, quam dixi, imaginé, nixus genibus adorauit supplex; atq; id ipsum fieri ab omnibus qui aderát, imperauit. Eandé contéplata mox Reguli quoq;

LIBER I.

quoque mater, magnam cepit admirationem simul ac voluptatem. itaq; paucis pòst diebus quàm Paulus Cangoximam redijt, misit mulier qui desumendum eius exemplum aliquo modo curaret. verũ defuit artifex. petijt etiam à nobis, vt sibi Christianæ fidei capita litteris ederemus. in eam rem Paulus dies aliquot diligenter incubuit, et Iaponicè multa conscripsit. idem cognatos amicosque homo impiger dies ac noctes ad salutem hortari ac docere non destitit: breuique vxorem, & filiam, multos præterea vtriusque sexus compulit in ouile Domini. Nec sanè (vt initia sese dant) consilium eorũ improbatur in vulgus: & quia pleriq; legere & scribere iam antè didicerant, perfacilè Christianis precationibus assuescunt. Cùm linguæ subsidium nobis (vt speramus) accesserit; tũ res multò melius (Deo bene iuuante) procedet. nam nũc quidem inter eos veluti quædam simulacra versamur. multa illi de nobis loquũtur, & conferunt inter se: nos videlicet obmutescimus: dumq; huius linguæ elementa percipimus, cogimur quasi repuerascere. cuius ætatis quemadmodum mores imitamur, sic vtinam candorem ac simplicitatem recuperare possemus. quam tamen ad rem multum nos loci opportunitas adiuuabit.

Pauli sedulitas in amicis cõuertendis.

Discit Xauerius elementa linguæ Iaponicæ.

commoditas abstrahendi animum à carnis affectibus.

uabit. Etenim remotis adeò in regionibus, inter impios dæmonum cultores ab amicorum conspectu longissimè positi, omnique pæne mortalium ope ac solatio destituti; nimirum nostrimet paulatim obliuiscimur; nosque in Deum totos necessariò effundimus. quod secus, vbi Christiana viget religio, fieri consueuit. parentum quippe vel patriæ caritas, affinitates, necessitudines, amicitiæ, ad omnes corporis animæque vsus parata subsidia, Deum inter & homines interponunt ferè sese: atque inde sensim ipsius Dei subrepit obliuio. quo circa eximiam in nos, hoc etiam nomine, Dei benignitatem experimur; qui cùm, hac suscipienda peregrinatione, aliquod præstare nos illi putaremus obsequium: ipsi nos potius singulari eiusdem beneficio affectos, multisq́; vinculis solutos agnoscimus, quæ spem nostram ac fidem, quo minus cresceret, distinebant. quæ ipsius in nos tanta merita, ne malè locata sint, néue nostra culpa ingratíque animi vitio diuinæ erga nos beneficentiæ exarescat flumen, vos etiam istic, quæso, nobis, in agendis gratijs subuenite. Ad hæc illud quoque non leue commodum accedit, quòd delicijs ijs, quæ alibi carnis stimulos irritare, animíque &

corporis

LIBER I.

corporis vires solet infringere; hic caremus omnino. Etenim Iaponij nullum altile mactant vel comedunt, pisce vescuntur interdum, oryza & tritico non abundat. herbis, & arborum fructibus vt plurimū victitant. et quidē ita prospera valetudine ad multā vsq; senectutē vtuntur, vt facile appareat, quam paucis sit, eadē quæ alioquin est insatiabilis, natura nostra contenta. Nos quoque corpore valemus rectè: vtinam perinde animo valeremus.

Iaponiorū in victu ratio & valetudo.

Eorū qui nefaria huius insulæ sacra procurant, magna est multitudo. ij carne, pisce, vinoq; suis legibus abstinent; herbis, arborum fructibus, & oryza tolerant vitā; semel tantū quotidiè cibū, & eum quidē exiguum capiunt; complures etiam, clericorū ferme retinentes ornatum, capitalis metu supplicij à mulierū consuetudine prohibētur. quibus illi rebus, & antiquitatis peritia quadam & superstitionum suarum fabulis enarrandis, magnā sibi autoritatem apud Iaponios compararunt. Horum decretis atque institutis quòd vehementer adeò, Christiana quam profitemur doctrina aduersatur; valde suspicamur fore, vt licet in præsentia nobis fauere videatur, tamen cū res paulatim progredi cœperit, nostram in perniciem tùm sæuiant ipsi, tù verò populū

Sacrificulorū instituta.

con-

concitent, alioqui per se minimè nobis infestum. Fixum autem ac certum est nobis, sicuti ab omni prorsus contumelia & iurgijs abstinere, ita ab gentibus ad cognitionem procreatoris liberatorisq; nostri Domini IESV Christi vocandis, nulla ratione desistere. Quod si euenerit, vt in caussa tam honesta tamq; pio ac salutari negotio vitã ponam?; nę nos id in magni beneficij loco accipiemus à Domino, cuius praeceptis, animarum salutem, corporis nostri iactura mercari iubemur. itaque conscientia nos omnino praeclara sustentat; quippe quos ope tantummodo fretos diuina, humanæ verò industriæ planè diffisos, nulla res alia, nisi veritatis ac Dei gloriæ studium in hoc discrimē impulerit. quo etiam certius nobis vbique Dei Domini nostri praesidium, sacratissimæ Virginis patrocinium, coelestiũ subsidia copiarum, praesertim verò Michaelis Archangeli totius militantis Ecclesiæ principis ac patroni, tùm Archangeli eius Angelorumq; quibus nominatim est Iaponij regni tutela concredita, tum Sanctorum omnium qui Deo fruuntur in cælis, deniq; Societatis IESV vniuersæ, pia suffragia pollicemur. Quod si quid valdè timendum est; nostra nobis est vna, quam praeclarè ipsimet nouimus,

Magnus & firmus Xauerij animus.

Quæ præsidia sibi promittat Xauerius.

metu-

LIBER I.

metuenda fragilitas. Cui vt ignoscat Deus, neue nostris irat⁹ delictis, sua nos benignitate vsque ad extremum prosequi desinat, vestris denuo precibus & omnium quíque è Societate sunt, quíque fauent Societati, nos suppliciter commendamus: quandoquidē nihil à nobis agitur aliud, nisi vt gētes in libertatem è diuturna Luciferi tyrannide vindicentur; qui ce cœlesti solio deturbatus, quod à superis obtinere nō potuit, vt Dei loco adoraretur, id à mortalibus extorquere non cessat: cùm in cæteros, tū verò in miseros Iaponios rabiem venenatam exercens.

Sed iam reddenda nobis est ratio, Cangoximæ cur tamdiu substiterimus. Cùm in animo nobis esset Meacum (quæ regia vrbs est insulæ totius opulentissima) sine mora cōtendere, aduerso vento Cangoximæ sumus retenti. post quintū, non minus, mensem dabitur cursus: tū deniq; Deo volēte proficiscemur. Abest Meacus hinc itet leucarum 300. multa nobis de eius vrbis *Meacus* magnitudine, mira narrant. tectis plus 90 *vrbs.* millibus habitari, cum Academia percelebri, & Collegijs quinq; præcipuis; & sacrificulorum quos Bonzios vocant, & mona- *Leguixil* chorum, quos Leguixil, & eiusdē ordinis *monachi.* fœminarum quas Hamacata nomināt, cœ- *Hamacata* nobijs *monachæ.*

nobijs plurimis. Præter hanc Meacensem,
quinq; præterea sunt in Iapone admodum
insignes Academiæ: Coiana, Negruensis,
Homiana, Frenoiama, Banduensis. Priores
quattuor, circa Meacú sunt, quarum singulæ auditoribus ter mille & quingentis, & eò amplius celebrantur, postrema verò longè omniũ nobilissima & frequentissima, distat longius. Est autẽ diœcesis Banduensis perampla. Sex eam obtinẽt reguli, è quibus vni, reliqui omnes parent: ipse verò Iaponio Regi, qui magnus Rex Meacensis vocatur. Ad hæc, multa quoq; minora gymnasia toto regno esse dicuntur. denique in hoc genere tot sunt quæ audimus ac tanta, vt ea prius oculis ipsi cernere, quàm alijs referre, vel affirmare cupiamus. Cùm ita esse re ipsa nobis compertum fuerit, tum cuncta fusius perscribemus. quod si prouinciæ statum eiusmodi cognouerimus, vt in conuertendis ad Dominum gentibus multũ profici possit; ad omnes precipuas Christianorum Academias, religionis & officij caussa forsitan litteras dabimus, vt in eis quicunq; ingenio virtuteq; excellũt, vel in hæc loca veniant ipsi, vel certè alios ad veniendũ propensos, impellant; nostrum qui hic sumus obsequium atq; assiduitatem ad omnia fore sibi paratam intelligant; maiora

Iaponiorum Academiæ.

Banduensis diœcesis.

Minora gymnasia.

Xauerij consilium in aduocãdis operarijs.

iora quā istic fortasse percipiunt spiritalia gaudia solatiaque sibi à Domino communicatum iri confidant. Si verò operę prætium esse videbitur; ipsum quoque summum Pontificem tota de re certiorem facere non dubitabimus: quandoquidem ad eum vt pote Christi Vicarium in terris, & pastorem omnium qui ad Christianam fidem, & spiritalem Ecclesiæ ditionem accedunt, ea cura potissimùm pertinet. Neque verò ceteros quoq; alioru ordinum religiosos fratres, qui salutem animaru & Christi gloriam sitiunt, nō inuitabimus. qui vt frequentissimi veniant, supererit tamen multoru præterea conatibus ac labori locus. nā præter quā quòd Iaponis regnū per se amplū est, aliud etiam multò maius, nempe Sinarum, abest hinc non plus decem duodecimue dierū traiectu: magna verò sumus in spe (si tamdiu suppetet nobis vita) partim per eos qui istic venerint, partim p eos qui ex his populis ad Christi cultū fuerint traducti, nos intra decenniū in his regionibus cōfecta multa præclarè, visuros. sed de omni cōditione reru Meacensiū & Academiaru, quod ad Christianā rē pertinet, ante exitū anni 1551, volēte Deo, explorata ad vos omnia cōpertaq; perscribā. Hoc anno *De duobus* Bonzij duo, in Meacēsi & Banduensi Aca- *Bonzijs.* demia

demia versati, & cum ijs complures Iaponij, ad Christiana mysteria cognoscenda proficiscuntur in Indiam. Die qui fuit Diuo Michaeli sacer, cum Regulo Cangoximano collocuti sumus, qui nos admodum honorificè exceptos admonuit, vt Christianæ legis volumina diligenter asseruaremus: quam si veram sanamq́; perspexerit; enimuero fore vt Diabolus disrumpatur. paucis deinde pòst dieb. edixit, licere omnibus qui sub eius imperio sunt, impunè fieri Christianos. hæc ego lætiora in extrema epistola adscribo, quo magis gaudeatis, & gratulemini Dño Deo nostro. Nobis (vt arbitror) hæc hyems in articulis fidei copiosius explicandis ponetur, quâ explicatiōe Paulus carissimus frater noster cū Iaponicè verterit (verteret autē fideliter quidquid ad suorū salutem necessarium fuerit) typis tradere cogitamus, vt cùm nos vbiq́; coràm adesse nequeamus, litterarum beneficio quas norunt pleriq́;, veritas Christiana latius propagetur.

Regulus Cangoximanus.

Nunc vos (quoniam tanta patefit vobis prouincia) omni studio industriam pietatemq́; vestram in theatro cœlesti probare contendite. id assequemini, si in hoc sæculo humilitatem & sensibus intimis colueritis, & moribus expresseritis, ac vita; quod ad existi-

Adhortatio.

existimationem autoritatemq; attinet, totum id Dño permittentes, qui vobis eam ipse pse conciliabit profectò. quod si facere omiserit; vestra caussa videlicet, ne, quæ Dei sunt vobismet arrogetis, omiserit. Verū illa me res consolatur, quòd vosmetipsos penitus intuentibus vobis, tot semp quę reprehendatis occurret, vt omni priuati amoris prauitate abiecta, in omni virtutū genere magis magisq; proficiatis in dies: nec solū obtrectationibus hominū, loci quā minimū relinquatis, verū etiam laudationes, vel ob id ipsum quod ex cognita vobis vitia vestra coarguant, horreatis. sed iam epistolæ modus sit, quem eundē meæ erga vos declarādę beneuolentię non inuenio. quod si corda eorū qui inter se amāt in Christo, mutuò sese in hac vita cōspicerent; nō dubito, fratres mihi carissimi, quin clarè vestrā in meo singuli cerneretis imaginē: quā si forte minus agnosceretis, nimirū id propterea accideret, q̃d ego vos plurimi facio; vos contra, (quæ vestra modestia est) vobis magnopere displicetis: non sanè quo vestrū vniuscuiusq; simulacrum & effigies mihi prorsus in animo impressa nō hęreat. Vos ego etiam atq; etiam obtestor, vt veram inter vos pacem atq; concordiā omni ratione retineatis: summaq; ope nitamini, vt ne

K   qua in

qua in vobis semina dissensionis existant:
præclaros illos vestros conatus, ac studia
patiendi pro Christo, aliqua ex parte con-
uertatis ad omnem discordiæ spiritum de-
bellandum, memores affirmasse Christum,
ea re suos cognitū iri, si se diligerent inuicé.
Gratiam suam Dñs Deus noster ac voluntatem animis nostris insinuet, quo ex ea
quàm maximè cuncta faciamus. Cangoxima. Nonis Nouemb. 1549.

PAVLVS IAPONIVS SO-
cietati IESV Goam.

Quem fru-
ctum apud
suos fecerit
Paulus.

QVOD mihi maximè fuit optatum,
vt in Iaponem redire, matremq; meam, & vxorem, ac filiam, cognatos
præterea ac familiares meos ab impio dæ-
monū cultu ad Christi religionem traducere mihi liceret; id iam Dei Domini nostri clementia singulari sum consequutus.
Nunc autem alia me coquit cura, vt ij, quē-
admodum ad Christum conuersi sunt, sic
in fide quam ei dederunt, firmi stabilesque
persistant. quod ego cùm à Domino precor
identidem; tùm vos, per Christum, vt in
precibus vestris ac sacrificijs mei meorūq;
memores sitis, obtestor; quandoquidem ad
salutem (nisi principijs consentiant exitus)

cœpisse

LIBER I.

cœpisse nil prodest. Iaponij me sanè quàm libenter audiunt, de IESV Christo verba acientē. itaq; multos, fauente Deo, Chri ianos fore confido. Nos hîc omnes cor ore (vtinam æquè Spiritu) bene valemus. quamquam à vobis locorum interuallo isiuncti sumus; tamen & animis in præ entia coniuncti mihi videmur; & erimus iquando corporibus. videlicet cùm ad xtremum iudicium excitabimur, vtinam cum Domino regnaturi, Cangoxima. No nis Nouemb. 1549.

COSMVS TVRRENSIS
Societati IESV Goam.

QVod vestro mihi subsidio vehemēter est opus, vel ipsa me cogit necesitas, Patres Fratresq; mihi carissimi, vt vos de statu rerū Iaponicarum faciam cer tiores. Ac de tota quidē nostri itineris ratio ne, nec nō de ipsius conditione prouinciæ, quantū initio per huius linguæ morumq; imperitia licuit, quo anno ad hanc terram appulimus, Xauerius admodum fusè per scripsit. ex eo tēpore Cangoximæ, quò pri mùm è naui descendimus, annum fermè cū aliquot eius loci neophytis commorati, ad vrbem Firandum (quoniam Meacū per bellicos tumultus peruenire non licuit)

Firandum vrbs.

inde

inde contendimus. Hic regulum Xauerius adire constituit, qui tum erat Amangutij; quae vrbs in primis huius regionis ampla, centum leucas vltra Firandum est posita. ad eum habebamus à Goae Praefecto & Episcopo litteras; & à Praefecto Malacae, munera, manuchordium, & horologiū: quib9 in nauem impositis, cum eodē Ioanne Fernande duobusque Iaponijs Amangutium est profectus. eo munere delectatus admodum regulus, quod huiusmodi res, tametsi exigui pretij, tamen ante id tempus nunquam in ea prouincia visae, tum primùm proferebantur: publica statim per vicos edicta proposuit; placere sibi, non solùm in ea ciuitate, verùm etiam in omnibus suae ditionis oppidis legem Dei declarari palā; eamq; cuilibet liberum esse sectari; eius legis praecones atq; interpretes nulla ratione à quopiā laedi vel impediri. praeterea gratificandi caussa, Xauerio eiusque comitibus monasterium, quo diuersarentur, attribuit. quo simul ac recepere sese, ingens ad eos repere omniū ordinū concursus est factus; partim veritatis, partim rerum nouarum, partim etiam detrahendi studio. quo in extremo genere Bonzij maximè sunt. qui tametsi principiò laetari nostro aduentu videbantur, tamen vehementer à nobis abhorrere

Amangutium vrbs.

Firandensis reguli edicta.

LIBER I.

rere cœperunt, ex quo Christiana lege prohiberi nefaria flagitia, quibus sunt turpissimè dediti, cognouerunt. Iaponiorum autè aptissima sunt ad capiendam ac retinendam IESV CHRISTI religionem ingenia. valent iudicio. rationem ducem libenter sequuntur. de salute animarum, & Dei cultu, sunt valde soliciti, & in communi consuetudine faciles. maximè verò se obseruant inuicem & honorant: sic prorsus, vt in aliqua regia instituti esse videantur. Maledictis absentes minimè carpunt. aleatores æquè ac fures capitali supplicio persequuntur. oblectationis causa, vel armis (quibus admodum vtuntur bene) vel pangendis carminibus exercentur. atque hæc optimatum studia sunt. Idololatriæ apud eos multa sunt genera. namq; alij simulacrum adorant, nomine Xacam. de quo illa præcipuè perhibentur: octies millies natum antequam à fœmina pareretur, atque eo tempore priusquam conciperetur à matre, sanctimoniæ causa, ligna, aquam, & alia necessaria, hominibus ministrasse alij simulacrum quod Amidam appellant; alij verò Solem venerantur ac Lunam; atque omnino versantur in multis ac magnis erroribus: vt litterarum præsidio instructos ad hæc mendacia confu-

Iaponiorū laudes.

Multa genera idololatriæ & superstitionis.

tanda

tanda oporteat esse, qui è nostris in hanc prouinciam venerint. Harum præcipuè Bonzij superstitionum Antistites cùm autoritatis, tùm pecuniæ sibi conciliandæ caussa, errore animos multitudinis imbuunt. Chirographa quædam habent venalia, quorum aliquod, è vita migrans quicunq; secum attulerit; huic nullum à dæmonibus fore periculum pollicentur. & quamquam huiusmodi chirographa carè admodum veneunt; tamen à plerisque ante mortem emuntur. Monent etiam populum, vt ipsorum exemplo ab omnium animalium esu (nisi quæ carent sanguine) abstineant. Et sanè Bonzij neq; carne palàm, neque pisce vescuntur: regis videlicet metu, qui si id resciret, multatos pelleret monasterio: sed tamen clanculum comedunt.

Iaponiorū studia. Iaponiorū elatiora sunt ingenia. armis maximè fidunt. ætatis annum 14 cùm primùm attigerunt, machæra præcinguntur: pugionem verò nunquam deponunt. arcu & sagittis peritissimè vtuntur: & reliquas nationes omnes, præ fortitudine sua, contemnunt. genus omne furti, capitali pœna pariter puniunt; aiunt enim, qui se à paruis non abstinuerit, eundem in magnis, oblata occasione, æquè facile peccaturum. Heris in famulos, quamlibet leui de caussa vitæ

LIBER I.

vitæ necisque vis est. itaque serui eis diligentissime ad nutum obediunt; capiteque demisso, manibus humi positis, dicta dominorum excipiunt. Sunt autem Iaponij dociles adeò, facilesque natura, adeoque ratione ducuntur; vt cùm sæpenumero valde irati ad nos veniant; simulac demonstratum est ijs animorum certum esse principium, interitum verò nullum; nec salutem prorsus ab vllo nisi ab vno rerum opifice sperandam; repente idolorum obliti, quæ toto vitæ suæ tempore coluerunt, eadem hora velle se dicant fieri Christianos. neque verò per inconstantiam, semel accepta lege desciscunt. quinimo plerique (& magnus iam neophytorum est numerus) ad omnia propter Deum quamuis aduersa ferenda parati mihi videntur. Quanta sit huius terræ amplitudo. quàm idonea ad Catholicam in ea fidem serendam, cernitis Fratres. Ipsi quidem Iaponij in percontando ita sunt curiosi; vt ex quo Xauerius in hanc vrbem venit (omnino quintus nunc, vel eo etiam amplius, agitur mensis) nulla dies effluxerit, quin ab hora matutina ad multam vsque noctem vel Bonzij, vel laici affuerint, varia in omni genere sciscitantes vt illa: qui status est Dei? qui locus? oculis cur

Iaponij dociles & ad bonū propensi.

Iaponij in percontādo curiosi.

K 4   non

non cernitur? Qui fieri potest vt animorũ
origo sit, mors nequaquam? Quibus vt
satisfiat, magna prudentia ac dexteritate
est opus:namque, prout res postulat, modò seuerè cum ijs agendum est, modò hu-
militer ac demisse. inprimis autem patientia necessaria est. etenim Iaponij, vt sunt
ingenio peracuti, & à nulla prorsus natione vel sapientia, vel dignitate superari
se putant; aduenas omnes, deprimendi
caussa, vultu etiam manibusque gesticu-
lantes, illudunt. & sanè bona à prauis haud
malè dijudicant:atque ob eam ipsam caussam, Bonzios, etsi in speciem venerantur;
tamen ob dissolutos eorum mores, intimis
sensibus auersantur. Nunc Regulus nobis campum extruendo Collegio peramplum assignauit. Nobis veram sui colendi
amandíque viam ac ratione Spiritus sanctus ostendat, quo ad eam beatitudinem, ad
quam sumus conditi, peruenire aliquando
possimus. Ex Iapone ipso die festo Diui
Michaelis. 3 Kal. Octobr s. 1551.

IOANNES FERNANDES
Francisco Xauerio.

POst tuum ex hac vrbe discessum, infla-
ti animis domum ad nos conuenere
Iaponij, vt varijs nos interrogationibus

LIBER I.

bus fatigarent; videlicet rati qui ipsorū argumēta refelleret, abſente te, fore neminé. Sed Coſmus Turrenſis, Deo fauente, ſpiritus eorum repreſsit: etenim interprete me ad ſingulas quæſtiones ita reſpondit, vt ſatisfaceret: quas ego Iaponicè quoniā ipſius mandato litteris conſignaui, deeſſe nolui quominus ex eis aliquas ad te perſcribere.

Quæſitum eſt, ex qua materia Deus animum condidiſſet; nam corpus quidem è quatuor conſtare elemētis non ignorabat. Reſpondimus ad hoc, quemadmodū Deo, vt elementa, ſolem, ac lunam, & reliquum mundi fabricaretur ornatū, non opus fuit prior materia: ſed vt exiſterēt, ipſo nutu verboque fecit; ſic animos etiam ab eo procreari ſola ipſius voluntate, materia nulla. Tum illi percontari; qui color animi, quænam eſſet ſpecies. Nullam reſpondimus, etenim hoc proprium eſſe elementorū & corporum. Cùm inde concluderent, quoniam corpus non haberet, nihil eſſe animum; Coſmus vt eos verbis ipſorum conuinceret, interrogauit num eſſet aër in mundo, cùm annuiſſent, queſiuit denuo, eſſet ne coloratus aër: negarunt. Tum ille: ſi aër, cùm res corporea ſit, non habet colorē; quanto minus (inquit) animus, cùm careat corpore? Hoc audito, ceſſere.

Quæſtio de animi materia.

K 5 Quæ-

Quæstio de dæmonibus.

Quæsiere alij dæmones quid essent. cùm responderetur esse multitudinem Angelorum duce Lucifero, qui elati superbia, quòd DEO sese æquiparare voluerant, cœlesti gloria sunt diuinoque aspectu priuati: cur, aiunt, homines tentat diabolus, estq́; eis adeò vehementer infestus? quòd eos, inquit Cosmus, ad beatitudinem illam, quam ipse amisit, conditos nouit; propterea eis inuidet, laboratque vt in fraudem inducantur.

De Lucifero.

Interrogauere nonnulli, cur, si erant cuncta, quæ DEVS fecerat bona, Luciferum spiritum malum & contumacem creasset? Ad ea, Luciferum, inquit, quique sunt eius sectam sequuti, condidit DEVS & clara intelligentia præditos ad bonum dignoscendum ac malum, & libera voluntate ad vtrumlibet eligendum: vt eos, si bonum exoptassent, gloria, sin malum, inferni cruciatus exciperent. qua facultate quòd Lucifer ac reliqui dæmones abusi, pro DEO adorari concupiuerunt; iccirco pœnas dedere, & sua ipsorum culpa mali ac superbi euasere; quod secus bonis contigit Angelis, qui semet subdentes Deo, meruere gloriam sempiternam. Percontabantur alij, quid esset Deus, vbi esset, num aspici posset: Alij, cur Deus cùm sit adeò clemés,

aditum

LIBER I.

aditum gloriæ tantis difficultatibus circunsepserit. denique tantus erat à matutino tempore vsque ad vesperam hæc & alia sciscitantium numerus, domus vt oppleretur. sed Cosmus Turrensis (vt dixi) fecit omnibus satis. Bonzij nos, quòd eorũ scelera arguimus, maledictis insectari non desinunt. Confinxere quidam ex ijs, diabolũ è simulacro pronũtiasse, nos ipsius esse discipulos; eundem nostra de caussa è cœlo, multis inspectantibus, regiam fulmine perculisse; quidam etiam humanæ carnis voracitatem, nobis exprobrant. Ad hæc, illa quoq; incommoda vel Dei potius beneficia accepimus. Commotum est in oppido bellũ, quod regis obitu deinde sedatũ est, adeò exitiosum ac graue; vt vrbs octo dierum ipsorũ spatio conflagraret incendijs, & sanguine redundaret;quippe sublatis legibus, impunè victrix vbiq; grassabatur improbitas;passim homicidia;passim rapinę; atq; eo sanè toto tempore nos ad cædé inquirebamur assiduè, partim ab ijs, qui nos oderant, partim ab ijs, qui nostras qualescũq; sarcinulas adamauerant: itaq; magno in discrimine vitæ sæpe versati sumus; verùm ex omnibus periculis eripuit nos clementissima Domini mater, quæ clientes adeò præcipua cura tuetur suos. Cùm status

Bonziorũ mendacia.

Noua pericula Socijs creata.

EPISTOL. IAPON.

tus rerum esset huiusmodi; Cosmus Antonium misit ad Naetondoni vxoré, vt ab ea consilium peteret; illa iussit nobis renuntiari, vt confestim veniremus ad se. porrò inter eundum complures in cateruas armatorum incidimus, ij inter se per eorum ordines trãseuntibus nobis, quin, aiunt, e medio tollimus hosce de Cengecu (sic eñ Europæos appellant) quandoquidé ipsorum culpa, lignea vel lapidea simulacra neque alijs, neque sibi salutem dare posse negantium, Dij indignati, excitata discordia tantam huic populo cladem intulere? hæc autem dicebat illi, proptereà quod eo bello cœnobia multa cum simulacris ignis absumpserat; imminuta magnopere idolorũ et præstigiatorũ autoritate, vel ob id ipsum, quod Regi in primis, vt nosti, superstitioso, nihil eam superstitionem profuisse consti-

Humana vxor Naetondoni, inhumani Bonzij.

terat. Ex eo discrimine elapsi, Naetondoni domum peruenimus, cuius vxor dato puero, qui prosequeretur, nos ad Bonziorum monasterium, quos ea suis alebat sumptibus, amandauit: illi verò grauiter nobis offensi, respuere; nos dæmones dicere, nec locum excipiendo tam improbo hominum generi sibi superesse. Cur nos Deus, qui habitat in cœlis, cuius legem exponeremus, ex ijs periculis non in cœlum eriperet? Tamen

men ad extremum siue Dominæ metu, siue famuli precibus adducti, fani particulam nobis ad hospitium assignarunt; ibi toto biduo commoratos mulier nos domum suam accersit, & in posticis ædium partibus ambulatiunculam quandam nobis ad diuersandum attribuit. hic nos quot periculis, quot laboribus perfuncti fuerimus, ne longior sim, in præsentia sileo. Sanctis sacrificijs, & precationibus tuis nos admodū commendamus, & patrum fratrumq; nobis carissimorum; quos ego ad hanc genté salutaribus erudiendam præceptis, & veram in agnitionem DEI creatorisque sui trahendam, propediem venturos esse confido. Amangutio, 13. Kal. Nouemb. 1551.

EX EPISTOLA GAsparis Vilelæ ad Societatem IESV.

IAponica terra quantum hucusque accepimus, pauper est & frigidior Lusitania. regio montosa & niualis; gens polita nec à ratione abhorrens; hordeaceo vescitur pane. qui nobiles sunt, ijs magnus habetur honos, quorum multi si rei familiaris premuntur angustia, natos præfocant iniecto faucibus pede, mortemque anteferunt egestati. Olei, butyri, casei, lactis, ouorum, *Descriptio terræ Iaponicæ.*

rum, saccari, mellis, aceti valdè laborat inopia; croco, cinnamomo, pipere prorsus caret. Iam verò hordeaceo furfure vtuntur pro sale, denique nulla ibi salutaria corporibus medicamenta reperiuntur. En vobis, fratres carissimi, cuiusmodi regionē tredecim vel quatuordecim petam°, sanè quàm alacres DEI benignitate; &, si magis laborandum sit, multò etiam alacriores futuri, vt opera nostra Iaponiorum animæ fratrum nostrorum, damnati illius lupi eripiantur è faucibus. Nunc fratres quando hæc vobis occasio datur, optata perficite, nec vos vllus impediat timor, quo minus animabus ijs opitulemini, quas Christus IESVS minimè sibi negligendas putauit. Concurrite fratres ad has gentes adeò remotas ab agnitione p creatoris sui. Crucis in amplexum venite, strenuis patet militibus campus, vestri conatus erumpant, vestra à mari ad mare transmittat industria. Ad hæc noua sidera contemplanda, ad hæc noua regna accedite, vt ex his ad regnum tollamur æternum cum IESV CHRISTO. Cocino. 8. Kalen. Maij. 1554.

Adhortatio.

PE-

LIBER I.
PETRVS ALCACEVA
Societati IESV in Lusitaniam.

Goam veni, vbi commoror in præsentia, ex Iapone missus. & quoniam arbitrabar, cognito rerum Iaponensium statu, magnam vos lætitiam esse capturos; de ijs aliquid constitui ad vos scribere: vt, cùm in ea prouincia quanta sit rei benè gerendæ materies, qui motus animorum, quàm præstantia incolarum ingenia intellexeritis, fratres vestros, qui peregrinantur ibidem, quamquam loci interuallo disiunctos à vobis, spiritu nihilo minus coniunctos, assiduis precationibus esse vobis adiuuandos putetis. Anno à puerpera virgine 1552: 15. Kalen. Maias proficiscentem ex India Franciscum Xauerium, vt in oram Sinarum traijceret, quo *Socij Sinas* secum è patribus Balthasarem Gagum, *profecti.* itémque è fratribus vnum ducebat, secuti ego & frater Duartes à Sylua, vt peteremus Iaponem, Malacam venimus, quæ abest leucas 700. ab India. Ibi Xauerius, vt ad sinas postea pergeret, substitit. nobis Iaponé versus 8. Id. Iunias proficiscétibus, itineris comes repente, Xauerij iussu, Balthasar Gagus accessit. Cùm ad Sinas peruenissemus,

nissemus, peropportunè paratā nauim inuenimus: quod eò iucundius nobis accidit, quòd ea de re valde soliciti in itinere fueramus. Conscendimus igitur 4. Nonas Augusti, & duodecimo die ad Iaponem appulimus, inque Cãgoximam insulam, vbi Xauerius versatus antea fuerat, primo aduentu descendimus. ibi dierum octo mora facta, ab Regulo valde benignè tractati, 11. Kal. Octobris perreximus ad Bungi regnū, quod appellatur: & decimo septimo die ad vrbem Bungum sanè quàm aduersa & periculosa nauigatione peruenimus. ibi nobis ædes hospitio datæ sunt iussu regis, quem postridie inuisimus; eique ab Indiæ Prorege munera attulimus. quibus ille magnopere delectatus, præter hospitium nobis terrestria quoque, & maritima lautia quotidie iussit præberi. Rex est sanè potens, admodumque imperat latè. Cosmus Turrensis Amangutij erat eo tempore: qui simul ac Bungi nos esse cognouit; continuò Ioannem Fernandem Iaponicè doctum misit ad nos. quò, et in mandatis, quæ habebamus à Prorege, exponendis, interpretis munere fungeretur, & aliquid eadem opera de Christiana religione dissereret. is nobiscum in regiam cum venisset, in vtroque genere sanè libenter est auditus ab rege.

Sum-

Cãgoxima insula.

Bungi regnum & vrbs.

Rex Bungi potēs et in Socios humanus.

LIBER I.

Summa eius orationis fuit; quòd Rex ipse Proregem Indiæ per litteras certiorem fecisset, amicè in suo regno habitum iri ab se doctrinæ CHRISTIANÆ magistros; iccirco nos ad eam exponendam in ea loca venisse: id quo melius & commodius fieret, esse nostris è presbyteris vnũ Amangutij, quicum nobis congredi et colloqui magnopere expediret: cùm vt ab eo multa cognosceremus, tum etiam vt aliquá interea assequeremur Iaponicæ linguę peritiam; certum ab Rege hominem eo ipso tempore mitti Amangutium inaudisse nos: petere & rogare, vt vnà cum eo nos mitteret. Ad ea respondit rex, nec se ignorare, commorari Cosmum Turrensem Amangutij, & sibi dolere, quòd non, vt in ea vrbe, sic in suæ quoque ditionis oppidis essent neophyti Christiani: publicè se Christianam in suo regno religionem, & nobis interpretandi, & sectandi cuilibet potestatem esse facturum; atque eius rei autoritatem verbis ijsdem quibus Amangutiana foret edita, conscripturum: quam in ædium nostrarum ianua palam propositam haberemus. Cum hoc responso dimissi, Octobri mense, anno 1552. contendimus Amangutium, vbi & à Cosmo Turrensi, & ab vniuerso cœtu Christianorum singulari

Quid factũ à Socijs Amangutij.

L cùm

EPISTOL. IAPON.

cum lætitia, & caritate excepti, diem natalem egimus Domini, solemnique sacrificio interfuimus, & si non optima symphonia, magno tamen cum gaudio Christianorũ: duo deinde patres tria singuli missæ sacrificia peregerunt, totamq; rationem eius mysterij populo declararunt. Hic, cùm in consilium ventũ esset de rebus ad eam ecclesiã necessarijs, placitũ est patribus me Goã reuerti. Abeunte pridie Non. Feb. anni 1553 Balthasar Gagus, & Ioannes Fernandes Bungum vsq; sunt prosecuti. Bungi rege salutato, monitoq; de meo in Indiam reditu, ad Proregem vt scriberet, si quid vellet; ipse cùm alia, tùm illud præcipuè scripsit; studium suum patribus, qui apud se essent, non defuturum; interim se Balthasaris Gagi præsentia valde lætari; Lusitaniæ regis caussa omnia cupere; mitti ad se præcones Euangelij vt de suis quàm plurimi fierent Christiani, vehementer optare. Ego cum ijs litteris confestim discessi Firandum, quod abest Bungo leucas circiter 60. totoq; eo itinere, Iaponici sermonis ignarus, nutu ac significatione pro lingua sum vti coactus, ex quo iudicare poteritis, quàm mihi patientia fuerit necessaria.

Biduo post meum Bungo discessum,

Rex Bungi scribit ad Proregẽ Indiæ.

Bal-

LIBER I. 82

Balthasar Gagus, & Ioannes Fernandes, qui remanserant, magnum adiere discrimen. etenim luce, quæ cinerum diem est consecuta, patefacta principum trium aduersus regem coniuratione, vehementer commota ciuitas erat in armis. Tum neophyti quidam ex oppidanis Balthasarem monere, vt ædibus consuleret suis: vrbi namque imminere direptionem & incendium. Balthasar autem animaduerso regis ipsius periculo ac metu, Ioannem misit in regiam, vt si quo modo regem alloqui posset, eius animum confirmaret, Deumque futurum ei propitium vel ob id ipsum promitteret, quod ille suorum conuersionis adeo cupidus esset. Ioannes etsi regiam offendit nobilitate refertam, tamen DEO volente, patuit ei ad regem aditus. qui ipsius verbis admodum recreatus, vt DEO commendaretur à nobis valde suppliciter petijt. nostri cum vrbis compita cernerent armatorum cateruis horrentia, domesticis finibus continere sese Deoq; committere statuerunt, nec ita multo post è coniuratis tres titulis honorum illustres, vna cum ipsorū liberis, vxoribus propinquis, alijsque compluribus occiduntur, et statim domibus eorum ignis inijcitur. qui

Ingens discrimen Regi Bungi et Socijs intentatum.

Rex petit Sociorum precibus Deo commendari.

L 2 late

EPISTOL. IAPON.

latè adeò peruagatus est; vt priuata partim virorum nobilium, partim mercatorum, ad 300. ædificia comprehenderet. qua ipsa in vrbis regione cùm esset nostrorum hospitium, de sarcinis, ornatuque sacro planè iam desperauerat Gagus: verùm in medio incendio ædes, Dei benignitate illæsæ atque incolumes permansere. eâdem nocte misit rex, qui Balthasari nuntiaret, facile iudicare se quantus eo die ipsius labor fuisset, putare etiam sarcinas absumptas incendio. sed bono esset animo, restituturum se omnia. etenim valde prosperè debellatum esse. gratias egit Balthasar, iussitque regi renuntiari, nostra omnia integra superesse. tertio deinde, vel quarto pòst diem inuisit ipse, habuitque sermonē tempori congruentem. Huiusmodi omnia incommoda, fratres mihi carissimi, multasque præterea Bonziorum iniurias (qui sacerdotes Iaponiorum sunt, homines miræ peruersitatis, ac pertinacię) tolerare sanè operæ pretium est. is animarum fructus, ea neophytorū constantia, id ingenium cernitur. ex ijs vnus tanto studio rerum diuinarum exarsit; vt nulla in domo vicinitatis suæ, non aliquē fecerit Christianum, et alios præterea complures vehementer commouerit.

Ardor neophyti.

Qui-

Quidam, ægrotanti filio implorabat à Balthasare medicinam: cui Balthasar, animæ se medicinam, si vellet, ait esse facturum. ille domum discessit; nec ea de re filium appellauit; & filius, quamquam auditis fidei sacro sanctæ mysterijs iccirco nihilo magis immutatus, interijt. Pater fusus in lacrymas venit ad nostros. Tum Balthasar: & quidem est, inquit, cur plores, quoniam tua culpa, negligentiáque damnatus filius tuus descendit ad inferos. qua re tanto ille simul pudore, ac dolore permotus est; vt confestim, vxorē, et filiam Christianę doctrinæ iam rudimentis imbutas ad Baptismum adduxerit. Deinde cùm filia eundem in morbum, ex quo frater perierat, incidisset; patri, si fidem haberet, exitum Balthasar promisit felicem, & quidem ea postridie repétè conualuit. Christianus alius Balthasarem rogauit, vt domum suam, quę leucam vnam distabat ab oppido, sese conferret. quo cum venisset, Christiani sunt facti 30. Dominus autem noster in hac terra pro rei necessitate diuinam baptismi vim miraculis multis illustrat. Non procul Bungo cōplures per baptismū expiati cùm essent; vnus ex ijs cęcº, 13 natus annos, simul ac baptizatus est, integrū oculorū lumē recepit. quæ res neophytorū animos magnopere confirmauit.

Balthasar Gagus.

Exemplum fidei.

Triginta conuersi.

Miraculū.

Faber

EPISTOL. IAPON.

Fabri ferrarij ardens pietas.

Faber ferrarius quidam neophytus, tanto Domini flagrat amore, vt in conuertendis ad eundem alijs laboret afsiduè. is vt quemque permouit, continuò domum nostram adducit. Cum Iaponij magna gratulatione quædam solemnia celebrarent, cum follibus & carbone contulit eò sese; quærentibus cur tali die opus faceret: Vos quidem insanitis, inquit, ego verò me iam legi conditoris omnium rerū addixi; hanc autem operam do Patrum Lusitanorum ædificio. eodem tempore alij quoque licet huiusmodi artium ignari, honesti homines vt Iaponicis superstitionibus aliqua ratione detraherent; vel nostris ædibus extruendis, vel alijs occupationibus sese de industria exercebant.

Domus autem nostra ædificari cœpta est in area, quam rex attribuit nobis hoc anno pridie Idus Iun. loco valde bono; vbi Gagus omnibus cum neophytis, & Lusitanis duobus, qui tùm forte aderant, die festo Diuæ Mariæ Magdalenæ, sub vesperā cru-

Crucis trophæa defixa.

cis admodum excelsa trophæa defixit linteatus, cum psalmodia, quod crucis officium appellant: neophytis magnam pietatem præseferentibus; quorum, in vrbe, & in

Septingenti conuersi.

agro 600 vel 700 est numerus, & augetur in dies. magna verò eorum constantia est,

magna

LIBER I.

magna auimi firmitas. Tribus maximè ca- *Trifariam*
ptionibus animos Iaponiorum fallere dia- *dæmon Ia-*
bolus consueuit; quas omnes iam supera- *ponios op-*
uere neophyti. quarum prima illa est: quid *pugnat.*
fiat in altero sæculo, quis nouit? quis vnquam ex eo reuersus est? Altera, leges Iaponiorum cùm traditæ à sanctis viris, tanto
iam tempore manserint, ne nunc quidem
eess antiquádas: tertia, Dei legem seram esse
iam, quandoquidem ante annos ter mille
perlata nõ est. Verùm hi cauillorũ nodi, mi
serante Domino dissoluuntur; & quando
tanta in nos principum, & regis ipsius animi propensio ostenditur, valde futurũ speramus, vt optimè res in hoc regno ꝓcedat.

Amangutij cùm essem, qua in vrbe Chri- *Amangu-*
stiani ꝑmulti visuntur, tantã eorũ probitatẽ *tianorum*
cognoui, quantã verbis vix exequi possum. *pietas.*
Lusitanos omnes fratrũ numerat loco: populares aũt suos eatenus diligunt, vt ex erroribus in viam rectam adducant: eaq; in re
sanè vehemẽter laborant. ꝙ in hac terra eò
mirabilius est, ꝗ eadẽ interdũ in domo, pa-
terfamiliãs aliam, aliã mater, aliã filij sup-
stitionis sectã sequũtur; nec tamẽ laborant,
vt in suam se inuicem hæresim pertrahant.
qui verò facti sunt Christiani, quam bono
seruiant Dño, vel pelliciendis ad eiusdem
cultum, & obsequium alijs, studiosè testantur.   L 4   Natali-

Natalibus autem Domini ferijs, de quibus paulò antè memini, nocte, quidquid à sacrificijs otij superfuit, in sermonibus diuinis audiēdis posuere; alternis Ioanne Fernande, & puero Christiano, qui nostras didicit litteras, pia quædam scripta recitantibᵒ. lectio si quādo intermittebatur, vt de rebus diuinis disputaretur, continuò postulabant. A nocturnis sacrificijs domum reuersi, mane rursus ad diurna venerunt. ò prędicandā Dei bonitatem; qui corda vsq; adeò rigida tam suauiter flectit. etenim Iaponij ferè omnes, nisi qui Christiani iam sunt, superbię vitio vehementer laborant. Rumorē Bonzij dissipauerant, iccirco Iaponios fieri Christianos, ne in idola eleemosinas erogarēt. id vbi resciuere neophyti, nos cōuenere, petētes; vt, q̄niā nos non acciperem⁹ pecuniam, constitueretur scriniū stipi condēdæ, quæ ab se in pauperum subsidia conferretur. Eorundem, aliquoties, cùm ipsimet præberent egentibus epulum inspectante me, caritas mihi miraculo fuit. Monumentū etiam locumq; sepeliendis Christianorū corporibus, perquā eleganti opere construxere. in funeribᵒ aūt, ad efferēdū cadauer honestissim⁹ quisq; deligit̄. huiusmodi quippe misericordię muneribᵒ obeūdis magnopere delectātur. Nostri cū in aliā sorte migrassent

Figmētum Bonziorū.

grassent domum; & in priori quærentibus eos permultis;vicini, Lusitanos reuersos in patriā mentirentur;cumq; ob eam rē(vt in ciuitate perampla) complures euangelio fraudarentur;eorum vterq; circa meridiem in foro medio repente comparuit. orationem, Gagi mandato, Ioannes habuit ad tépus paratam. Ex eo die nouus deinceps ad illos hominum concursus est factus. Christianus quidam paralysi duorum, triūmue mensium spatio laborauerat. is magicis artibus (de gentis more) dum à propinquis curatur;etiam mutus efficitur. cuius casum miseratus amicus item Christianus, cælestis aqua lauacri, quā sumpserat domi nostræ, conspergit hominem. ille surrexit statim, et locutus est, nostrosq; conuenit. Hisce atque alijs huiusmodi remedijs Christianā rem in hac terra Dominus pro sua bonitate sustentat. cui gratiæ agendæ sunt eò magis, quò maior est cùm Iaponiorum cæcitas omnium, tùm præcipue Bonziorum. quorum aliqui in montem, ad fanum quoddā idolorum, ad piacula per inediam expianda sese recipiunt. Martyrum verò dæmonis iniri summa vix potest. Simulacrum est excelsa admodū in arce positum. ex eo loco in honorem idoli semet Iaponij præcipitantes intereunt:ij post mortem vulgò

Miraculū de paralytico & muto.

Bonziorū & Iaponiorum aliorū superstitiones.

L 5 san-

sancti existimantur. Alij, cùm magnam vim coëgere pecuniæ, conscendunt nauiculam, altoq́; sese committunt. deinde nauis alueo de industria pforato, merguntur, atq́; hoc mortis genere, miseri, certa consequi se beatitudinē putant. Persuasit etiam huic gēti diabolus rē valde honorificā esse, mortem sibi vltrò conscicere. Quo circa damnati capitis optimates, si ministerio carnificis ipsimet anteuertūt, magnam sui nominis famā, magnā verò affinibus gloriam, ac decus relinquūt. contrà, si expectāt dum sibi manus ab alijs inferantur. Qui regnum obtinet Meaci, quisquis ille sit, ferme pro sancto colitur, & nunquā pedibus calcat solum. Aquæ vas attulit nescio quis Meaco cū Xauerius in Iaponē esset, qua regis ablutos pedes dicebat fuisse. ea aqua Iaponij religionis caussa caput aspergebant; Xaueriumq́; idem vt faceret hortabantur. Totam insulam serūt in quattuor & sexaginta prouincias esse diuisam. in ijs delubrorum visi millia 13. In Regia Meaci omnis generis idola visuntur. quibus nocturnæ per vices mandantur excubiæ (anima simulacri illam agere vigiliam creditur) quod si fortè rex ea nocte sese minus habuit commodè, simulacrum è regia fustibus malè multatum exterminant spatio centum

Rex Meaci quantopere colatur.

Insulæ Iaponicæ prouincias esse 64.

tum dierum. quibus demū exactis, ab exilio reuocant. Huius generis innumerabilia sunt in Iapone portenta. verùm hasce tenebras omnes Euangelij lux, Domino volente, dispellet Amangutianorum Ecclesia plus 1000. & 500. conficit Christianos. Bungense regnum 600 vel 700. qua tota ditione, quoniam Euangelizare per diplomata regia, quorum exemplum ad vos mittimus, licet; regnum vniuersum in Christi fidem cito venturū esse confidimus. Firandi, quod oppidum octo dierum itinere distat ab vrbe Bungo, neophyti numerantur 200. qui pastorem vehementer desiderant: cùm illac iter faceret, dies quindecim moratus Balthasar Gagus, multos ad Christi religionē, in ijs tres principes ciuitatis adduxit. Firandi regulus valde amicus est Lusitanis, scripsitq; in Indiā ad Proregem, Christianos presbyteros in sua terra sese expetere. cùm eū ego aliquoties cōuenisse, affirmauit mihi, animo se veluti Christianū esse. Cagoxime, quæ prima vrbs Xauerium excepit, quingentorū neophytorū est grex, & quidē, cùm eā transirem, magistro carentiū. itaq; per operariorū inopiam stat, quò minus nomen omne Iaponium Christiana sacra suscipiat. Vos, quando tam præclarum opus cernitis inchoatum Dominum obsecrate, vt vos in hanc mittat prouinciā.

Numerus conuersorū Amanguci, in regno Bungi, Firandi & Cangoximæ.

etenim

etenim omniũ quotquot in vniuersa barbaria vidi populorum, cum nullo prorsus, quàm cum Iaponio melius opera ponitur. Ego 15. Kal. Nouembris anni 1553 inde discessi. cùm ad Sinarum littus appulissem, & de Xauerio certi aliquid nosse magnopere cuperem; 4. Non. Decembris anni 1552. eum è vita migrasse cognoui. Reputabitis ipsi quàm grauiter ea res me perculerit. veruntamen ipsius me commodo cõsolabar. O prædicanda quæ per hunc seruum Dominus gessit: sed ego illa silentio nimirum iccirco prætereo, quòd indignum me, qui narrem existimo. Eadem in insula, in qua ipse diem suum obijt (ea confragosa est admodum, ac sterilis) ego diebus septé octóue substiti: vidi etiam sepulchrum, ex quo cadauer eius extractum est. Illius industriam, patientiam, alacritatem in laborib', Dominus noster omnibus nobis impertiat. Hæc ad vos de rebus Iaponicis eò scripsi; vt interea, dum in partem laborum venitis, operarios, qui in ea insula versantur, vestra precatione adiuuetis; obtestor etiam vos, fratres mihi carissimi, vt vestris in sacrificijs, precibusq; mei memores sitis. Goa. 1554.

De morte & sepultura Xauerij.

LIBER I.

MELCHIOR NVNNES
Societati IESV in Lusitaniam.

MEnse Maio anni post Christum natum 1554. cùm in Iaponem Goa discederem; scripsi ad vos de obitu Francisci Xauerij: & simul hæ Prouinciæ quantopere Societatis nostræ subsidijs indigeret;& quibus adductus rationibus ego profectionem Iaponicam suscepissem, exposui. Epistolam Cocini reliqui Francisco Peresio, vt is eam ad vos perferendam curaret. Nunc ea, quæ sunt deinceps cõsequuta narrabo; vt quoniam nos vnus omnes amor vnum efficit corpus in Christo;idem pariter omnes in eodem Spiritu sentiamus: &, vt ait Apostolus, si patitur vnum membrum compatiantur & reliqua; si gaudet vnum, reliqua membra congaudeant. A Cocino Malacá versus profecti, ventis aduersis, ac tempestatibus primùm, deinde etiam aquę et commeatus inopia oppressi, crucem aliqua ex parte cœpimus experiri. quamquam in tot difficultatibus nihil molestius, quàm moræ dispendia ferebamus, verentes,ne exclusi temporibus, nequaquã hoc anno in Iaponem nauigare possemus.

Profectio Melchioris à Cocino Malacam.

Spes

Spes enim (vt inquit sapiens) quæ differtur, affligit animā; & desideriū, ni compleatur, excruciat. Inter nauigandū, occupationes Dei benignitate non defuere: cōcionando, confesionibus audiendis, litanijs præterea concinendis, diuinæ rei citra consecrationē faciendæ operam dedimus. Exponebatur etiā Christiana doctrina quotidie, & ex Actis Apostolorum aliquid legebatur, vt ipsorū exemplis animaremur ad ea quæ impendere videbātur ferenda. Malacā vt ventum est; dum nauis ægre paratur, qua in Iaponem vehamur; idonea ad nauigandum tempestas effluxit. Quo circa exarmato nauigio, ibidem hyemare coacti, & si dolorem animo cepimus, diuinæ prouidentiæ nihilo minus acquieuimus.

Ferdinandus Mendozius.

Multum in hac terra Ferdinandus Mendozius frater noster (quem Prorex Indiæ ad quendam ex Iaponijs Regibus in primis potentem cum armis pretiosis, alijsq́; admodum magnificis muneribus mittit) exemplo vitæ, ac virtutis ædificat, incolis notus, nimirum apud quos olim, dum in seculo versaretur, diues in primis, ac beatus est habitus. Nunc eum vident omnia quo meliori pareat Domino, reliquisse quic͂; antea conuiuari apparate & opipare solitus fuerat, cum nunc leuidensa attrita, ac lacera indu-

indutū, ostiatim eleemosynas emendicantē aspiciunt; inq; hospitali domo ministrātem ægrotis, qui, vt eos vel inuiseret, quondam adduci nulla ratione potuisset. Hæc intuentes, mirantur videlicet, & incipiūt credere maius aliquid post mortem superesse, atq; etiam reperiri in hac vita, qui inopiam diuitijs, honoribus ignominias, austeritatē vitæ, laboréq; delicijs anteponant, qui mūdum vnà cum omnibus eius vanitatibus crucifigant, vt Christo nudo, eidemq; crucifixo deseruiant. Hac illi pictura, quippe quæ spirat viuitque, vehementius multò, quàm subtilibus, quas minimè capiunt, theologorum argumentationibus permouentur.

Nos, Deo volente, Aprilis mensis initio insequentis anni 1555. Malaca Iaponem versus proficiscemur: nauigium nobis quo Bungum vsq; deferamur, Antonius Noronia regij præsidij præfectus attribuit. Bungi Balthasar Gagus cōmoratur hoc tempore: ex ea vrbe ad omniū illarum nationū conuersionem aditus patet. Rex ipse Bungi sanè quā dicitur esse ad Christiana sacra propensus, sed optimatum in se conspirationē timet, itaq; expectat, dū ex ijs aliqui baptizentur. Vos apud Dominū fratres, precibus enitimini, vt gratiæ suæ ros huius cordi Regis

Rex Bungi ad fidem propensus.

gis instillet: quo Christi nomen palàm non dubitet profiteri. Profectò enim ad religionem insula tota disseminandam, ea res momenti plurimum afferet. Nobis, ij qui in Iapone fuerunt, ad cetera multa pericula, infectationes, calumnias Bonziorũ, qui sacerdotes insulæ sunt; magnam præterea famem, ac sitim, frigusq; denuntiant. Veruntamen æterna Dei bonitas facit, vt famem eam sitimque, & vexationes, inferni cruciatibus æquo animo præferamus, parati, oppositu corporis, tela quæ ab inimicis in animam contorquentur, excipere: quæ magis, magisq; corporis ipsius afflictionibus, & laboribus roboratur. quippe quæ, falsa testimonia, famem, sitimq;, & fatigationes, quæ in carne patitur, cũ felle, & aceto, clauis, spinis, & ignominijs Christi conferens Redemptoris, gloriari discit in cruce: in fame saturatur; inebriatur in siti; in contumelijs & iniurijs triumphat, intelligens animæ salutem, animæ iactura parandam. itaq; in morte vitam, in laboribus requiem, in infamia decus; in cruce gloriam, in probris bonæ conscientiæ testimonium, in mœrore deniq; lætitiam reperit.

Christiana res Dei benignitate quàm feliciter administretur in India, Sociorum quiq; Goæ, quiq; ceteris in præsidijs Maluci ver-

Sociorum animi ad crucem ferendam parati.

ci versantur, litteris cognoscetis. Ex insulis Mauro, & Amboino accepimus litteras: earum summam ad vos mitto, & simul formam Sinensium rerum descriptam, quò intelligatis, quàm miseranda res sit, ingenijs natura tam bonis ea, quæ supra naturam sunt, inædificata non esse; nec sanctissimam Christi fidem plantis insitam ijs, in quibus, vt videtur, adeò cresceret. Granum frumēti ipso in aditu Sinarum mortuum est, & cecidit, fratres, noster nempe Xauerius: nimirum, si ad metendum accesserimus, spicas ex eo vberes, volente Domino, colligemus. Malaca. Pridie Non. Decemb. 1554.

ARIAS BLANDONIVS Societati IESV gratiam & amorem Domini, etc.

DE rebus ijs, quæ per homines nostræ Societatis in hac terra geruntur à Domino, binas deinceps ad vos litteras dedimus. quarum alteras longiores, nauis, cui Ægidius Fernandes Caruallius præerat, tempestate reiecta, ad nos retulit; alteras autem breuiores anno superiore cōscriptas, quia fieri item potest, vt non acceperitis; nunc Melchior Nunesius, præcipua quædam ad gloriam Dei mihi mandauit vt scribe-

scriberem ad vos: nam cetera cognoscetis è Sociorum litteris, qui in hisce regionibus peregrinantur.

Mors Melchioris Moralis.

Ac de Melchiore Morali primùm: is cum à Ceilanis insula, vbi rei Christianæ aliquandiu pro virili parte operam nauauerat, æger huc sese recepisset: paucis diebus, fratrum, quos tantopere diligebat in Domino, cinctus corona, Iesu nomen semper habens in ore, lætissimo animo excessit è vita. Inde post duos circiter menses Balthasar, & Alexius Diazij nauibus huc è Lusitania delati, ingenti nos gaudio perfuderunt. Sub idem tempus etiam Melchior aduenit Bazaino, cuius aspectu valde recreati sumus in Domino, statimq́ue consueta Gasparis munia obire institit: ea erat, dominicis, festisq́ue diebus mane; Martis & Lunæ, vespere concionari in ædibus confraternitatũ, quas vocant Iesu, & vndecim milliũ virginũ: diebus Mercurij in ędibus misericordiæ, nec non diebus Veneris vespere de pœnitentia disputare. posthæc ad Socios aliquot inuisendos profectus est varijs locis commorantes; Franciscum Perezium in oppido Cocini, leucas ab hac vrbe centũ; Nicolaum Colani leucas 100. & 20. vbi cum esset, ex nautis, qui è Peguensi ora veniebant, de obitu Francisci Xauerij

Balthasar & Alexius Diazij.

Xauerij, deque ijs, quæ deinceps sunt consequuta, cognouit, de quibus omnibus est, fratres mihi carissimi, cur ingentes Domino gratias agamus, & sanctæ voluntati ipsius acquiescamus. Nunc ea quæ sunt mihi hac ipsa de re comperta, narrabo. Xauerius Goa cùm ex Iapone venisset, ad Sinas proficisci constituit. nactus itaque opportunitatem legati, qui ad Sinarum Regem à Prorege Indiæ mittebatur, cui commendatus ab eodem Prorege diligenter fuerat, nauē vnà cum eo conscendit. Malacam vt ventum est, quæ leucas distat Goa 700, profectionis obstacula cœpit offendere. nam legato, qui nauis erat magister idem, ac dominus, cui vni secundùm Deum Xauerius maximè confidebat, quòd per occasionem legationis eius, interiora prouinciæ, (quod vnum cupiebat) penetrare sese facilè posse putabat, Malacæ repentè subsistere necesse fuit. Xauerius, tametsi præter nautas destitutus ab omnibus, vno tantùm amore Iesu Christi ductus, cuius caussa multa perpeti incommoda vehementer optabat, nullo prorsus itineris vel comite, vel ministro, nihilo minus eadem naui profectus, insulam portui Sinarum, qui dicitur Cantonius, proximam tenuit. Vbi dum moram necessariò ducit (aditus enim in id regnum non

Xauerij consilium ad Sinas proficiscendi.

Ad Sinas non patet aditus exteris.

non est aduenis, quibus, & si quis eos è prouincialibus introduxerit, graues pænè sunt legibus constitutæ) interea cum barbaro mercatore, vt se in Cantonis vrbem intromittat, magna piperis vi, quod ibi valde æstimatur carè paciscitur, mercator eius rei caussa paulò pòst se reuersurũ esse promittit. Verùm Domino, qui videlicet aliud constituerat, eo ipso tempore placitum est, vt Xauerius in febrim, qua paucis diebus est confectus, incideret. Forte negotiabantur per eos dies ibidem aliquot è Lusitania mercatores; quorum nonnulli Xauerium ob ipsius vitæ integritatem, atque doctrinam magnopere diligebant. ij mortuum, vestimentis ita vt erat, indutum, terræ calcíque viuæ mandarunt eo consilio, vt cùm primùm cadauer consumptum foret, ossa effoderét in Indiámque deueherent. Itaque simul ac maturũ ijs visum est, rem aggressi, & corpus planè integrum, & ipsa vestimenta, nulla prorsus ex parte labefactata reperiunt. Obstupefacti rei miraculo; de re tota inter sese deliberant. incerti quid agerent, quod & profectionis iam aderat dies; & corpus in barbara terra, tamque remota deserere, indigna res videbatur: decernunt, si malè non oleat, vnà secum auehere; sin minus, relinquere. vnus tamen ex ijs, qui

Xauerij

LIBER I.

Xauerij consuetudine plurimùm adiutus, cum præcipuo quodam amore profequebatur; omnino auferre statuerat; deinde ad sepulcrum vniuersi conueniunt, corpus infpiciunt, nec solùm omnis tabis expers inueniunt, verùm etiam suauiter admodum fragrans. Tum verò in eadem viuæ calcis arca reconditum corpus in nauim imponitur, nec dubitant, quin calcis acrimonia, ac vi paullatim carne confumpta, nuda, quod ante putauerant, ossa remaneant. Malacam delatum, prodeuntibus obuiã cum solemni pompa oppidanis, apud quos magna Xauerij nomen erat in gratia excipitur; ibíque rursus humatum tandiu mansit, quoad vnus è Socijs quem Melchior ad ipsum Xauerium inuestigandum, & Socios inuisendos, qui sunt in Iapone dimiserat, superuenit, is humo extractũ, perinde integrum, atq; erat ab initio offendit, & in alia repositũ arca, quam Didacus Peteria (legati nomen est eius, qui cum profectũ Goa Xauerium suprà docuimus) faciẽdam, & Damasceno serico subsuendã, extrorsus autẽ aureo textili conuestiendã curauerat; secũ in heremitorium, vbi diuersabatur, abstulit, habuitq́; apud se, donec eodẽ Petrus Alcaceua deuenit, quem Cosmᵘˢ Turrensis cũ mandatis ex Iapone dimise-

rat. Horum vterque simulac nauigandi se
dedit occasio, secum in nauim impositum
asportarunt. Nos ad eam diem Goæ, quod
naues Malaca nondum aduenerant, non
plus, quàm mortuum sciebamus. quæ primæ appulere, ex ijs cognitum est, corpus
Malaca deferri. Cocinum simulatque oneraria tenuit, qua vehebatur; statim actuario
Goam ad nos nauarchus præueniens, rem
nuntiauit; & simul nauim e multis ereptam
periculis illius ope fuisse narrauit. Cognita
re, Melchior confestim ad Proregem accessit, ab eoque petijt biremem, vt aduerso
vento tardius nauiganti occurreret onerariæ, & corpus auferret. Enimuerò id ægrè
pati nauarchus, & obsecrare, ne, quando
iam prope ad finem itineris ventum esset,
nauim nudaret adeó salutari, certoque præsidio. Sed tanta fuit cùm Melchioris, tum
Sociorum videndi cupiditas, vt nihilo minus mari sese non dubitarit committere,
Socijs tribus, pueris à doctrina quattuor secum assumptis, & Lusitano quodam, qui
in Iapone dum negotiaretur anteà, cum
Xauerio familiariter vixerat. cōscendit igitr
à Prorege monitus, vt cū primū rediés appropinquaret ad oppidū, nuntiū ad se præmitteret. Cū pelagó quattuor dies ac noctes errassent, nauim deniq; ad Baticalā, leucas

*Corpus cū
solemni pō-
pa illatum
Baticalam.*

LIBER I.

cas ab Goa 20. reperiũt, & ingrediunt omnes. Arca dum in biremem ex oneraria, eo ipso quẽ suprà diximus ornatu, deponitur; interea pueri sertis redimiti, ramos tenentes manibus concinunt, Gloria in excelsis Deo: nautæ verò sublatis vexillis, bombardis explosis, cœlum reboatibus complent. Corpus ipsum erat amictum alba, & optimo superpellitio, quod etsi diu latuit in calce demersum; tamen adeò recens videtur, vt cum eo Melchior Iaponium Regem conuenire statuerit. Erat operta facies, manus crucis in formã compositæ, & funiculo vinctæ æquè nouo, ac si tum ex officina prodiret; pedes crepidis calceati. Melchior ad heremitoriũ beatissimæ Virgini sacrum descendit, passibus circiter 1500. ab vrbe positũ, ibiq́; ea nocte cũ comitibus mansit. Fortè res in ipsum quadragesimæ tempus inciderat: & nostri nihilominus templum, arasq́; ornatu festiuo instruxerãt. Cõplures etiam erãt in ea sententia, vt campanis in æde maxima, ceterisq́; sacris ædibus omnib⁹, lætitiæ publicæ signũ daretur pulsu quã frequẽtissimo; sed nostri duplici tantũ funebri pulsu fuere contẽti. Postridie mane confestim cum ipso Prorege Canonicorũ sodalitas, quíque misericordiæ rem procurant, & ingens præterea oppidanorum vis, denique quotquot hic eramus è Socie-

M 4   tate

tate, corpori processimus obuiam. Turba
verò ad spectaculum effusa, parietes, fenestras, vias adeò conferta compleuerat, transitus vt redeuntibus vix pateret. Nonaginta pueri candidati præibant cum accensis
funalibus. Recta qua veniebamus via, multa passim erant odoraměta disposita. Feretri autě latera, fundentibus item odorem
argenteis duobus thuribulis cingebantur.

Magnus hominum concursus ad Xauerij corpus inuisendum. Hoc maximè modo corpus domū nostram
allatum, & statim in sacello, tectū, vt erat,
repositū est. ne detegeretur, nimia populi
multitudo fuit in caussa: quam ob ipsam
rem ne Prorex quidě contra cupidius institit. itaq; spe videdi amissa, paulatim, omnibus ferè digressis, pauci tantummodo viri,
ac fœminæ remansere, ostendi sibi cum lacrymis petentes, seq; nisi impetrata re domū abituros negátes. quorū precibus, præsertim quòd iá turba, strepitusq; resederat,
cessit deniq; Melchior; cancellos, ne sacellū
ingrederentur, obiecit: exclusis introspiciědi corporis potestaté fecit. Sextus decimus
tum à morte Xauerij mensis agebatur. eo
læti spectaculo cùm rem diuulgassent; tantus denuo concursus est hominū factus ad
nos, idě efflagitátiů, vt neq; negari diutius,
neq; p ipsos tres vel quattuor dies, cōfluentium die, nocteq; ad spectaculū turba summoueri

moueri potuerit, cùm quidam non semel vidisse contenti, iterũ iterúq; reuerterētur. Melchior deinde arcam, cùm iam satis in aperto fuisse videretur, prope altare loco certo reposuit, & claustro muniuit. nos cùm è corporis præsentia magnam lætitiam cepimus; tùm verò maiorem ex eo q, animam pro nobis deprecantem assistere Domino credimus. Et sanè multùm ei debemus fratres mihi carissimi, propterea quòd laboribus, ignominijs, iniurijs perferendis, quibus ille rebus ingentem vim animorum ad semitam veritatis adduxit; parientiæ documenta nobis reliquit egregia; & ab initio vsque ad extremum tanto animi vigore, atque alacritate perseuerauit; vt ijs, quæ de illo subinde nuntiabantur, quasi ea vires humanas excederent, vix fides ab hisce hominibus haberetur. Id adeò vitæ ipsius exitus comprobauit. diem quippe clausit vltimum in regno, vt dicebam, Sinarum, in monte deserto, in tugurio è paleis, & arborũ ramis raptim extructo, commodis huius sæculi æquè inops ab omnibus, atque cœlestibus affluens DEI solatijs; cui, dum viueret, tanta cum fide seruierat. Ac Lusitani, quos memoraui, qui secus mare diuersabantur, cognita Xauerij valetudine, cùm ad eum in montem ascen-

Xauerius virtutum exemplum reliquit.

Vbi Xauerius finierit vitam.

M 5 dissent,

dissent, defectú iam viribus inuenerunt, &
morienti affuerunt. Petrus Alcaceua, cùm
ex Iapone veniret, locum est contempla-
tus, montem ait esse admodum editum,
arboribus frequentem. obijt ille 4. Non.
Decembris. Anno Domini 1552. Venio
nunc ad alia, quæ apud nos postea contigere. Lusitanus ille, quem olim in Iapone
cum Xauerio versatum fuisse antea de-
monstraui, negotia cum Indis, Iaponijs,
Peguensibus, Sinis contrahendo, ad am-
plam pecuniam multis annis re bene gesta,
peruenerat. Is, ex quo die aduehenti corpus
onerariæ cum nostris occurrit; nostrá omnium, sed præcipuè Melchioris amicitiam,
& consuetudinem studiosius expetiuit.
Fanum est Virginis matris Goæ, trans fluuium: eò cum Melchior fortè sese conferret, hominem secum duxit. ibi dum vná
morátur, interea Melchior ab eo multa de
rebus Iaponijs, de regione, de moribus sci-
scitari. Ille cùm respondisset ad omnia, tùm
illud præsertim addidit de spe religionis
Christianæ in eam insulam inducędæ (planè vt cerneres afflatum esse diuinitus) eam
se Iaponiorú indolem perspexisse, vt in orbe terrarum vniuerso nusquá prorsus opera locari posset vtilius. sibi quidem maiorem vitę partem in augenda re familiari esse

Lusitani mercatoris pium studium ac desiderium.

se consumptam, seque iam ad capiendos industriæ suæ fructus Lusitaniam cogitare: veruntamen quod intelligeret, quantum in Iapone profici posset, si Melchior eam prouinciam suscipere in animum induceret; iam tum relictis omnibus vna profecturū, vt vitam in tam pio negotio poneret: sumpturū ex omni sua pecunia non plus, quá tria vel quattuor aureorū millia, ad ędes extruendas in vrbe Iaponis nobili, in qua vrbe Cosmus Turrensis cōmoraretur, cui Rex eius ipsius rei caussa ędificium quoddā iam asignasset. Melchior cùm videret non sine diuino consilio fieri, vt virū diuitijs affluentem tanto præsertim labore quęsitis, tantus honoris Dei zelus teneret; constituit vicario sibi suffecto Iaponē petere: sed à Prorege ne impediretur timebat, ad eum igitur venię caussa simulac in vrbe redijt sese contulit, & q̃ suauis Dn̄i dispositio clarius appareret, in ipso ianuæ ingressu commodùm offendit Prorege litteras Iaponij Regis legente, in qbᵒ erat scriptū, q̃ illi grata Sociorum nostrorū esset opera in Euangelio promulgādo, quantū in suo regno ꝓfecissent; atq; ꝓficeret. Cōspicatᵒ Prorex Melchiorē adueniente, cōtinuò anteuertēs: Quid agis? inqt: cur Iaponē omittis petere, terram vsq; adeò feracem? ob id ipsum, respondit Melchior,

chior, ad te venio. quod tibi quoniam probatur; nulla mora interposita, me ad profectionem parabo. itaque domum reuersus, breui explicatis rebus omnibus, salutato Prorege, & summa cum beneuolentiæ significatione Socijs valere iussis, profectus est, sacerdote vno, fratribus quinque, totidem pueris à doctrina, comitibus. In Iapone ergò versantur hoc tempore è Societate nostra duodecim, & pueri à doctrina quinq;. quàm bene in ea insula res procedat, meliusq; sit sperandum in dies, qua prudentia incolæ sint, qua constantia; dynastæ verò, ac Reges ad Christiana sacra suscipienda quàm propenso sint animo, (id quod ex quo tempore Xauerius insulam attigit, perspici potuit) ex Cosmi Turrensis epistola cognoscetis. Goa 9. Kal. Ianuar. 1554.

Sociorum numerus in Iapone.

Libri Primi Finis.

DE IAPO-
NICIS REBVS
EPISTOLARVM
LIBER SECVNDVS.

DVARTES A SYLVA
Societati IESV Goam.

AMANGVTIANAS
res primū, deinde verò Bungenses ad Diuinæ maiestatis gloriam hac epistola persequar. Postquam à nobis Petrus Alcaceua discessit in Indiam (discessit autem Octobri mense, Anno Dñi 1553) Amangutium veni cum Cosmo Turrensi. ibi ex familia Regia multi insignes ac nobiles, & cum eorum singulis 15 alij fermè, vel 20 Christiani sunt facti. ad eum numerum accessere Meacenses Bonzij duo, quorum alter, earum legum in primis peritus, multa percontatus à Cosmo Turrensi, totam illi suam vicissim de mundi opifice, deque hominis anima sententiam patefecerat, cuius erat summa, nullum esse planè rerum omnium conditorem, Veruntamen ipse-

Amangutij multi etiam nobiles facti Christiani. De duobus Bonzijs conuersis.

ipsemet conditor suam illi gratiam impertiri dignatus est, vt quanto versaretur in errore, & quàm essent vera, quæ à Cosmo dicebantur, liquido cerneret. itaque Dominum DEVM nostrum ex animo colere statim decreuit. id quo melius faceret, omnibus rebus, quibus ad eam diem vtebatur, abiectis, exiguum sibi tectum, aliqua ex parte à nobis adiutus, cum Socio suo Barnaba extruxit, vbi moratur vterque, & victū sibimet suis manibus operantes quærunt, nihil è domo nostra, nihil aliunde gratis accipiunt; vnam acquirendæ virtutis rationem sciscitantur à nobis, in qua, nouellæ veluti plantæ, adeó feliciter crescunt, vt mei me sanè ex eorum comparatione pœniteat. Eodem tempore Iaponius alius quidam ad DEVM conuersus est, vir magna humanitate, ac iudicio, annos natus plus 50. & quamuis, ante quàm constituit CHRISTIANA sacra suscipere, diaboli tentationibus adeó vexatus est, vt in morbum incideret; postea tamen quàm DEO sese commisit; manna absconditum affatim hausit, & nunc de pristina sua impietate déque excellentia diuinæ legis loqui non desinit. Is nouo nomine Paulus appellatur; et quod magna prudétia, & ingenio præditus est, & nihil vnquam adorauit

Paulus quidam Iaponius conuersus multis prodest.

uit in vita (nam Iaponiorum superstitionem inane semper nescio quid iudicauit) suo exemplo multos ad religionem impulit Christi; cui ille haud sanè fictè dat operam, siue transferendis in patriam linguam scriptis quibusdam, (qua in re valet plurimum, & stylus eius valde probatur) siue alijs mortalibus ad veritatis viam trahendis; praesertim verò confirmandis, ac retinendis in fide neophytis, quos antea tam vehementer insectabatur. Vxor eius, & filij sunt iam Christiani, cum ipsius fratre non minus ingenioso, & ornato, alijs praeterea ipsius affinibus, & amicis.

Septuagesimum vel 80, alius circiter annum agens, vir nobilis, ac dynasta, superstitionem suam cum CHRISTIANA religione commutauit; idolorum ante id tempus cultor egregius, quippe cui simulacris humi de more statuendis venerandi caussa, prae assiduitate laboris occalluerant manus. nunc verò tanta ei lux veritatis oborta est, vt de laboribus ab se frustra susceptis, deque sua coecitate verba facere nunquam desinat. is idolorum loco templum aedificare decreuit, quo CHRISTIANI ad sermones inter se de cultu diuino serendos augendae pietatis caussa conueniant; & vniuersis, qui sub imperio

De sene quodam conuerso.

rio suo sunt, omni conatu persuadere constituit, vt ad baptismum accedant: quo lustratus est eius quoque filius annos natus 30, qui domum nostram Christianę doctrinæ, & sacrorum causa ventitat. Tria passuum millia distat ab vrbe Amangutio vicus quidam, ibi ad quinquaginta, vel sexaginta neophytos rusticos operarios omnes, tantum rerum diuinarum studium ceperat, vt litterarum prorsus ignari, litteratos homines populares suos argumentando conuincerent. Quin etiam eius loci Bonzius ipse, cum illos sæpe sermone atque altercatione lacesseret, turpiter ab ijsdem superatus, ac victus, existimationi suæ deniq; migrando consuluit. eius discessu neophyti valde leuati sunt. Ijdē pariter vniuersi certū in locum sæpe se conferūt, vbi de cultu diuino disseritur, admonentq; inuicem sese, & ad fidem, ac religionē hortantur. Verùm de statu rei Amāgutianę plura cognoscetis ex epistola Cosmi Turrensis, quā misit Bungum; ex qua ego hæc quæ sequuntur excerpsi. Ex hisce pauperibus multi facti iam sunt, fiuntq; semper aliqui Christiani. ijdē pcationes tenent, easq; ad ianuā ferè quotidie recitant: tùm singulis caxa (quod monetæ genus est) in eleemosynam datur: qua re illi admodùm læti, & Domino gratulantes

Rusticorū arator in tuēda fide.

Quæ ratio pauperum habeatur.

lantes domum sese recipiunt. ijdem, Dominicis diebus, cùm in ordinem discubuere, qui Christiani ad sacrificium veniunt; aliquid ijs præbet, eleemosynæ caussa: Itaq; & illi beneficio gaudent, & Christiani rei totius dispositione, atque ordine delectantur; & omnes in vniuersum agunt Domino gratias; cuius sibi munere, anteactæ ipsorum vitæ fœditas patuit. Paulus & Barnabas Meacenses Bonzij duo mirabiliter in fide proficiunt. Faxit Dominus, vt ad finem vsque perseuerent. Die qui fuit DD. Cosmo & Damiano sacer, vespere mortuus est Ambrosius Eunadus Faisumi*, Regis œconomus. eius funeri mecum interfuere plus 200. sexus vtriusque neophyti, signum crucifixi vnus è neophytis præferebat; & quoniam demortui domus à nostra plurimum aberat, pompa mediam per vrbem necessariò ducta est. Efferebatur autem corpus admodum excelso feretro; tantáque funalium multitudine, vt ipsam diei lucem repręsentarent; terræque quanto potuimus apparatu cæremonijsq; mandauimus. Cōmouit ea res aliquantum ad impias sectas deserendas cognatos ipsius, & maiorem ciuitatis partem: quas quidem sectas planè relinquerent, si diuinæ legis interpretum hîc foret copia. Vxor autem eius continuò

Sepultura Ambrosij Eunadi.

pau-

Cura pauperum.

pauperibus fecit benignè: nam et ipso quatriduo præbuit ipsis epulum, & è domestica suppellectili multa distribuit. in ijs etiam vestem sericam, ex qua conficietur pecunia ad ædificandā illis domū in area, quam idcirco nobis neophytus quidā attribuit. Hoc eius recte factū, ceteraq; neophytorū erga inopes beneficia, quibus bis térue cibaria singulis mensibus largiuntur, cōpenset Dominus, quem vos rogate fratres mihi carissimi, vt hæc ab illis fiant, nullā ob aliā caussam, nisi vt eidem placeant: & simul in officio me sua benignitate cōfirmet.

Domus ea, cuius meminit Cosmus, perfecta iam est. Absolutum est opus, 5. Kal. Iulij, et diebus aliquot ibidem sacrificatum, sermonesq; de ipsius fundatione sunt habiti. Hactenus de rebus Amágutianis. Nūc *Crimina in Socios confcta.* ad Bungenses venio. Anno 1553 nostri lapidationibus ibi malè accepti fuere, confictis in eos criminibus, quòd carne vescerentur humana. Sed Rex caussa cognita, rem totam breui compressit, dispositis custodiæ caussa circa domum nostram interdiu, noctuque vigilijs. atque ea sanè præclara fuit neophytorum probatio: quippe qui nos, quò maioribus cinctos videbant angustijs, eò maiorem ipsi firmitudinem animi constantiamque præseferebant. Eo tempore
mul-

multæ ad neophytos conciones; multæ contra Bonzios disputationes habitæ sunt, qui victi, cùm quid agerent non haberent, insigni mendacio populum onerarunt, nulla re scilicet CHRISTIANAM à Iaponia religione differre. Res erat sanè periculosa. itaque nostri diuinæ gloriæ zelo inflamati; nil aliud per eos dies docere populum institerunt, nisi hæ duæ religiones quantopere inter sese differrent: legé quippe Iaponicam fabulis atque mendacijs; CHRISTIANAM verò planè certissimis niti principijs. Atq; ob id ipsum Balthasar Gagus librum Iaponico sermone conscripsit, ac dedit Regi, quem Rex corā se, suisque consiliarijs recitatum, ac vehementer probatum, suo signo obsignauit, atq; ad Balthasare remisit, iubens ei renuntiari, se libri eius exemplum descriptū habere apud se, proinde exemplar obsignatū vt erat ostenderet magistratibus, vt eos perspecta Christiana veritate et doctrina beneuolos & amicos haberet. Ex eo tempore adhuc in pace fuimus. Bonzij in Dominū *Bonzij ad* credidere complures. in ijs quidam legis- *fidem ve-* peritus ex eorum ordine, qui commenta- *niunt.* tionibus vacant, noster antea vehemens aduersarius. huic ita deinde clarum veritatis lumen affulsit, vt in exquirendo

Christiani hominis officio nunquam defatigetur. Tanta verò tranquillitate fruitur animi; atq; ita Dei beneficia ipsius hærent infixa memoriæ, vt pro ijs, à quibus Christiana mysteria didicit, & à quibus huc missus est, denique pro cunctis Euangelij præconibus preces ad Dominum assidue fundat. Anselmus est quidam dominus vici non lõgè ab vrbe positi. is, vt vxorem ad cultum Dei traduceret, anno superiore venit ad nos, & Balthasarem domum suam adduxit, qui fœminam, & domesticos omnes, aliosque complures necessaria ad religionem rudimenta edocuit, & conuertit ad Dominum. Horum exemplo tantus in reliquis eius vici incolis motus animorum est factus, vt omnes ferè Christiana iam sacra susceperint. Vicus est alius, decem leucas ab vrbe; illuc item anno superiore lucri caussa se contulit neophytus operarius quidam, Antonius nomine: ibique reperit hominem, qui ab dæmone septem iam diebus ita præfocabatur, vt nihil neque esculentum, neque poculentum per fauces posset demittere. Hunc miseratus Antonius, et simul recordatus latronis eius, cui culpam suam suppliciter agnoscenti Dominus noster IESVS CHRISTVS peccata remiserat; aquam in vas infundit,

Anselmus quidam alijs conuertendis dat operam.

Antonius neophytus liberat obsessum à dæmone.

expi-

LIBER II. 99

expiatq́; manu sua per signum crucis. dein
de hortatur ęgrotum, vt peccatorū suorum
agat pœnitentiam, & credat in eum, à quo
& conditus fuerit, & salutem possit accipere. Annuit ægrotus, & continuo porrectum
sibi poculum aquæ totum penitus hausit,
appositumque orizæ paulùm, sine labore
comędit. Quæ res ægrotum ita permouit
vt cùm primum per corporis vires liceret,
ad nos conferre sese Christianæ religionis
suscipiēdę caussa decerneret, itaq́; fecit; omnem superstitionem abiecit, Christianos ritus, ac precationes edidicit, paucisque pòst
diebus est mortuus. Alium etiam conuertit
ibidem Antonius, claro admodum genere
natum. Lucas nouo iam nomine dicitur. Is
cùm baptismi caussa ad nos venisset, postea
quàm ablutus est, Balthasarem domum
suam cū Ioanne Fernande, Antonioq́; perduxit. ibi dies aliquot instituendis, bapti-
zandisq́; ita multis vacarunt, vt ex vna tantùm Lucæ familia 60 capita (in his vxorem Lucæ, duosque filios virili iam ætate)
cœlesti lauacro purgauerint. Quorū tanta
constantia, tantum animi robur apparuit;
vt suo exemplo alijs ad fidem trahendis
numerum deinde 300. impleuerint. Annus circiter agitur, cùm quidam oculorum
acie sanè debili baptizatus est. is DEI be-
nigni-

EPISTOL. IAPON.

Oculorum lumen per baptismum restitutum est.

nignitate factum est, vt vnà cum animi lumine oculorum quoq; lumen reciperet: etenim continuò clarè cœpit videre. cuius rei fama cùm latius manasset; Iaponiorum ad nos concursus hinc inde statim est factus, partim cœcorum, partim vario morborum genere, vt lepra, febri, alijsque huiusmodi laborantium, in quibus Dominus pro sua sapiétia, cœlestis numinis vim sępe declarat. Quod vt facili⁹ cognoscatis, nonnulla referam, quæ in hoc genere contigerunt. In popularibus neophyti illius, quem ex oculorum debilitate repente conualuisse docuimus; iam inde ab ipso abauo quidá hæreditario veluti iure, & quasi per manus acceperat, vt à dæmone torqueretur. atque is impetrandæ salutis caussa in victimas, & impia sacrificia patrimonium pæne consumpserat. Verùm dæmones idolis inhabitantes, quò maiores sibi honores haberi cernebant, eò vexabát hominé grauius; nec illius tantúmodo cruciatu contenti, arreptum ipsius quoq; filium annos natum 30 adeò malè accepere, vt multos dies nihil omnino gustaret, nec iam patrem, vel affines agnosceret. Balthasar vbi id resciuit, contulit eò sese, cumque filium in ipsis tormentis offendisset, iussit eum Diui Michaelis nomen pronuntiare. paruit ille, &

Dæmoniorum liberatio.

in

in ipsa pronuntiationis clausula tam vehementer intremuit, tanta cum gesticulatione, motuque membrorum, vt qui astabant, rei miraculo perhorrescerent. Verùm diuinæ placitum est bonitati, vt simul atque illa verba super eum Balthasar effatus est, scilicet: In nomine Patris & Filij & Spiritus sancti; à nequissimo spiritu liberatus, continuò & cibum & vsum mentis, rationisq; reciperet. Deinde verò vnà cum patre CHRISTIANA rudimenta edoctus, vterque sacro fonte lustratus est, ac filius quidem, Michaëlis: pater autem, Pauli nomē assumpsit. Paucis pòst diebus, eiusdem Pauli filia, soror Michaëlis, ad templum nostrū accessit quæ item, 30, iam annis malè à dæmone habebatur. Ea cùm velle se Christianam esse dixisset, dum illi benedictionis formula traditur (hora meridiana erat circiter) vehementi pariter ipsa timore corripitur. Tùm Balthasar ad exorcismos confugit, cœpitq; mulieri suadere, vt nomen IESV, nec non D. Michaelis pronuntiaret. illa verò discruciata grauissimè, ore cōpresso, voce veluti in cantū soluta, respondit, si, Xacæ et Amidæ, qui legē dedere Iaponijs, idola repudiarentur, nemine adorandū esse præterea; neq; verò se cuiuspiam vi, ab eorum cultu posse deduci.

Postridie (qui dies fuit Beatissimæ Virgini sacer) templo Christianis referto, cùm mulier quoq; adesset; Balthasar sacro peracto, quæsiuit ex ea quomodo sese haberet bene cùm respondisset; Diui Michaelis nomen profer, inquit ille: Tùm fœmina denuo tremere, labiaq; constringere. dæmõ autem ex illa iam, inquit, abeo; verumtamē quoniam tribus iam ætatibus. patris videlicet, filij, nepotisq; domicilium mihi in his ædibus collocatum obtinui, propterea nolo discedere. Instare Balthasar iterum, vt D. Michaelem appellaret. tùm energumena, enimuero id esse iam putidum, ac molestum; mox etiam contracto vultu, cum lacrymis, Quo migrē igitur? inquit. Cùm in eo statu res esset, Christiani, qui aderant, in preces dedere sese, nec ita multò pòst spiritus ille nequam erupit, mulier autem valde leuata est atq; integra prorsus mente, potum petijt, porrectamq; sibi aquam lustralem seu benedictã, ebibit. Tùm iussa dicere IESVS, MARIA, tam suauiter pronunciauit, vt vox Angeli videretur. Ex eo tempore nunq̃ deinceps à dæmone vexata est, iáq; Christiana sacra suscepit. Qui ægroti huc deuenere, ex ijs ad 300 iam Christiani cernuntur. quorum sermones inter se de beneficijs à Dño post baptismum acceptis, operæ pretium

LIBER II.

tium est audire, dū hic patientiam in morbo ferendo, ille recuperatam prope valetudinem prædicat. solent autem huiusmodi ægroti decem alios, quindecímue singuli ad Christianam religionem secum adducere, quorum corpora non alio medicamento curantur à nobis, quàm aqua benedicta, cuius virtus in hoc regno multis experimentis; præsertim verò in oculorū curatione, quibus Iaponij vulgo laborant, est comprobata; vt eius petendæ caussa à leucis 10, vel 12, vndique concurratur ad nos. *Aquæ benedictæ virtus in curandis infirmis.*

Hoc anno, qui post Christum natum est 1555, in hac æde sacra Bungensi à die cinerum vsque ad Paschæ solennia, conciones quotidie cum sacrificijs habitæ sunt, tanta neophytorum frequētia, vt eos domus nostra non caperet, tantoque animi ardore, nonnulli vt è pagis pridie domum nostrā venirent quò postridie manè ad tempus concioni adessent; nonnulli autem ad templum duabus ante lucem horis accederet. quibus rebus homines ita vehementer inflammabantur, vt quotidiè ferme deni, duodeni, vel etiam viceni post catechismū fierent Christiani. Itaque baptizati sunt eo toto Quadragesimæ tempore, 400. A Paschalibus ferijs vsque ad Pentecosten, eodem feruore ac studio cōtinuatæ sunt quotidie conciones, neophytorum rogatu, qui propitiandi Domini caussa mysterium cōfessionis sanè quàm diligenter frequentat; quorū vitæ, morumq; immutationem post baptismum, noti affinesq; eorū valde mirantur, quippe vt quisq; maxima pro Christi nomine ignominia afficitur, ita se beatissimum putat. Quidam etiam cùm initio conuersionis, nonnullo pudore territus latitaret, ita se nūc palam penitus in caussam Christianam tanta sua cum delectatione demisit, vt verbo Dei potius quàm cibo sustentari, aliq́ue videatur Cæremonia quoque nostra funebris magna cum admiratione probatur à barbaris: vt funus quod primum duximus, hominum plus tria millia spectandi caussa celebrauerint. cùm autem pauperibus æquè ac diuitibus honorem à nobis vident haberi, tum verò legi Domini Dei nostri simile nihil fatentur esse, atque lex ea sanè latè vagatur in hoc regno Bungensi. nam præter vrbanum neophytorum gregem, Iacali 50. vel 60. Siquidi totidem, Quinctani (pagorum hæc nomina sunt) plus 200 visuntur; neophytus quidam est, quem ceteri ob eius virtutem parentis loco venerantur, & colunt; qui sæpe ad sacrificia & conciones huc

Neophytorum feruor & constantia.

Cæremonia funebris.

huc venit. Is ea loca circumiens, ceteros ad officium cohortatur & animat. Superioribus diebus Balthasar Gagus cum Ioanne Fernande Firandum profectus est ad Lusitanorum qui ibi erant, confessiones audiendas. Rex autem ante quàm discederet, venit ad nos, iussitque Balthasarem de commeatu sine cura esse; daturum se qui eum prosequeretur, & omnia ad iter necessaria compararet; idemque, si Balthasar vellet, præstaret in reditu; præfectis etiam, quacunque transeundum esset, iumenta & cetera quæ opus forent; se imperaturum. Eum nunc in singulos dies expecto. mecum hîc de neophytis remansere senex quidam, Antonius nomine, 50. vel 60. agens annum: & alij præterea quattuor vel quinq; homines impigri ad necessaria negotia obeunda.

Scriptis iam litteris, ex Idapago non longe ab vrbe posito mulier quædam cum marito ad hoc templum baptismi caussa se cōtulit. Sed vterque, quòd Balthasar aberat, domum suam re infecta consilioque pænè mutato reuertebantur. Id vbi cognouit Antonius is quem modò nominaui, me appellauit, vt preces ab omnibus, qui aderant, ad Dominum pro vtroque eorum habendas curarem. itaque

dum

dum orationem Dominicam elata voce multi recitamus, conspecta mulier est adeò vehementer intremere, vt illam ipsi tres homines regere & continere non possent: dentibus verò tam acriter infrendebat, vt viderentur effringi. interea constrictis ipsius manuum digitis, mulierem signo crucis, & aqua benedicta lustrabat Antonius; nobis ex altera parte in oratione Dominica & Angelica Salutatione perseuerátibus. Post hæc mulier aliquantulum consopita, simulatque expergefacta est; iussa dicere, IE-SVS, MARIA, Primùm veluti indignabunda pronuntiauit: tum ei manus arctius iterum vinciuntur, precationi simul omnes insistimus: nec ita multò pòst fœmina dolere manibus, & lamentari, & rogare vt sese quàm citissimè soluerent. Deinde pia admodum voce proferens, Iesus, Maria, verum creatorem suum adorare se dixit, grauemq́; sese peccatricem agnoscere. Eadem mihi postea affirmauit se toto septennio cordis ingentem sensisse grauedinem, sed iam ea leuatam, & exhilaratam esse. Postridiè mane cum marito discessit; reuersurus ad baptismum vterq́; cùm primùm Balthasar Firando redierit. Mihi sanè magnam tota res attulit voluptatem, & ex eo die planè alia mulier atq́; antea visa est.

multa

multa præterea in hac regione geruntur à Domino, qui nos pro sua bonitate idoneos vineę suæ cultores dignetur efficere. Bungo 12 Kal. Octob. 1555.

BALTHASAR GAGVS Societati IESV.

ANNO Domini 1552. Iaponis insulam attigi, ac de rebus ijs quæ mihi in itinere, quæue deinceps contigerant, tum ex ipso portu Sinarum, tum etiã ex vrbe Bungo (quod meum est domicilium) ad vos litteras dedi. Hanc autem epistolam scribebam Firandi, quo me Duartes Gamma per litteras magnis precibus euocauerat, vti suam suorumq; confessionem audirem, neophytos consolarer, aliosque permultos cupientes, aqua salutari perfunderem. Itaq; Bungo confestim in hũc portum Cosmo Turrensi autore decessi: è quo scribam nonnulla ex ijs, quæ in hac regione geruntur Dei benignitate, sed breuiter, quia nautæ festinant.

Locis duobus huius Terræ præcipuis, areas duas habemus amplas, & singula vtrobiq; ædificia, alteram scilicet Amangutij, quæ vrbs permagna in medio totius insulæ ad Septetrionem est posita; Bungi verò alrò alteram, quod oppidũ Amangutio leucas 5 & 40, in meridiē distat. Amangutianam Cosmus Turrensis cum Ioanne Fernande duobusq; bene versatis in religione Christiana Iaponijs incolit, ego verò Bungensem. & Cosmus quidē cùm esset antea obeso corpore, nunc partim senio, partim etiā (quæ huius agri sterilitas est, macie pænè consumptus videtur. quippe oryza exigua, & oleribus, aut leguminibus vescitur: piscibus autē rarò, quòd Amangutiũ abest à mari leucas 30. caro autem ibi ferè non gustatur, nisi si quando (quod perrarò fit) sylvestres feræ capiuntur à venatoribus. nam cicures nec mactant, nec nutriunt edendi caussa Iaponij, sed tamen longo iam vsu Cosmus paulatim huiusmodi cibarijs assueuit. Amangutianorum ecclesia Christianorũ duo circiter millia cõficit, qui diebus festis assiduè sacris missarum intersunt, concionesq; audiũt, quas habet Iaponicè Ioannes Fernandes in ea re præcipuo quodã Dei beneficio excellēs. Amãgutiano regulo Cosmº admodũ æquo, neophytis verò valde beneuolis, dictoq; audientibus vtitur. sunt enim Iaponij ad honestatē ꝓpēsi, beneq; morati, vt etiam honoris caussa nos sui similes dicãt videri, Sinas verò planè despiciũt, maximè verò sunt bellicosi, etenim armorum vsu à teneris exercentur.

Amangutianorum Christianorum duo millia.

Bungi

EPISTOL. IAPON.

LIBER II. 104

Bungi cùm Rex aream nobis dedisset, domũ in ea, templumq; cum excelsa cruce construximus. Habentur in eo quotidie sacra missarũ, & sermones. itaq; neophytorũ, qui in vniuersum 1500. numerũ explent, tāta sedulitas est, vt eorum cõplures diem nullũ, quin adsint, præterfluere patiantur: Diebus verò dominicis ita multi cõueniũt, vt domus eos non capiat: festis autē præcipuis multò plures, quippe in nostris ædibᵘ ipsam etiã diei festi vigiliã peragunt. Sed omniũ maximè ꝑficiũt pauperes, quippe qui apud seculũ, seculiq; fautores minimũ obtinent gratiæ. Facit ad eos verba Iaponicè sodalis noster Duartes à Sylua, nec nõ etiam è neophytis ipsis interdũ, si qui rerũ diuinarũ intelligentia præstant. Paulus quidã præserim; quem Dñs præcipuis ad hoc munus ornamentis instruxit. is cùm præclarè popularium suorum errores, diaboliq; in eis decipiendis versutias calleat; tam prõptus est Christianæ pietatis defensor, vt Iaponios mira facilitate conuincat; superstitiosa ipsorũ mendacia, & religionis nostræ veritatem illis aperiat. Eum ego mecũ vnà Firandum adduxi, vbi neophytis operam nauauit egregiam. Vestris eũ vos precibus fratres mihi carissimi Dño cõmendate. ꝑfectò. n. ad curationē animarũ idoneus est.

Neophyti mille quingenti.

Porrò

Neophyto- Porrò neophyti spiritalibus exercitationi-
rum exer- bus ita excolūtur à nobis, vt sacrificio mis-
citationes. sæ quotidiè intersint, diebus verò dominicis
audiant verbum Dei. Peracto sacrificio, ter
Dominicam orationem, ter salutationem
Orationis angelicam pro bene meritis, pro ijs, qui na-
studium. uigant, pro statu & amplificatione catholicæ in his partibus Ecclesiæ, supplices recitant. Quadragesimæ tempore cùm apud
eos esset hoc anno Ioannes Fernandes, o-
rationem dominicam, & sanctissimum eu-
S. Eucha- charistiæ mysterium declarauit, cuius qui-
ristiæ ve- dem mysterij tanta illi veneratione, deside-
neratio. rioq; tenentur, vt multi ex ijs, qui maximè
sunt in rebus sacris assidui, cælestem illum
sibi porrigi panem à me magna cum deuotione atq; humilitate petierint, vtpote
magnopere necessarium, quo corroboren-
tur in fide. nam quod ad præparationem
attinet, sese quidquid mihi visum fuerit, facturos esse recipiunt. Exequiarum autem
Exequiarū vniuersa ratio nostra hæc est: primùm qui
ratio. moriuntur, eos, antequàm extremum spiritum ducant, de rebus ad salutem necessarijs commonefacimus, & animamus: mor-
tuis deinde feretrum neophyti exornant; si
mortui tanta forte inopia sit, vt in funus
pecunia desit, collata viritim stipe, quæ necessaria sunt, aliqui comparant, feretrum
serica

serica opertum veste quattuor viri tollunt. Frater noster amictus superpellitio, signum crucifixi gestat, quem comitatur puer cum aqua piaculari seu benedicta. Tum deinceps ego sequor non sine litanijs, mihique voce praeeunti (neque enim hîc nobis, vt in Europa clericorum est copia) neophyti ipsi respondent: multae vndiq; laternae collucēt. Antequàm domo efferatur cadauer, precationem vnam ego recito, deinde oratione Dominicam vniuersi concinimus, idemq; fit ad sepulchrum. postridie neophyti ad templum redeunt cum candelis accensis, ego super tumulum, è responsorijs, quę appellantur, vnum elata modulor voce. Itaq; crucem inauratam cum artificiosa Christi pendentis effigie, basiq; desidero, quam in huiusmodi pompis erectam, excelsamque gestemus; quibus hi barbari tātopere permouentur, vt cogantur fateri nihil esse IESV CHRISTI legibus comparandum. & conuertuntur sanè ad Dominum aliqui, sed hi fermè egestate laborantes, vel morbo, vel à daemonibus obsessi, quorum Dominus animos primùm, deinde etiam corpora curat, alio pharmaco nullo, quā aqua, paneq; benedicto. Multa mihi in hoc genere scribendi materia suppetit, verùm tē poris angustijs premor.

O   Memi-

EPISTOL. IAPON.

Dæmonis fraudes.

Memini me superioribus diebus in energumenam incidisse, quam Dominus neophytorum rogatu ac precibus liberauit. ex ea dæmon carmina fundebat interdum Iaponica, quæ Iaponij sanè magni faciunt, studentq; perdiscere, tametsi illa quidem statim autorem per se ipsa demonstrant, nã vt eorum bona sint principia, media tamẽ, vel extrema virus eructant. Solet autem dę mon cùm versus huiusmodi enunciat, vel regis alicuius iã vita functi, vel etiam bruti cuiuspiam sibi nomen affingere, vt his cœci Iaponij inducti fallacijs, aut regem illum, aut brutum venerentur vt Deum. Atq; ea ratione in rebus creatis diabolus adoratur. Alio præterea fraudis genere dæmon Iaponios fallit. nam sæpenumero Bonziorum rogatu, cùm scilicet ijs pecuniæ ob eam rẽ, aut vestimenta præbentur; vel febrim sedat, vel è corporibus migrat: ita fit vt quamuis de illo malè Iaponij sentiant, nihilo minus eum aliqua ex parte suspiciant, metuant quidem certè, eiq; magno licet impendio honores quàm maximos habeant. Iam verò in somnijs quoq; dæmoni perfacile credunt. qui sanè per ministros suos vehementer laborat, vt insurgens in hac regione Christianæ ecclesiæ destruat ædificiũ, cumque alia ratione non possit, calumnijs nos oppugnat,

LIBER II.

oppugnat, nititurque persuadere Iaponijs, nos carne vesci humana. Verū misericors Dominus, qui suorum nunquam obliuiscitur, ex omnibus eripit nos, semperq; Dæmon è certamine discedit inferior.

Radices in hac terra dæmonis cultus iecit altissimas, decem circiter è Sinarum regione importatis hæresibus, quæ tamen ad duas præcipuè rediguntur. altera est eorum, qui sempiterna post morte & supplicia, & præmia dicunt esse; choros, & symphonias libris exercent, mortuorū manes conuiuio excipiunt, curànt funera, habent cœnobia cum campanis, & cellis, cinericijs quidam, atris alij vtuntur vestibus, multa cum superstitione exequiarum iusta persoluunt, quibus absolutis addunt ad extremū Fombexet, quæ Sinarū est vox, significatq;, Nugæ sunt hæc omnia. Itaq; ex ea voce nectitur quā dicebam, hæresis altera illorū, qui veluti pecora iudicio, & ratione carentia, nullum esse nec Deum, nec animum, nec dæmonem affirmant, & quoniam intima conscientiæ solicitudine vexantur; ad huiusmodi morsus sedandos, sine pudore vllo, metúue in omni scelerum, & flagitiorum turpitudine volutātur; quos cùm Deus iusti supplicij caussa omni libidinum turpitudine fœdari permisit, tum se (miseri) di-

Duæ sunt præcipuè apud Iaponios hæreses.

ri) diuinæ ignari iustitiæ, legum vinclis solutos, tum sanctos existimant, tum ad optatam curriculi metam se peruenisse arbitrantur. Atque hæc sanè mendacia, quippe quæ nullis fundamentis nituntur, cùm ceteris rationibus, tum ipsa vitæ, morumque fœditate facile conuincuntur. Bonzij, qui sectam tuentur priorem, chirographis quibusdam quæ sanè magno vendunt, cauere solent Iaponijs, nihil eos post mortem incommodi à dæmonibᵒ accepturos. Qui me Bungi primus excepit hospitio, is vnum apud se chirographum habebat huiusmodi, sed melius videlicet cauit illi Dominus, cũ eum familiamq́; ipsius vniuersam à Bonziorũ dolis ad baptismum traduxit.

Anno superiore montanus quidam honestus vir, Christianus est factus; cuius rogatu ad patriam ipsius accessimus leucas 9. ab vrbe Bungo, ibi præter eius familiam quæ 100. capitũ summam excedebat, alij præterea ad 300. crediderunt Euangelio, ij Christianũ eum, qui nos illuc deduxit eximia virtute hominé, venerantur vt patrem. Erat ibidé præfectus regius quidã insignis, qui cum de rebus diuinis admodũ copiose disserui, tantusq́; in eo animi motus est factus, vt in hæc verba prorũperet, Equidem cupio fieri Christianus, idq́ue reipsa statim per-

LIBER II.

perficere: sed quid Dñs meus deinde? quid dicat? quamq; id, quod docetis, cùm sit adeò certū, atq; perspicuum, profectò ne ipse quidé poterit Christiana sacra repudiare. Atq; vt ea, quæ sentiebat, præseferret palā, ad baptismū nonnullos ipsemet è suis domesticis incitabat. Itaq; asseclæ duo, quib⁹ ille præcipuis in administratione consiliarijs vtebatur, cœlesti lauacro expiati sunt. Postremò à nobis petijt, vt eò rediremus quotannis; populum vniuersum paulatim in Christi fidem esse venturum. itaq; hoc ipso tempore nos exspectat.

Firandi præclarè in præsentia Christiana res geritur. sacrificanti mihi quotidiè, concionanti verò Iaponicè Ioanni Fernandi, neophyti adsunt. quamquā Ioanne quidem carebūt propediem, exspectatur enim à Cosmo Turrensi, vt neophytos Amangutianos erudiat. mecum remanebit Paulus Iaponius, de quo dixerā ab initio, egregius iuuenis, tantaq; dicendi facultate & copia præditus, vt dies totos in sacris disputationibus sine vlla auditorum satietate consumat. Mirabile verò dictu est, quāto in rebus diuinis animi æstu zeloq; ferueat, quantaq; dexteritate Iaponios quid sequi debeant, quid fugere, edoceat. Firandensiū neophytorū numerus est iā fermè. 500. Regul⁹

O 3   autem,

autem, in quo magna ad Christianā religione propensio cernitur, areā nobis ad cœmiteriū Christianorū attribuit, in qua ipso exaltationis Crucis die solenni, summa & neophytorū & Lusitanorum, qui aderant, gratulatione, & alacritate crucis trophæa defiximus. Aloisius Almeida præter pecuniā ad excipiendos infantes collatam, vnguentū etiam centū aureorum pretio mittit Vlisiponē ad Socios nostros, vt coacta ex eo pecunia, tabulam ad exemplar, quod in charta delineatum est, quàm elegantissimo opere pingendam curent: summa quæso adhibeatur diligentia, vt ea tabula perfecta ad hanc Bungensem Ecclesiam perferatur, in Beatissimæ Virginis sacello valetudinarij quod à pietate nomen accepit, locanda. &c. Firando 9. Kal. Octob. 1555.

MELCHIOR NVNNES
Societati IESV in Europam.

ANNO superiore, susceptæ à me Iaponicæ profectionis huiusce consilium, aduentumq́; meum Malacam per litteras vobis exposui. nunc iter nostrū Malacā ad hunc vsq; portum Sinarum describā breuiter; nautæ enim properāt. Cùm varijs difficultatibus ab nauigando cohibiti, hyeti, hyemem totā in pijs obeundis ex instituto nostro muneribus Malacæ posuissemus, ego verò etiā in morbū Dño volente incidissem; non dum planè recuperata valetudine, paratā, instructāq; magno labore Carauelam (nauigij genus id est) conscendimus, tanto cū gemitu, luctuq; Malacensium, vt equidem indignitatis meæ conscius erubescerem. cùm leucas 12. à Malaca prouecti essemus; tempestas adeò sæua repente cooritur, vt vela disrūperet, sanè cōmodè: secus enim omnino vis venti nauigium demersisset. Posthæc ad fretum Sincapuranū in Syrtes scopulosas incidimus, & quidem in hostium ora, qui Lusitanos cōplures varijs, grauissimisq; cruciatibus paulò ante mactauerant. Hic nos cùm incerti spém inter metumq; fluctuaremus, reliqui verò de salute iam prope desperassent; scapham, eorundem rogatu consilioque conscendi ego cùm fratribus duobus, vt phaselum, seu vt appellant galeonem, qui paulò ante præcesserat, quærerem, eiusq; auxilium implorarem. Ac primis tenebris Maurorum Pantanaatū infesta nobis 50. apparuere na uigia: qui ita prope ad nos accessere, vt iam gratulātiū prędā inter se voces, clamoresq; exaudirentur. Tū verò necesse fuit ad arma spiritalia fidei, & precationis, bellica quoq;

Mauri Pantanaa-tes.

tormenta arripere, vt hostibus terrorem inferremus; atque vt quattuor Sclopettariorum species præberetur, igniti eminus funiculi ostendebantur. Verùm nobis Dominus, qui laborantibus præsto solet esse, subuenit. Etenim cùm in hostium potestatem pænè iā venissemus, ita phaselo appropinquauimus, vt eius metu pterriti Mauri cursum reflecteret. Tertiò periclitati sumus ad

Insula Palotima. insulā Palotimam: quippe, cùm Lusitani aquatū descendissent; nisi murmur exauditū esset opportunè, latentiū in insidijs Maurorum, venenatis vtiq; illorum occubuissent sagittis. In ea insula nostrorum è numero quattuor Mauri ad nautica ministeria in primis necessarij, fuga deseruere nauigiū, quæ res gubernatoris, præfectiq́; animum vsq; adeò perculit, vt ægrè ab ijs impetrauerim quo minus reuerteretur. Inde ventū est

Pataue. ad insulam Patauen, cuius incolæ iccirco Lusitanis erant infesti, quòd ab eo, quem dixi, phaselo capta ipsius insulæ præfecti nauis, & omnes quotquot ea vehebantur, occisi fuerant. Hic nostris è fratribus duo, cùm ad commeatus petendos in terrā descendissent, magnū adiere discrimen. Verū hæc omnia incōmoda mirū quanta animi alacritate, nōn modò fratres, sed ipsi, quos nobiscū vnà ducebamus, pueri exciperét. vt

satis

satis appareret quantum ex vna parte laboris ad nostram probandam patientiam permitteret Dominus, tantundem ex altera auxilij ad leuandas difficultates, ipsius benignitate præberi. Ineunte Maio mense, Pataue soluimus læti, quod primus deinde portus nobis Bungus Iaponicæ terræ videbatur futurus: quo in loco & Socij nostri, & multi Christiani præterea versarentur. sed vel nostris peccatis, vel dæmonis inuidi scelere, vel diuino consilio nos in ipso Pulonandaris medio sinu cursuque atrox adeo tempestas oppressit, vt nauis, dehiscente carina, ex ingenti fluctuatione, aquæ tantum acciperet, quantum assiduo diurno opere, nocturnoq́; exhauriri non posset. Tum præfectus, & comites Lusitani me per Deum obtestari, ne Iaponiorum salutem ipsorum vitæ, salutiq́ue anteponerem: eam sibi perspectam marium Sinensium, ac tempestatum esse naturam, vt si cœptum cursum tenere pergeremus, nobis pereundum esset omnino: itaq; eorū precibus coacti, ad Palotimam, quam initio nominaui, reuertimus: quanto nostro cum dolore, vos ipsi existimatis fratres, cùm tantopere expetitam à nobis nauigationem quasi retexere, ac reiterare cogeremur. Ad hæc ille quoq; metus animum angebat, ne inuisa Deo

O 5 nostra

nostra essent studia. cùm interea & nauigium aquam accipere non cessaret,& redeuntibus ventus nobis tam aduersus obsisteret,vt quadragesimo die,ni fallor,non plus quàm 40.vel 50. leucas remensi fuerimus. Verùm immensa Dei clementia, eos, qui ipsi confidunt, cùm in extremum venere discrimen, tùm subleuare maximè solita; diutius nobis opem ferre non distulit. Nam triduo pòst, quàm Palotimam ex reditu attigimus, eodem naues Lusitanæ duæ aquandi caussa, cùm ad Sinas tenderent, appulere. quarum præfecti rogauere nos,vt quoniam tam periculosè nauigaremus, vnà secum onerarias conscenderemus: transmissionem ab Sinis in Iaponem, DEO volente,non defuturam. quæ me res tametsi magnam in dubitationem adduxit, tamen vt aliquam Sinensis prouinciæ notitiam, & vsum acquirerem, & simul vt explorarem qua ratione posset aditus in id regnum Euangelio patefieri; statui denique magis è re CHRISTIANA futurum, si me ad Sinas ex itinere conferrem. Sed pridie,quàm in onerariam Francisci Tuscani è carauela transcendimus; grauius multò, quàm vnquam antea, vitæ discrimen adiuimus. Densis enim tenebris, intempesta nocte, procella

oneᵣ

onerariam tanto impetu nostram in nauigium intulit, vt parum abfuerit, quin id prorsus deprimeret. quo circa soluto statim retinaculo, quod nos onerariæ coniungebat, anchora iacta, in alteram nauem nostra multò humiliorem incurrimus, quam ne demergeremus anchorarios funes coacti præcidere, fluctuantes in saxa detrudimur, vbi naufragium faciendum, & moriendum sine dubio fuerat omnibus, nisi diuina bonitas (humani quippe præsidij nil supererat) præsenti periculo nos liberasset; cùm multi viuentes adhuc mortem suam lugerent, ac mirarentur Dei caussa susceptum iter, tot obstaculis retardari, non intelligentes videlicet, Dominum, quos diligit, eosdem corripere, & veluti aurum in fornace probare, quos eligit. Conscendimus igitur onerariam, & medio circiter Iulio ad Santianum insulam à Cantonio portu Sinarum celeberrimo, leucas 30. distantem, scopulosa quædam loca non sine magno naufragij periculo præteruecti; deuenimus. in ea mihi insula Dei benignitate cõcessum est, vt super tumulum, qui Francisci Xauerij quondam ossa contexerat, sacra missæ facerem. Et quod Xauerius dum viueret tanto labore

frustra

frustra quæsierat, id ego, ipsius apud Deum precibus scilicet adiuuantibus, nullo negotio sum consequutus, vt in vrbem Cantonis admitterer. Nunc de Sinarum rebus, quoniam id vobis gratum arbitror futurum, testis oculatus pauca perscribam.

Rerum Sinarum descriptio.   Sinarum regio multas in prouincias, vel regna diuiditur; quorum est celeberrima sua cuiusq; metropolis. Harum, auté, Cantonem omniũ minimam ferunt; cùm tamẽ (Lusitanorũ sententia quotquot eam vrbẽ inuisimus) Vlyssiponẽ incolarum frequentia superet: ædificia sanè bona, valida mœnia: viæ inter sese, ne furibus, ac maleficis transitus pateat, portarum claustris interseptæ. iam verò passim extructi cum inscriptionibus fornices ad mille vrbe tota visuntur: hæc enim fere administrationis suæ monimẽta magistratu abeuntes Regij præfecti relinquunt. quæ viæ fornicibus carent, ex quandam repræsentant amœnitatẽ hortorum, arboribus lætis ad ianuas ædium in ordinem insurgentibus.

Eorum quæ ad victum necessaria sunt, mira in omni genere copia in singulis vrbis vijs affatim venalia proponuntur. Circa mœnia nauigatur, magna aquæ vi in fossam vrbis è flumine deriuata. Cantonem euntibus iter est, per infinitam fermè planitiem,

tiem, & eam quidem irriguam, & optimā. nouas ter in anno fert fruges quæ in vrbem nauibus conuehuntur. Fructibus, animalibus, plantis, & cultu ipso regio est Europæ persimilis.

Fœminarum summa custodia. in publicum prodeunt tecta vndique lectica conclusæ, corporis ornatu sanè pudico. in adulterio deprehensæ capite puniuntur. Errones ac vagi vrbe prohibentur. certus ac suus cuique opificum ordini vicus est. Cum externis incolæ varia mercimonia, vt sericum, pretiosa fictilia, camphoram, cupiū, alumen, lignum Sinense commutant. Natio est ventri ac voluptatibus dedita: sed gubernandi ratio plane admirabilis. Singulis prouincijs noui tertio quoq; anno magistratus à Rege præficiuntur, non tamē indigenæ: quorum, ex ipso comitatu atq; ordine apparitorum & asseclarum, veneranda omnino maiestas imperij. Qui publicè ius dicit, ac veluti Prætor vrbanus est, Hexasi patrio sermone appellatur. Qui regiam pecuniam ac vectigalia curat & exigit; Ponchasi dicitur. Rei autem maritimæ & peregrinorum administratio, pænes Aitanem est. Accedit Chaën: cuius insignia, manus & oculus: munus verò, capitales Regis sententias, multasq; à cohorte Regia

Sinarum gubernandi ratio admirabilis.

gia confirmatas, curare exequendas; Regios ministros vel in officio continere, vel etiam (si malè se gerant) magistratu priuare. Porrò his omnibus quasi pro Rege præest Tutan: cuius tota prouincia potestas admodum est formidabilis: pileo sibi à Rege donato conspicuus, & vestimentis leone (insigne Regis id est) inaurato distinctis. hoc ille amictus ornatu, ipsa grauitate ac specie nostris Europę Regibus antecellit. eum nobis atq; etiã Lusitanis præfectis non nisi genu flexo, & eminus quidẽ alloqui licuit. habitat sumptuosè. qui ad eũ negotiorum caussa adeunt, ijs vt à ianitore admittantur, quid sibi velint, ad singulas fores elata voce pronuntiandum est. stipatores corporis habet permultos à Rege attributos. Et sanè hominum millia centum ad huius duntaxat Cantoniæ prouinciæ diœcesim, atque præsidium regijs impensis ali dicuntur. Arma lictorum, arundines igne tostæ sunt, cubiti vnius longitudine, latæ digitos quattuor: ijs nocentium pedes, leui quandoq; de caussa, acriter adeò atq; inhumanè diuerberant, vt quinquagesima plaga, damnatum vel prorsus interimat, vel certè fractis ossibus omnino debilitatum relinquat. Verberibus decem quidam, inspectante me, cæsus est: quæ mihi
ferre

ferre pro Christo si obtingeret; magnum scilicet præmium mihi paratum existimarem. Præfectis verò ipsis per vrbem sella gestari mos est, equi frænati sequuntur; magna præeunte satellitum manu, quorum alij, quas dicebamus arundines, alij ferunt clauam, alij pendente ex humeris tabella, sericis floccis ornata, magistratus imperium ac potestatem declarant. Hi omnes, in ordinem bini, turbam magnis clamoribus summouent, quæ vel in domos è via se proripit, vel etiam honoris caussa fores euerrit: in transitu verò mirum silentium.

Iam in his populis ad Dominū conuertendis, illa meo quidem iudicio, vel maxima difficultas occurrit; q̄d plebs nouæ religioni se addicere, nisi magistratibus approbantibus; magistratus, iniussu Regis, eam potestatem facere verebuntur. Veruntamen tota de re cogitanti duplex mihi ratio veniebat in mentem: altera quodammodo naturalis; vt cùm à Lusitaniæ Rege legatus ad Regem Sinarum fœderis atque amicitiæ caussa venerit; Sacerdotes aliquot è Societate nostra secum in hæc loca deducat; qui interea dum legatus Cantone subsistit (subsistere autem menses complures erit necesse dum à Rege responsum

sum accipiat, regia quippe vrbs, ad quam
flumine tenditur, distat hinc leucas fermè
quingentas) aliquam huiusce linguæ, le-
gumq; nacti peritiam, deinde per occasionem legationis eius vnà cũ legato in ipsam
vsq; Regiam penetrent. ibi cũ sese moresque suos genti probauerint, tùm denique
Regium diploma obtinere contendant,
quo populi à Christiana religione non modò non deterreantur, sed etiam ad eam vbi-
què sectandam à magistratibus animentur.
Altera est ratio, quę non tam humano consilio, quàm vnius Dei præsidio nititur; vt
duo aliqui è nostris in has oras delati, comitibus discedétibus ipsi remaneant; cùm
Euangelij promulgatione aliquot arundi-
num plagas æquo animo paciscantur; in
compitis ac plateis Christum palàm prędi-
care non dubitent. nec metu, ne si in carcerem quidem trudantur, ab incœpto desi-
stant. quamquam illud in ea re inesse videtur incommodi, quòd interpretes, quibus maximè est opus, nulli ferme reperiuntur, nisi prouinciales quidam adolescentuli, quorum neq; animi fortitudo, neq; prudentia, nec vita deniq; eiusmodi est, vt cum
ijs, muneris tanti pars vlla tutò communi-
cari posse videatur. Ac mihi quidem valde
fuit optatum, posse in hac regione consistere,

LIBER II.

stere, aut certè è Socijs aliquem discendæ linguæ caussa relinquere: sed meum hoc consilium impedit partim delegata mihi Iaponiæ prouincia, partim etiam solicitudo de nostrorum salute, quos in discrimen offerre non audeo, non facta à magistratibus potestate manēdi, ad quos tamen ego, licet oppidani affirmarēt me nihil tale impetraturum, frustra ea de re non semel adire tentaui.

Sunt autem Sinæ, quantum eo temporis spatio perspicere potui, ingenio ac iudicio bono; vtiq; meliore futuri, si Christum secuuti, nuntium remittant voluptatibus atque libidini, qua mentis acies magna ex parte retunditur: sunt etiam ad mechanica, & mercaturam idonei, & quæcunq; ad victum & cultum corporis pertinent. Animi verò immortalitatem, Deū vnum, æterna præmia ac pœnas ignorant; quo circa spiritalium rerū cura apud eos postrema. Sacrorum antistites eatenus in honore sunt, vt capitis tegumento in mitræ formā vtantur, mento & capite abraso, despicatissimū alioqui genus hominum. Nullum ex ijs, quamuis adhibita diligentia, reperire potui, qui me gentis cæremonias, & iura sacrorum doceret. Incolæ omnes idola apud se habent, quæ odoramentis duntaxat ac

Sacerdotes & superstitiones Sinensium.

P suffi-

suffitibus venerari mos est. Ad rem quamlibet auspicandā per sortes oracula exquirunt: eæ si tristes ducantur, idola videlicet vapulant. Ex quo ad Sinarū terram appulimus, Cantonem cōtuli me bis, qua in vrbe menses duos circiter posui, vt agerem de redimendis captiuis Lusitanis tribus, qui cum alijs Christianis prouincialibus totidem, admodū arcta sæuaq; in custodia detinentur. cuiusmodi calamitate oppressi nonnulli præterea Lusitani varijs prouinciæ locis dicuntur esse: cùm enim infestis hucusq; Sinarū populis vsi fuerimus, si qua Lusitanorum nauis tempestate in hæc littora eiecta est; vectores & nautæ vel necati ab incolis, vel in vincla coniecti sunt: q̃d tamen fieri desitū est posteà q̃; legitima pro mercibus portoria soluere Lusitani cœperunt. Verùm ad captiuos vt redeam, cùm quendam ex ijs Matthæum nomine præfectus ad se è carcere euocari iussisset, misericordiam eius mihi mouit aspectus: pannosus erat ac squalidus, capite ac pedibus nudis, manicis ad brachia, ferrea cathena ad pedes iniecta; collo autem inserto in tabulam, quæ scriptam vinculorum caussam demonstrabat: quo maximè modo haberi dicuntur ij, qui sententia capitali damnati, mortique addicti sunt. Ac primò quidem

dem redemptionis pretium mecum attuli, succinum crudum; quod magnis propositis præmijs à Rege conquiri perhibetur, eò quòd persuasum habeat hoc gummi genus cum quodam alio conditura genere sumptum, spatium vitæ producere: secundò autem, aureos ad mille & quingentos, quos mihi tres amici ea lege commodauerant, vt Lusitani redempti æs hoc alienum, stipe à classiarijs et mercatoribus Christianis emendicata, dissoluerent. ea pecunia in vrbe deposita est, Chaëni præfecto numeranda, si nostros homines liberos dimiserit, quorum hoc anno saltem vnum solutum iri confidimus.

Sed hactenus de Sinarum moribus ac regione: vnde ego in Iaponem Maio mense discedere cogitabá; quo tempore nec transmissio, nec Lusitani comites deerunt. Nunc autem epistolam egregio Aloisij Almeidæ Lusitani facto concludam. is cū anno superiore in Iaponem venisset (vir est autem in his regionibus admodum notus) et Bungi cum Balthasare Gago congressus, eam Iaponensium fœminarum consuetudinem cognouisset, vt modò natos infantes per summam immanitatem necarent, quos propter inopiam alere se posse diffiderent; cum eodem Gago condixit, vt

Iaponensium fœminarum immanitas.

P 2 cum

EPISTOL. IAPON.

cum Rege Bungi ageret, quo mos hic pessimus ratione aliqua tolleretur: ad eā rem sese de suo quantum esset opus pecuniæ, collaturum. Placuit Regi consilium, seque nutrices ad pueros educandos attributurum recepit. Itaque Aloisius Bungi ea de caussa remansit, ædesq; comparat magna populi approbatione, in quas non modò pueri deferantur alendi baptizandiq;, sed etiam Christiani pauperes qui sunt in vrbe, confugiant. Idem Aloisius cùm nos nimis diu morari videret (namq; biennium circiter est cùm soluimus Goa, quod tempus nauigando maxima ex parte consumptū est) veritus ne qua difficultas nos retineret Malacæ; duo coronatorum millia ad amicum misit; quibus nostra subleuarentur incommoda. Sed hac eius benignitate spero me non vsurum. Accepi autem ab eo litteras quibus nostrum aduentum auidè ab se expectari ostendit; vt mecum de instituendo quàm maximè salutari genere vitæ (natus est aūt annos ferè 30) deliberet. &c. Valete. E Sinarū portu Cantonio 11. Kal. Decembris 1555.

Aloisij Almeidæ factum egregium.

Scripta iam epistola, exemplum litterarum adiungere mihi visum est, quas Rex Firandi è Iapone ad me scripsit: nam ipsum archetypum mecum ferebam, quò facili-

LIBER II. 115

facilius à Rege, si opus esset, promissa exigerem.

Pater Mag. Franciscus cùm meū in hoc regnū venisset, Christianos fecit magna animi mei voluptate nōnullos, quos equidē commendatos habeo, & ab omni iniuria defendo. Bis deinde ad nos venit etiam Pater ille qui Bungi versatur, baptizauitque cùm ex affinibus meis aliquot; tùm ex reliqua nobilitate permultos: quē ego virum aliquoties audiui, eiusque doctrinam, quæ mihi penitus hæret in medullis, ita probaui, vt CHRISTVM sequi planè decreuerim. Quo circa te in meo Regno videre magnopere cupio: semel quippe mentitus, non mentiar iterum. Tu si ad nos te contuleris; & rem DEO gratissimam feceris; & à me quàm honorificentissimè liberalissimeque tractaberis. Firando.

Exemplū litterarum Regis Firandi.

Taqua Nombo Firandi Rex.

COSMVS TVRRENSIS
Societati IESV in Lusitaniam.

Ex quo tempore à Francisco Xauerio, qui postea migrauit è vita, Amangucij sum relictus; res per humani gene-

P 3

EPISTOL. IAPON.

ris aduersarium minimè tranquillæ fuerūt, qui cùm intelligeret quantum Euangelij promulgatione proficeretur, omni ratione eā impedire conatus est, bellū enim Regē inter ac populares eius ita perniciosum excitauit, vt vigesimo post meum aduentum die, Rege ipso cum filijs interfecto, alium, qui Regis Bungi erat frater, in magna tamen principum dissensione, suffecerint. Nec tamen à nobis interea cessatum est, nam ad annum 1556. (quod spatium fuit annorū circiter sex) assiduis concionibus, cæterisque ex instituto nostro ministerijs obeundis, CHRISTIANORVM duo millia fecimus, quo tempore non nulli è proceribus, coniunctis viribus contra nouum Regem, sectatoresque ipsius, vrbi Amangutio, sæuum adeò incendium intulerunt, vt cùm amplius decem millibus familiarū incoleretur, vnius horę spatio vniuersam flāma peruaserit, eo impetu, vt diuinū magis supplicium, quàm humanum facinus videretur. Nec sanè domus nostra, templumque ab eo incendio fuit immune. Post hæc affertur nunci⁰, aduentare hostes; quo audito Christiani conueniunt, communique sententia statuunt, non esse mihi in ijs tumultibus commorandum: denique vigesimo post incendium

Christianorum duo millia facta Amangutij.

LIBER II.

?m die, cùm iam hostium exercitus ab vrbe non plus tribus millibus passuum abes-
set, vehementer à me efflagitant, orantque
vt inde discedam. quorum ego precibus eo
animo cessi, vt post eas turbas, ac seditio-
nes redirem. Consilio profectionis meæ cognito, reliqui CHRISTIANI ad me
concurrunt, nullam ea nocte partem capiunt quietis, cùm alij peccata confiteren-
tur, meumque discessum lugerent; alij mecum vnà decedere decreuissent. quos ego
vt potui, verbis solatus, discessi, multis me
nihilo minus ad nouem millia passuum
prosequentibus summo cum dolore, ac gemitu. mortuū parentem in conspectu eos
habere dixisses. Nimirum præsagire iam
tum videbantur calamitates, quæ postea
contigere: quippe deinde, & vrbs fundi-
tus euersa est, & summa annonæ inopia, aliaque id genus permulta incommoda consecuta. In itinere cùm diuellerentur à me,
ecce tibi denuo lacrymæ, virorum, mulierum, puerorum; quæ me sanè magno moe-
rore, tristitiaq; affecerunt: atq; ita illi ad suos reuersi sunt, ego Bungum iter intendi, *Bungi*
qua in vrbe versabatur Balthasar Gagus cū *2000 Chri-*
duobus ferè millibus Christianorum, quos *stianorum.*
ibi fecerat, eratq; magna apud Regē in gratia in Lusitanos valde oppēsum, ad quē Pro-

P 4 rex

EPISTOL. IAPON.

rex Indiæ certum hominem Regis Lusitaniæ nomine cum pretiosis muneribus misit, egitque gratias quòd nos adeò humanè, liberaliterque tractaret. Quo ille officio permotus, ædes nobis optimas ex materia cedrina est elargitus: è quibus templum extruximus cum reliquis ad incolendum necessarijs ædificijs, operam suam in id nauantibus admodum impigrè Christianis. Decreuit etiam nobis aureorum quinquagenum vectigal. Inde cùm æstus belli iam deferbuisse videretur, multi Barbari ad verbū Dei cōfluebant, ac ferè semper ad Dominū conuertebantur aliquot, decem interdum, interdū quindecim, pluresq́; aut pauciores, prout mentes eorum Spiritus sancti claritas illustrabat. Amangutio etiam Rex, Regniq́; proceres, missis per Christianos epistolis, nos ad se inuitarunt. qua de re cùm Regem ipsum Bungi amicitię causa consuluissem, respondit adhuc maturum non esse, simul ac foret, se moniturum. suspicati sumus occultam aliquam coniurationem ipso conscio aduersus Amangutij Regem esse conflatam, vt reuera fuerat, nam ex principibus quidam potens, Amangutium iam ex incendio instauratum aggressus diruit magna ciuium parte vel direpta, vel in seruitutem

Regis Būgi in Christi seruos liberalitas.

abdu-

LIBER II.

abducta, Regis etiam fratre cum omnibus ijs, qui partes eius sequebantur, occiso. Ea re cognita, Bungi Rex magnas copias ad Amangutium occupandum misit, quo euētu adhuc incertū est. Faxit Dominus, quod ad suā ipsius gloriam maximè pertinebit.

Anno 1555 octauo Idus Septembris Rex apud nos sanè quàm iucundè cœnauit: à cœna de Deo verba fecimus, ipse per quendam ex amicis iussit nobis renuntiari velle se certos pecuniæ fructus assignare alendis ijs, qui in sua ditione Dei legem docerent. Respondimus, nobis hoc non esse ita necessarium, sed in pauperum subsidium, hospitalem domum à nobis exædificatam esse, quæ huiusmodi ope, admodum indigeret, orare nos Regē, vt beneficium illud in eam domum conferret; quod fecit, & simul iussit nobis attribui aream in vrbe imperij sui admodum ampla ac celebri Facata nomine, ab vrbe Bungo quinq; dierū itinere, vbi iam Balthasar Gagus aliquot fecerat Christianos. Eò nunc Balthasar idē est reuersurus, vt ibi diutius commoretur, atque commodius Euangelium prædicet. Christus Dominus noster, eas vires nobis, easq; virtutes impertiat, quæ ad assiduos huius prouinciæ labores periculaque sunt necessariæ. Valete 6. Idus Septembris 1557.

P 5 GA-

EPISTOL. IAPON.
GASPAR VILELA
Societati IESV.

ANno 1555, cùm in hæc loca Melchior comitesq́; peruenissemus, nihil ad vos scripsi, propterea quòd reuersuro mox in Indiam Melchiore, satis fusè de moribus hisce, ac regionibus ex ipso vos cognituros putabam. Nunc ea persequar quæ post eius discessu præsente me contigerũt, quò in omnibus immensa Dei bonitas magis eluceat.

Vbi terram hanc attigi, iussus sum Bungi habitare cum Cosmo Turrensi, partim vt ingrauescentem iam illius ætatem, in tãtis ac tam multis laboribus aliquo auxilio subleuarem, partim etiam, vt ex eius consuetudine ediscerem, qua ratione horum Christianorum ingenia colenda, tractandáq; sint. Balthasar autem Gagus, qui ibi erat, Firandum est missus, vbi portus est inprimis celebris, & Christiani nonnulli. Regulus præterea vrbis eius valde nos diligit fecitq́; nobis potestatem areæ coëmendæ, qua in area Virginis Matris ædem sacram excitauimus, ad pios Christianorum vsus, cùm Iaponiorum incolarum, tum Lusitanorum, qui eò commeant. Gagus à Regulo humanè exceptus est cũ alio fratre nostro,

itemq́;

LIBER II.

itemq; alio Iaponio Christiano in rebus diuinis admodū erudito, quos secū adduxerat. Hos deinde cognouimus in neophytis instituendis magna cum laude versari. post Gagi discessum, campū coëmimus patentem, nam perexiguus erat is, quē antea habebamus, donauitq; Rex nobis peramanter quasdā ædes, quas possidebat: quod beneficiū pro caritate ædificiorū in hac vrbe nō parui faciendū est: attribuit etiā annuos aureos quinquagenos, qua eius benignitate adhuc iccirco nō fruimur, quòd eam pecuniā procurator regius interuertit. Ædes, quas diximus, regiæ, statim nobis vsui fuere. ex ijs quippe in area nostra templū extruximus ducentorū hominū capax, addidimusq; tecta nōnulla nobis ad incolendū necessaria. Opus ad culmen perductum est. die sanctis omnibus sacro, anno 1556 Melchior primum in eo sacrum fecit valde solemne. Inter hæc dies aduenit, quo die Melchiori in Indiam redeundum erat, quem à nobis dimisimus, nulla spe in hac quidē vita nos reuisendi. Inde omnibus muneribus spiritualibus fungendis ex instituto vacauimus: tametsi non sine aliqua difficultate propter occultas conspirationes aduersus Regem in vrbe conflatas à reliquijs coniuratorum, quos mense ante nostrum
aduen-

aduentum Rex capitali supplicio affecerat, ac deinde ad ceteros minori suo cum periculo puniendos in Insulam quandam, quæ arcis instar est, sese receperat. Hisce tumultibus & recentes Christiani vehementer, & nos etiam aliquantũ perturbabamur animis, quòd ex Regis interitu (si fortè id contigisset) aut mors nobis imminere sine dubio videretur, aut certè multa ac grauia incõmoda, quæ magno nobis impedimento forent quo minus rem Christianam ex animi sentẽtia adiuuaremus: veruntamẽ nonnullis à Rege concessis, pax inter eũm et ciues composita est, & qualecunque otium consecutum.

Perduelliũ principum supplicium. De perduellibus autem (qui quidẽ principes, ac dynastæ sunt) hoc maximè modo supplicium sumitur. Quo die Rex noxium sententia capitali condemnat, eo ipso die ad illum, vbicunq; sit, vel vrbe tota liberè vagantem, mittit qui nuntiet esse illi certo die moriendum. Quærit ex viatore noxius, liceátne per Regem vltrò sibi ipsi manus inferre: quod si à Rege permittitur, magnũ id sibi decus existimat: optimis vestimentis ornatus, sica sibimet spatij quod est à summo pectore ad imum ventrem in crucis figuram secat, atq; ita animam efflat. Hoc genus mortis infamia vacat, nec filij
quid-

LIBER II.

quidquam iccirco de suo iure deperdunt. Sin Rex pœnam carnifici reseruauerit, tum ille seruis, amicis, liberisq; contractis, in ædes arma comportat, ad prælium̄q; se comparat. Rex Præfecto iudiciorum capitaliū expugnationis negotium dat: eminus primò sagittis, propius deinde contis, gladijs, postremò ad internecionem vsq; certatur: atq; ita perduellis interemptus, vnà secum familia tota deleta, perpetua in omnē posteritatē notatur infamia. Huiusmodi supplicio paulò ante nostrum aduentum coniurati nonnulli Regis iussu mactati fuerant.

Instituti nostri in re Christiana administranda eiusmodi ratio est. Primùm, quoniam miseris hisce hominibus tantæ sunt tenebræ, vt animam simul cum corpore interire, nullumq; Dei iudiciū de rebus in vita bene, vel male gestis futurum existimēt; duos menses quotannis, Nouembrē ac Decembrem, vsq; ad octauum diem ante Natalem Dn̄i diem, ponimus in quotidianis, de morte, iudicio, pœnis inferni, deq; celesti beatitudine concionibus, ad quas vniuersi ferè Christiani cōueniunt. Die verò mortuorum omniū commemorationi dicato, in eandem rem maiori etiam studio, ac cæremonia incubimus. Toto autem eo tempore, æ, cenotaphium habemus atratum: super id responsum vnum verbis conceptis quotidiè pronuntiamus, & sacra rituum illorū mysteria populo exponimus. Quo quidem anni tempore tanta vis frigoris est, vt præter assiduum gelu matutinum, ingens etiam vis niuis è cœlo decidat. Sed Dominus pro sua clementia, necessaria nobis remedia suppeditare non desinit.

In festa Natalia dimissis per finitimas villas nuntijs, Christianorum conuentum indiximus: quorum, à viginti quattuor, ac triginta milibus passuum, tanta multitudo confluxit, vt eos templa duo coniuncta, ædesq́; nostræ priuatæ non caperent. Media nocte sacrum solemne rite peregimus cum hymnis quibusdam pijs, de laudibus Natalium Domini, & non nullas è sacris litteris historias exposuimus, quibus rebus Christiani admodum delectati, & in sacrosancta fide confirmati sunt. Post eorum dierum celebritatem cùm æquum esse non videretur, vt intra domesticos parietes inclusi, animas Iesu Christi sanguine redemptas in desertis regionibus perire pateremur; missus sum cum Fratre Ioanne Fernande ad vicum, quem Cutamen appellant, vbi aliquot Christiani visuntur, quò & gentilibus viam veritatis ostenderem,

&

LIBER II.

& Christianis solatium aliquod, atque vtilitatem afferrem. Et quoniam iter illud pedibus iniquo anni tempore sine vllo commeatu faciebamus, nec frigoris nec famis incommodum defuit: ita tamen, vt in eo ipso, Dei in nos miserationem agnosceremus. Peruenimus ad montem, vbi nos quidam ethnicus excepit hospitio, & paululū oryzæ dedit in cibū: & quia lucebat adhuc, ab eo petijmus, vt viam nobis monstraret ad Christianam in vico finitimo commorantem: quò cùm peruenissemus, ad vetulā Christianam probi viri vxorem item Christiani, diuertimus. cuius nobis in ministrādo studiū, & alacritas, cum veteris illius, ac nascentis Ecclesiæ laudibus procul dubio comparáda, omnem præteriti laboris molestiam, ac defatigationem abstersit. Coenā pro eius angustijs parauimus ex herba iname quā appellant, atq; nasturtijs, cū anus ad nos calefaciendos ignē paucis quas habebat paleis excitasset. Eadē monita à nobis, vt aliquos ad Euangeliū conuocaret, quanq; nox erat, frigusq; permagnum, tamen tantā in ea re diligentiam adhibuit, vt multos barbaros adduceret, ad quos cū apud senē quendā de salutis ipsorū ratione verba fecissem[9], decē ex ijs pmoti diuinit[e] euāgelio credidere: quos simulatq; opportunum

num est visum, magna nostra lætitia baptizauimus. Accessit ad hos etiam senex annos natus septuaginta, cuius domi sermo de Deo (quem diximus) habitus fuerat. Is cùm annos circiter octo graui admodum valetudine laboraret, ita vt membris pænè solutis, inter loquendum vehementissimè tremeret, multis in vita homicidijs perpetratis, dæmonis cultor, cuius speciem sese identidem offerentem adorabat vt Deum; biduo post baptismū Dei beneficio sanus, ac liber ab omni tremore surrexit, & omnibus inspectantibus, Diabolicas syngraphas aliaq; id genus igne combussit.

Senex infirmus & dæmonis cultor, baptismo sanatur.

Ex eo loco profecti, antequam Cutamen peruenimus nos in itinere nox oppressit. in magnis tenebris, frigore, gelu, incerti qua iter esset, aut quem percontaremur, Deum precati nos in viam dedimus, & in cuiusdā barbari hospitium incidimus, qui nos ad Christianum honoratum hominem habitantem in ea solitudine misit, quē antequā inuenimus, iterū errauimus, sed ea ipsa noctis hora nobis obtulit Dominus, qui nos ad optatas illius Christiani ædes aliquando perduceret. Is nos simul ac vidit statim nobis prouolutus ad pedes nunquam se tanto in honore fuisse dicebat, confestimq; ignē extrui permagnum iubet (quo sanè egebamus)

LIBER II.

bamus)& cœnam, idq; eo animi ardore, ac iucunditate, quæ caritatem à Spiritu sancto sibi impertitam non obscurè indicaret, ea nocte in cósolandis animandisq; Christianis eius domesticis ibi posita, postridie manè profecti, Cutamè venimus, acceptiq; hilariter sumus à Christianis, qui cognito nostro aduentu obuiam nobis processerant. Hîc, dierum aliquot moram fecimus, quò & Christianos confirmaremus, & paganos ad Christum adduceremus, quorum decē conuersi, alij miserabili quodam errore liberati sunt: cùm enim sese de more dominis sacramento fidelitatis obstringerēt, idq; ante idolum stantes, sanguinemq; mittentes è brachio, descriptis ex eo litteris quibusdam, quæ legi non possent, & ad extremum syngrapha concremata, hero se fidē seruaturos esse iureiurando promitterent; omni studio fecimus, & effecimus, vt si minus eam consuetudinem antiquare vellent, saltem per Deum conditorem cæli, terræq; iurarent, quod nobis omnes se facturos esse polliciti sunt, potiusq; mortem oppetituros, quàm ad pristinā iurisiurandi formulā redituros. Ea res Domino eorū pergrata fuit, ipsorumq; fidem, nunc multò quàm antea pluris æstimat. Circūspectis huius prouincię miserijs et inopia, Cosmo visum est,

Error miserabilis.

Q   è re

EPISTOL. IAPON.

re Christiana futurum, si in vrbe Bungo Nosodochium institueretur. Itaq; consilio cum Rege communicato, peramplam domum extruximus, bifariamq; diuisimus, vt altera pars leprosos (quorum magnus in his locis est numerus) altera leuiorib* morbis ægrotantes exciperet. Confluxere illico leprosi complures, quorum curationi præfecimus vnum è fratribus nostris Chirurgiæ peritum, qui contemptis vt Christū pauperem, exercitumq; sequeretur, delitijs seculi diuitijsq;, quas possidebat, in Societaté nostrá adscriptus est. Et quoniam vrbe tota moribusque finitimis multi præterea inopes, ægrotiq; versantur, cōstitutus est Iaponius Christian9 annos natus 24, spectatę virtutis adolescés, qui castitatis voto aliisq; nonnullis votis Deo sese dicauit, vt is egentibus, viduisq; diuideret eleemosinas, quas Christiani conijciūt in arcā ob eā ipsam rē publicè positā. Augetur aūt quotidie huiusmodi pauperū, atq; ægrotantiū multitudo, in hospitali quā diximus domo, magno cū rei Christianæ adiumēto, & barbarorū pudore, cùm videant populares suos ægrotos omnes gratis à nobis curari, necessarijs medicamentis adhibitis.

Nosodochium instruitur.

Ineūte Quadragesima, instituti sunt sermones de sacra cōfessione, quā Iaponij tāto cū labore, lachrymisq; peragebāt, vt nostrum

LIBER II.

strum nobis tepore tacite exprobrare quodamodo viderent. Fiebat preterea quotidie ex barbaris aliquot Christiani, nūc octo, nūc decē aut quattuordecim: alijsq; baptismū efflagitantibus nō concedebatur, nisi prius admodum lente, diligenterque probatis.

Per idē tempus multa ac magna capitis pericula adiuimus, cū enim Rex arce se cōtineret, quę abest ab vrbe vigintiquinq; millia passuū, cumq; magna latronū vis, sublatis iudicijs vrbe tota volitaret, quorū animī in cædē nostrā à Bonzijs solicitabant; hyeme tota ac pænè vere morte in horas singulas expectates, pauco vino in vsum sacrificiorū, alijsq; rebus nonnullis vt potuimus absconditis, cū vel in cibo capiendo mors nobis ob oculos versaret, vigilijs inter nos distributis (quod nūc etiam facimus) vitam nostrā, magno sanè labore incōmodoq; tutati sumus. Quo tēpore iussit Rex nobis renuntiari, se nihil opis in tali re nobis afferre posse; proinde nostræ saluti consuleremus, molestū sibi fore si quid nobis incommodi accidisset. Ac reliqua sanè vrbe item vigiliæ agebātur, sed omnis nostra spes, atq; fiducia (verū vt fatear) ex vnius Dñi clementia ac bonitate pendebat. Inter hos metus hyeme exacta, nullo tamen quadragesimæ die nō habitus est sermo de rebus Diuinis.

Q 2 aliquot

Corporum spontanea verberatio.

aliquot sese quotidiè diuerberantibus, cùm sexta quoq; feria noctu de passione Domini verba fierent, flagrisq; in corpus suum omnes domestici nostri vnà cum Iaponijs centum fermè, sæuirent, qui ad audiendum Euangelium ventitabant. Semihora dicendo absumebatur: inde vexillū Christi crucifixi proponebatur, sat magnū, postremò extinctis luminibus veniebatur ad verbera, nec antè cedendi modus fiebat, quàm psalmus, Miserere mei Deus, ad finem vsq; recitaretur, idq; ea pietatis significatione, vt cuiusuis animus ad religionem, & lacrymas commoueri posset. Inter hæc rursus Amangutium inuitamur: sed quia Bungi constabat operæ fructus; & simul ne Ioannis Fernandis auxilio priuaremur (nam ei proficiscendum fuerat) Amangutianis rescripsimus, Paschalibus festis nos eò venturos. Sacrosancta hebdomada, quanta maxima potuit cæremonia religioneq; peracta est. Primū Dominico die Palmarū, solemni sacrificio facto, ramisq; de more distributis, prodijmus supplicantes, crucéque præferentes permagnā; emensaq; area spatiosa è regione ianuæ, foribus in reditu occlusis, Cosmus, qui extra templum, cùm signo crucis populoq; remanserat, clamare cœpit, Attollite portas, cui respondebant è tem-

Hebdomada sancta qua religione peracta.

LIBER II.

templo musici, vt solet. cùm tertio deniq; admissus esset, & ad aram maximam ordo comitantium, non sine summa omnium lætitia peruenisset, sacrum missæ continuò cœptum est. Passione Domini decantandæ, ingens animorum motus, & eorum, qui recitabant, & eorum qui audiebāt est factus, tantumq; dolorem delictorum atrocissimæ innocentissimi Domini mortis narratio omnibus attulit, intimumq; solatium ita magnum, vt satis appareret, omnia hæc à Spiritu sancto proficisci: atq; ita sacrū peractum, & ritus illi sanctissimi quid sibi vellent, populo expositum est. ad hæc templi parietes pullo peristromate conuestiti, & sepulchrum excitatum est ad sacratissimū Christi corpus condendum, ac persoluenda iusta solemnia, adiuuātibus quinq; Lusitanis, qui in hac vrbe hyemauerant, seque ad nos confessionis generalis caussa receperant. Quartæ feriæ tenebras quas appellant, alternantibus choris canticum Zachariæ, cum symphonia; deinde Psalmus Miserere mei Deus, magno cum sensu, lachrymisq; Christianorum; gentilium verò admiratione, & approbatione cōclusit: Postridie, Christi corpus communicatū est cū Lusitanis, & Iaponijs aliquot Christianis, qui quidé ad tantum mysterium idonei visi
sunt

sunt; & quia tùm primùm cæleste illud cō-
uiuium inibát, summa animi dulcedine ac
voluptate perfusi sunt, nec ipsi solum, sed
etiam ceteri, qui aderant Iaponij Christiani. His ritè peractis corpus Christi condidi-
mus, templum circumeuntes accensis lu-
minibº. In sepulchri præsidio Lusitani duo,
cum totidem pueris, armati maculis ferreis, & galeis tecti, sunt collocati, quæ res cū
tempus illud referrent, quo Christus libe-
rator noster in terris versatº est, Christianos
mirum in modum commouebat, magnoq;
malè actæ vitæ dolore afficiebat vniuersos.
Eodem die sub vesperam, 400, circiter homines conuenere ad psalmodiam audien-
dam. Psalmodia absoluta, è templo exiui-
mus in ordinem procedétes, magna prælata cruce, Christo affixo velato, sequebantur
accésis luminibus viri, pueriq; se verberan-
tes, atq; ita ad Nosodochium vsq; peruneni-
mus, atq; inde ad templū reuersi verba de
Deo fecimus, quibus auditores valde commoti sunt. aderát auté his rebus omnibus
barbari cōplures, qui conscientia menda-
ciorū suorū conuicti Christianam religionē
veram esse profitebantur. Sextæ feriæ exe-
quias maior populi frequentia celebrauit.
decantata passione Dñi, et corpore Christi
recluso non sine sensu, ac lacrymis omniū,
mira-

Barbari Christianis ritibus permouentur.

mirabilis erat sacris peractis dolor ac moestitia Christianorum domum redeuntium: ijdem sabbato sancto sacris adfuerunt. Ara in medio templo extructa, sacello etiã maximo auleis pictaque tabella exornato, in qua Christi resurgentis effigies cernebatur, multis præterea candelis ardentibus, pulla prætendebatur cortina. hæc simul atque chorus Kyrie eleison nouies cecinit, subitò demissa, aram ipsam, & Cosmum stantem aperuit, qui è choro clam se subduxerat, seq; ornatu sacrificantis induerat. Vbi verò Angelicus hymnus intonuit, confestim æra campana vi summa pulsantur. quæ res tanta ac tam repentina lætitia Christianos affecit, vt mente pænè emoti viderentur, siue id ex præterito mœrore, siue ex rei nũquam ante id tempus visæ nouitate contingeret. sanè ij nobis dicebant se iam nunc in hac vita fructum cœlestis beatitudinis præguslare. Atque his rebus in Christiana fide non mediocriter confirmati sunt. Paschali die quæ consequuta est, corpus Domini circumtulimus sub vmbella, cereis & candelis accensis. Symphoniaci, ceterique ministri sertis amœnissimis redimiti iucundè psallebant. Nec tempestiuus tredecim aut quattuordecim Sclopetariorum strepitus, nec magna

Lætitia Christianorum, Paschali tempore.

Q 4 populi

populi vis celebritati defuit. itaq; concursus multitudinis nullum eo die locum sacro sermoni reliquit.

Amangutium vastatum.

Dum hæc geruntur, affertur Amangutio nuntius, dynastam quendam nomine Moridonum copijs adductis, Regeq; Amágutij & principibus interfectis, vrbem totam flamma ferroq; vastasse, nec pauperi quidem templo pepercisse, quod ibi cum quibusdā libris habebamus. Ac nobis vtiq; si eò venissemus, fuerat moriendum: sed videlicet nos Dominus dignatus hoc honore non est; quem habet ijs tantummodo, quos præcipuè diligit. vrbis excidium ingens fames excepit, quæ cùm è barbaris multos, tū è Christianis nonnullos absumpsit; vniuersum verò ciuitatis statum ac sobolem in multos annos omnino perturbauit, ac perdidit. Atque hi sanè bellorum tumultus, quod adhuc experti sumus, Christianæ fidei propagationem magnopere distinent. sed nihilo minus eo ipso tempore in vrbe Bungo vbi cōmorabamur, multi Christiani fieri cœpti sunt præsertim ex inopi plebe: nam diuites ferè mundo seruiūt, & obtrectatorū voculas pertimescunt: Firando etiā à Balthasare Gago litteras accepimus, in parua quadā insula, triginta vel quadraginta homines baptismū petere, et Christianos

Bella Christi fidem retardant.

LIBER II. 125

nos eius regionis in IESV Chrristi cultu proficere, fanumq; extruxisse, quamq; pro multitudine populi exiguum. Quod verò ad nos ipsos attinet, nunq; occasiones desunt, quib9 probemur et exerceamur à Domino. Etenim Bonzij fictis criminibus falsisq; testibus nos apud populum in inuidiam conantur adducere, quòd scilicet humana carne vescamur: atq; ad faciendam mendacijs fidem vestes manantes sanguine in ædium nostrarum fores occultè conijciunt. idq; non semel hoc anno fecerunt, qui est à Virginis partu 1557. quo circa toto pænè Iapone percrebuit, nos dæmonas esse, qui è corporibus hisce eloquamur: nec esse verbis nostris habendam fidem. quod etiam scriptis in ianua nostra propositis palàm edicunt. A pueris etiam interdum lapidibus petimur. Complures præterea nos foedè & contumeliosè compellant, tametsi contrà honesti viri permulti reuereantur, & colant.

Bonziorū in Socios ficta calumnia.

Huiusmodi periculis (vt dicebam) tentamur à Dño, & præclarè docemur, quàm parum sine illius ope valeamus ipsi. Idem tamen hæc Iaponiorum peccata dissimulans, clementiæ suæ non obliuiscitur, ad alliciendos ad se animos nonnulla supra naturam interdum efficiens. Quendam mul-

Miracula. tisiam annis pænè paralyticum baptismo lustratum intra paucos dies sanitate donauit. Mulierem assiduo singultu etiam dum loqueretur, & cibum caperet, iamdiu laborantem per baptismum eo vitio liberauit. Aliam Energumenam, vt primùm CHRISTIANA facta est, dæmon reliquit. E montanis quidam cùm febri conflictaretur, ad templum nostrum descendit, certus inde non antè discedere, quàm sanitatem reciperet, postridieque conualuit. Iam in ipso valetudinario, quod diximus, vulnera, veteresq; decem atque etiam viginti annorum abscessus quarto decimo quandoque die sanantur. Atque hæc omnia necessaria sanè sunt ad huius gentis tenebras dispellendas, detegendosq; Diaboli dolos, atq; præstigias. simulat quis ex composito se mortuum esse, hunc venefici extractum è sepulchro se ad vitam reuocasse mentiuntur. Interdum etiam adiuuante dæmone ægrotos aliquos curat. Quidam cùm multos iam dies nusquam appareret, veneficorum opera repente comparuit. Defunctus cùm efferretur nescio quis, vbi ad feretrum detegendum sepeliendi caussa ventum est, nullum cadaueris ne indicium quidem inueniunt. Hisce alijsq; id genus artibus miseros Iaponios Diabolus de-

Præstigiæ diaboli.

LIBER II.

decipit: quorū ad cetera scelera, quæ multa sunt, illa etiam accedit immanitas, vt filios infantes adhuc, crudeliter enecent, vel q̄ vnum aut alterum sobolis caussa satis esse, vel quod in rei familiaris angustijs eorum felicitati hoc pacto se consulere arbitrentur. Persuasum habent etiam, fœminæ quædā, quæ mulieres ventrem ferant, ex fœminā si pepererint, ad inferna damnari. qua re permotæ fœtum in vtero medicamentis interimunt. Iam vero vetantur Iaponij de vitæ exitu cogitare, ne videlicet mortis metu à flagitijs deterreatur. Quo circa morte repentinā exoptant, beatūq; putant cui ita obire contigerit. Sunt etiā qui dæmonē colant, eoq; familiarissimè vtuntur, quos Iamambuxas hoc est milites conualliū appellant. ij ad famam sanctimoniæ colligendā, sese grauiter puniunt, stant, vigilant; cibo parcissimo vtuntur; altero deniq; vel tertio mense, vbi satis factū esse Diabolus pnūtiauerit; nonnullis stultitiæ Socijs vna secū adhibitis, emēdicata à popularib⁹ stipe, mare petūt, nauiculáq; conscendunt, cuius sentinā ita perforāt vt accepta paulatim aqua mergatur. Ad hæc, Diabolus magnopere satagit quo brutorū animantiū specie vulgo adoretur. atq; vt vaccas colant, hominē occupat, percontantibus nomen, respondet se

Iamambuxæ, cultores & milites dæmonis.

Brutorum specie adorari quomodo satagat se diabolus.

EPISTOL. IAPON.

se Dominum esse vaccarū: rogatus vt abeat, negat se ex homine discessurum, nisi templum sibi exædificaturos esse recipiant. Si pollicentur, abscedit. Si promissa non fecerint, rursus reuertitur, oppressumq; hominem varijs cruciatibus torquet, quo vsque fanum ædificent, in quo diuersas belluarū figuras pro numine venerantur, capitali etiam alicubi pœna proposita, si quis vaccam occiderit. Quandoque etiam venatores, si quam feram interemerint, suis veneficijs in morbum inducit. itaque eius rei metu feras pro dæmone suppliciter colunt. alibi verò vt in cuniculis adoretur, quisquis Sanguque id est cuniculus dixerit, eius repente fauces opplentur; atq; ita ad adorandos cuniculos compelluntur. Quæ omnia facit ille nimirum ob eam caussam, vt mortales vero Dei cultu deserto mutent *Ad Romanos* 1. gloriam incorruptibilis Dei in similitudinem imaginis corruptibilis hominis, & volucrum, & quadupedum, & serpentium. Ia-*Superstitio* poniorum doctrina seu superstitio multi-*Iaponiorū* plex est. alij nescio quem iam mortuū co-*multiplex.* lunt nomine Amidam, alij quendā, quem Xacam nominant. est etiam hæresis eorum, qui lingua patria Fotoqui vocitantur. in opinionum suarum prauitate vsque adeò pertinaces, vt aures Euangelio prorsus occlueludant, negant enim fidem habendam nisi scriptis ijs, quę apud se habent: et pro miraculo est, si quis eorum Christiana sacra suscipiat. Deniq; Soli etiam, ac Lunæ deorum honores habentur, nec non ipsi dæmoni, cui templa erigunt, atq; in ipsis templis effigiem eius multò quàm nos fœdiorem ac deformiorem depingũt. Multi sunt etiam cætus cœnobitarum vtriusq; sexus, albo vestium colore, rufo, nigroq; distincti, vita moribusq; turpissimi. O rem carissimi fratres miseratione dignam: homines alioqui politos bonoque ingenio pręditos à procreatoris sui cognitione ita remotos, sceleribusque ac vitijs deditos, tribus præsertim Superbiæ, Auaritiæ, & Inuidiæ, quæ alia multa secum adducunt: & quod pessimum est, omni animorum curatione ita neglecta, vt ne filiorum quidem flagitia puniant, quos ęquè libenter exoptant quęruntq; omni ratione cùm ijs carent, atque vbi susceperint, facilè perimunt. Iaponio- *Iaponiorũ* rum tres præcipuè ordines numerantur. *tres ordi-* Patritij, qui vectigalibus ciuitatis fruũtur: *nes.* Bonzij sacrificuli, quorũ item ampli sunt redditus: Operarij, qui aliorum veluti seruitia sunt, semper ijs laborant, semper ijs obnoxij degunt. nam nec patritijs inopia quamuis extrema nobilitatem aufert; nec

ope-

operarijs quantauis pecunia dignitatem
affert vllā, nec vnquam operarios inter ac
nobiles matrimonia commiscentur.

Societatis nostræ in his partibus tria domicilia sunt. Amangutij vnum, vbi multi
erant CHRISTIANI: verùm ædes eæ
vnà cum vrbe ipsa incensæ, & solum à barbaris templo Idolorum postea dicatum
est: tametsi nunc audimus nonnullos qui
superfuerunt, CHRISTIANOS id
ipsum iudicio reperijsse, eiusque possessionem nostro nomine recepisse. Alterum est
domicilium Firandi, licet exiguum. Tertium, idemque omnium maximum est
hoc Bungense, quod in primis stabile Deo
propitio futurum videtur, tum propter
Regis (quamuis nondum CHRISTIANI) eximiam erga nos beneuolentiam,
& alijs rebus & in consilio dando probatam nobis, & cognitam tum etiam propter existimationem à nobis apud præfectos regios magistratusque collectam. Accedit quòd Rex Euangelij promulgationem in suo regno sibi gratam esse demonstrat. Ad quem si Rex Lusitaniæ Ioannes
patronus ac parens Societatis nostræ legatum quempiam mitteret, multum ea res
(vt arbitror) ad eius conuersionem valeret. nam ipse quidem de se vsque adeò demisso

Regis Bũgensis in Christianos probata beneuolentia.

misse sentit, vt Lusitaniæ Regem vel per legatos vel per litteras compellare non audeat, dicatque se indignum esse qui Regi Lusitaniæ seruiat, cuius nomen ac fama vniuerso terrarũ orbe peruagata sit, ne dum qui ad eũ literas mittat; scripturũ se ad eius ministros atq; præfectos. q̃d & facit. deniq; nos Dei beneficio in his regionibus ipse sustentat. Vos etiã atq; etiam Dñm obsecrate carissimi fratres, vt eum excitet: nam vtiq; ex eius conuersione huius regni totius insularumq; conuersio pendet; quippe cùm sit Iaponis regum hodie in primis potens.

Septembri mense Firandum, cùm ibi Balthasar Gagus esset, duæ Lusitanorum naues appulerunt. Itaq; à Cosmo ad eius subsidium in confessionibus audiendis, aliisque laboribus, quos noua prouincia secum affert, eò sum missus. Meo aduentu Gagus, & Lusitani, & ipse regulus oppidi valde gauisi sunt. Et quoniam Christianorum veterum vita moresque apud hos populos in vtramque partem plurimum ad exemplum valent; primùm omnium suadere Lusitanis instituimus, diligenter cauerent, ne quem neophytorum exemplo suo offenderent. Multos confessione purgatos sacra Eucharistia refecimus. omnibus verò dominicis, festisque diebus
ad

ad Lusitanos à nobis, ad prouinciales à Iaponio Christiano comite nostro magnæ virtutis homine, & salutis suorum cupidissimo conciones habebantur: semel etiam cum symphonia sacrificauimus, & solemni supplicatione. præibāt sclopettarij quadraginta cum displosione festiua: hos tibiæ sequebātur: deinde Lusitani duo cum funalib⁹, & crucifer vnus dalmatica indutus: tùm è fratribus duo Litanias concinebant: postremum locum tenebat ornatu corporis pretioso Balthasar Gagus sacerdos. Vbi in conspectum nauium ventum est, in quibus erant vexilla sublata varijs crucibus coloribusq; fulgentia, prætereuntes nos maioribus tormentis honoris caussa consalutarunt. Frequens tùm ibi fortè mercatus erat, quo ex omnibus ferè partibus negotiatores conuenerant. Itaq; spectaculum magna Christianorum lætitia, magno barbarorum conuentu atq; approbatione celebratum est. Cùm ad crucem peruenissemus, quam non longe ab ædibus nostris locauimus, habita de laudibus Crucis oratione, ad templum eodem ordine redijmus. Faxit Dominus vt per hos sanctos ritus qui cernuntur, procreatorem suum agnoscant homines, qui corporis oculis cerni non potest. Interim nuntiatur lætus

LIBER II.

tus rerum Bungensium progressus, simulq; Pauli obitus natione Iaponij, quem ægrum Bungi reliqueram, virum magnis virtutibus præditum. Hunc ferunt agentem animam intermortuis vocibus nihil tamen æquè clarè pronunciasse ac IESVS, MARIA: cuius mortem homines pariter, vitamq; admirati sunt. Is triennium iam in vinea Domini laborauerat fidelis operarius comesq; noster magno animi ardore, spiritu, curaq; salutis humanæ. Itaq; multum eius morte damni fecimus. ægrè enim in tanta hominum nequitia similem Paulo reperias. Balthasar Gagus Cosmi iussu ex eo loco Facatam profectus est, vt possessionē adiret areæ quam Rex nobis ad ædes ædificandas attribuit. Inde Bungi regem inuiset vt is totā rem autoritate sua confirmet. speramus autem id valde è re publica futurum. est enim ea vrbs ceteris aliquanto pacatior, quòd mercatores opulenti, qui ibi commorantur, diuitijs metuentes suis, imminentis belli pericula largis muneribus, & congiarijs redimūt. Hic locus quartum iam quintumue annum abundat annona. expectamus vicissim vaccas Pharaonis strigosas, quas vtinam Deus arceat. effodit enim pectus infantium multitudo à parentibus tali tempore pereuntium: qui-

Pauli Iaponij obit⁹.

bus

bus si nunc in ipsa vilitate non parcunt, quid in caritate putandum est? Magna em (mihi credite) fratres carissimi sterilitatis incommoda ac difficultates in his regionibus sunt, prorsus vt ipsi diuites herbis tolerent vitam. Iccirco nos Iosephi prudentiam imitati, in annum insequentem aliquid semper custodientes, Christianorum inopiæ, ac necessitati consulimus: tametsi inter Iosephi horrea nostraq; permultum intersit, quippe apud nos nõ nisi nasturciorum folia, lactucæque sole tostæ adseruantur. Res frumentaria in his locis est perexigua: nam triticum vbi maturum est, imbrium vi tempestatumq; deperditur. Oryzam ferè demetũt, eamq; non ita multam, vt vniuersæ vrbi sufficiat: nec ea pauperes, nisi si quando gratulationis caussa vescuntur: quos tamen omnes Domini benignitas alit, ac sustinet.

Scriptis his litteris, cognatus quidam Reguli Firandensis armis Regi Bungensium illatis acie victus est, quem quoniam Firandensis Reguli ope adiutum Rex Bungi cognouit, vastitatem eius regno inferre constituit. propterea Bungo scripsit ad me Cosmus rumorem esse, Bungensem exercitum infestis signis in hæc loca venturum: proinde si opus esset, rebus nostris maturè
pro-

prospicerem. Ex hoc deniq; intellexi quid esset, cur antea me Rex Bungi vt Octobri mense hinc discederem, per litteras monuisset. Huius belli metu perterriti afflictíque Christiani quidam ad me noctu venerunt, professíque sunt, si ego Firandi remanerem, se ad oppetendam mecum vnà mortem in templum nostrum esse venturos: sin minus, intra priuatos parietes vitæ finem expectaturos. quos ego salutaribus præceptis instructos, ijs verbis quæ tempori ac rei conuenire videbantur, bono esse animo iussi. Huius insulæ Firandi circuitus nouem passuum millia colligit, & aliquot habet vicos, quorum maximus est hic vbi sum in præsentia, familiarum omnino ducentûm. In reliquis sunt Christiani nonnulli, quos, nisi bellum impediat, singulis hebdomadis inuisere statui.

Hæc habui, mihi carissimi fratres, quæ de hoc anno 1557 scriberem. vos oro per IESVM Christum, vt precibus vestris mihi veræ summissionis perfectǽque obedientiæ virtute ab eo impetretis, qui mea caussa ad ignominiosam vsque Crucis mortem esse obediens voluit. Ex insula Firando quarto decimo Kal. Nouemb. 1557.

R 2   MEL-

EPISTOL. IAPON.
MELCHIOR NVNNES
Societati IESV in Lusitaniam.

ANno post Christum natum, 1555, ad vos dedi literas ex ora Sinarum, vbi hyemare coactus fueram, cùm Iaponem tenere non potuissem. Multa in eo itinere & magna vitæ pericula adiuimus, cùm aut in vada incideremus, aut inter sese naues incurreret. In eo autem portu Sinarum cum comitibus meis ad mensem Iunium vsq; substiteram, quod anni tempus Iaponicæ nauigationi vulgò putatur idoneum. Sed cùm repente decretum esset insequentem quoq; hyemem ibi traducere, continuo Lusitanos qui simul aderant circiter trecentos cõsuetis officijs spiritalibus adiuuare instituimus. Casa itaq; & templo è paleis raptim extructo, quotidie Christiana doctrina tradebatur; omnibus verò dominicis festisq; diebus sacrum missæ & verba de rebus diuinis non sine magno fructu fiebant. Quo quidem tempore dici non potest, fratres carissimi, quãtum voluptatis animo cœperim, cùm viderem in Sinarum regione, inter tot sæculorum idololatras, diuina sacrificia peragi, & Euangelium promulgari: & præsertim

In Sinarũ regione diuina Sacrificia peraguntur.

heb-

hebdomadæ sacrosanctæ Paschatisq; solemnia multis eorum qui aderāt lacrymis, lætitiaq; celebrari. Illud etiam percōmodè factum est, vt Lusitani aliquot redimerentur, ab incolis iam diu in vinculis habiti, mortisq; licet iniustè damnati. Tenebantur autem adeò tetra immaniq; custodia, vt nisi hisce oculis ego ipse vidissem, nunquā fieri posse putassem, vt quisquam eo vitæ genere spiritum duceret.

Quadragesima exacta Cantoném Sinarum vrbem (quæ Vlyssiponi magnitudine pænè par est) tristes nuntij perferuntur, quibus omnes valdè perterriti sumus, in prouincia Sancij, è Sinarum prouincijs vna, tantam repente aquæ vim scaturigine crebra è terræ visceribus erupisse, vt omnem circa regionem ad passuum centum octoginta millia inundauerit, vrbes septem villasque complures obruerit, omnibus incolis vel ipsa inundatione demersis, vel si inundationem effugissent, demisso cœlitus igne consumptis. Quod ita pro certo est habitum, vt Chaurel qui magistratum Cantone summa cum potestate gerebat, quod patrem atque familiam ea calamitate amisset, administratione deposita (id enim in patris luctu solemne est) ad obrutam Sancij prouinciam magno

Inundatio vrbes & vlillas cōp ures obruit.

cum

cum squalore discesserit. Hæc autem de Sinis tantùmodo cognita sunt: nam Lusitanis alijsue omnino aduenis mediterranea penetrare non licet. Inde anno proximo, qui fuit 1556 Iunio mense Iaponem versus nauigare perreximus, & duas inter insulas certum naufragij vitæque discrimen Dei beneficio euasimus. cuius clementia, & in eiusmodi periculis cura salutis nostræ, nostram in ipso fiduciam non mediocriter auget, magnamq́; spem affert fore, vt Bungi Rex ad Christum adiungatur, præsertim cùm eius rei Rex ipse litteris ad Proregem Indiæ scriptis significationes dederit non obscuras.

Cùm ad Bungi portum appropinquaremus, ad oppidum quoddam appulimus, cuius oppidi principes, sumptis armis ab Rege Bungi defecerant. ibi ex incolis qui ad nauem accesserant, audimus Bungi vrbem totam euersam esse, aufugisse Regem, putare se nostros etiam Socios, qui Bungi commorarentur, occisos. Ea res quamuis falsò nuntiata, omnes quotquot eramus in naui, magnopere conturbauit, ac perculit. Sed Bungum nihilo minus vento aduerso contendimus, & Socios omnes incolumes DEI beneficio offendimus. Quos ego nobis ad littus obuiam prodeuntes

quan-

LIBER II.

quanto meo gaudio viderim, verbis exequi fratres cariſsimi nequeo, prorſus vt à morte reuocati mihi viderentur. Neque verò in eo congreſſu Coſmus ille Turrenſis temperare lacrymis poterat, bonus vtique ſenex, & vir planè egregius. Annos octo Amangutij vixerat, in ea vrbe relictus à Franciſco Xauerio: toto eo tempore nullum guſtauerat carnis genus, nec pane piſcibuſue recentibus (quibus rebus id oppidū caret) ſed oryza tantummodo Iaponio more decocta (quæ eiuſmodi eſt, vt eam comedas non niſi fame ac neceſsitate coactus) ſalitoque piſce, aut oleribus veſcebatur: ijſque cibarijs ita aſſueuerat, vt carnes iam ſine valetudinis incommodo manducare non poſſet. Is Amangutij rem CHRISTIANAM adminiſtrauit egregiè, multis magniſq; laboribus, ac difficultatibus fortiter ſuperatis. Etenim vel intrà priuatos ipſos parietes à Bonzijs lapidibus ſputiſque appetitus, illuſus, & contumelioſè tractatus eſt, cùm ſine magno periculo domo pedem efferre non poſſet. idque ob eam maximè cauſſam, quòd poſt Franciſci Xauerij ex eo regno diſceſſum, Rege ipſo Amangutij ex inſidijs interfecto, aſsiduo pænè bello ac ſeditionib⁹, cum vniuerſæ ferè nobilitatis ac magiſtra-

Coſmi Turrenſis victus ratio & labores.

R 4 tuum

EPISTOL. IAPON.

tuum cæde regnum illud exarserat: cuius rei culpam Bonzij (quorum est magna apud plebem autoritas) cum in Christiana sacra suscepta, neglectasque Deorum religiones conferrent, tantam in inuidiam Cosmum vocauerant, vt & mūdus illi crucifixus; & ille mundo vicissim iure optimo dici posset. Sed eum in hisce incommodis, & ærumnis præclara nimirum conscientia sustentabat: quippe qui ad Christi domini nostri gloriam retulisset omnia, & Amangutianorum Ecclesiam interim conseruari atque augeri intelligeret. Denique mihi narrabat nunquam se in vita lætitiæ, ac voluptatis tantum cepisse quantum septem illis octóue annis Amangutij percepisset. planè vt existimem illum è lacrymarum mira suauitate & copia, magna ex parte oculorum aciem perdidisse. Vt Bungum veni, dedi operam vt Regem ipsum inuiserem, multisque eum rationibus ad CHRISTVM traducere sum conatus: sed frustra, partim quòd hostium metu in locum munitum sese præsidij caussa recepisset, partim etiam quòd sibi intelligeret Christiana lege mores esse mutandos. Accedebat illa quoque suspicio, fore vt populares sui Christianum regem ferre nollent, ac proinde interficerent. Sed illud

Bungensis Regis conuersionem quæ retardârint.

illud maximè retardabat hominem, quòd dæmoni deditus est in hæresi ea, quæ animũ ait vnà cum corpore interire, spiritum esse nullum, et nihil omnino præter ea quæ sensu percipimus. Egimus diligenter cum eo, vt cum Bonzijs aliquot, quorum esset præcipua sapientiæ existimatio, coram se regníq; principibus disputatio de religione institueretur à nobis, peruersitatem opinionum ipsorum, & veritatem Christianæ fidei nos apertè demonstraturos. quod ille se facturum nobis promisit: re ipsa quanquam efflagitantibus nobis non præstitit. Sunt autem Bonzij cum regni proceribus affinitate coniuncti, nobis vero, quòd plebi eorũ scelera fraudesq; detegimus, iniquissimi, tantisq; mendacijs populum onerant, nihil vt Euangelio in his terris maiori impedimento esse videatur. Quod idem Francisco quoq; Xauerio (quamuis id nos celaret) vsu venisse nũc demum cognoui. Quot *Xauerij in* ille in ijs locis incommoda superauit? cũ *laboribus* pedibus iter assiduè faceret, cùm per vias, *& difficul-* ædesq; Bonziorum, ac principum concio- *tatibus cõ-* naretur, Iaponicísq; cibarijs, quæ insipidis- *stantia.* sima sunt, victitaret. In magnis verò frigoribus instar famuli à pedibus Iaponios equites citato gressu persequebatur, talari veste nunquam deposita, & quidem sarcinula

nula onustus, vt eo comitatu insidias latronum effugeret. Idem in castigandis Iaponiorū flagitijs & superstitionibus adeò fuit liber ac vehemēs, vt trepidaret comes eius, qui mihi hæc deinde cuncta narrauit. Quoties ille puerorum insectantium vociferationes, iurgia, lapidationes constanti semper, inuictóq; animo pertulit? Mortem verò pro Christo vsque adeò optabat, vt eam vltrò pænè quærere videretur. Regis quidē Amangutij nefario flagitio liberè, atque acriter accusando non obscurum adijt vitæ discrimen. Iaponijs proceribus quibusdam eum parum honorificè compellantibus, trementem interpretem, & mucronis ictum in singula momenta exspectantem, ijsdem compellationibus (tametsi citra cōtumeliam) respondere iubebat. idque non contumacia elatus, sed quod illud sentiret ac diceret: nullam (vt tūm res erant) suæ doctrinæ dictorumq; in ijs locis autoritatē futuram, nisi maiore apud eos esset in honore, quàm ipsimet Bonzij, quos illi sanè valde reuerentur. Quam eius animi magnitudinem vitæq; contemptum Iaponij vsq; adeò mirabantur, vt etiamnum magnum apud multos nomen sanctitatis obtineat. Ego in grauissimam febrim incidi magno sanè vitæ periculo; ex qua tertio denique

men-

mense euasi: cumq; res Iaponicæ turbulentæ exiguam spem profectus ostenderent, infirmo etiamnum corpore ad meum prouinciale munus in Indiam mihi renauigandum existimaui. Quò licet sæuissima (qualem nec videre me in vita memini, nec verò existere vnquam posse putaui) dierum quinq; tempestate iactati, incolumes Deo miserante peruenimus: cuius bonitatem supplices exoramus, vt quos è tot periculis ereptos in hæc loca perduxit, eosdem obedientia duce ad cœlestia regna sedesq; peruenire patiatur. Cocino 4. Idus Ianuarias 1558.

GASPAR VILELA SOcietati IESV Goam.

ANNO superiore, fratres mihi carissimi, ad vos fuse perscripsi res cùm alijs huius prouinciæ locis, tum præsertim Firandi gestas, vbi annum sum commoratus. quo temporis spatio Christiani mille et trecenti facti, templaq; tria Christo exædificata sunt, quæ Idolorum ædes antea fuerant. quam rerum conuersionem aduersarius ægrè ferens magnas in nos turbas per Bonzium quendam excitauit, qui ex incremento rei Christianæ acri odio

Anno vno 1300. Christiani facti.

in nos iam ante concepto, habita etiam nobiscum disputatione turpiter victus, tanta cum indignatione discessit, vt suum dolorem alia ratione punire omnino decreuerit. Confestim praua Bonziorum dogmata atque mendacia vulgo prædicare instituit, idque eo euentu, vt cuius nomen Firandi ante id tempus obscurum atq; ignotum fuisset, plurimos iam sectatores haberet, nec plebs modò, sed ipsi Bonzij ex eius ore penderent. Is populum in nos vehementer suis concionibus incitabat, monebatq; & hortabatur, vt nos sicuti Franciscū Xauerium antea, finibus pellerent, atq; ita Deorum ab se iram ac minas auerterent. quibus rebus effectum est, vt non solū multi in nos falsum dicerent testimonium, sed etiam (quod Christianos vehementius pupugit) crucem effringerent in sacro coemeterio positam: quam iniuriam & Regulus oppidi, & aliquot alij Christi gloriæ cupidi quanquam vlcisci parati, iustis tamen de causis patienter tulerunt. Dominus verò Deus noster nihil ijs alijsq; multis eorum sceleribus motus, sed recordatus miserationum suarum antiquarum, pro flammis atq; fulminibus signa misit è coelo ad eorū tenebras dispellendas perquam clara & illustria: etenim in media aëris regione species

LIBER II.

cies crucis apparuerūt aliaq; prodigia valde conspicua. verùm enimuero vsq; adeo densa caligine mentes eorū obductæ sunt, vt insolitam lucem intueri nequiuerint. Sed potius in sua pertinacia obfirmatiores, neophytos à Christi cultu summa vi reuocare conati sint.

Crucis species in aëre apparuerunt.

Meacum est vrbs totius Iaponis caput, frequentissima academia litteratorumque conuentu percelebris, cui ciuitati quod Euangelij lux nondū affulsit, Cosmo Turrensi rectori nostro visum est faciendum, vt aliquis nostrum ad explorandum ciuitatis statum, simulq; tentandum quis ibi locus Euangelio sit, mitteretur. Eius rei gratia crebris supplicationibus ac sacrificijs ritè peractis, hæc mihi prouincia obtigit, licet ad tantum onus haud quaquam idoneo. Sed qui illud mihi per obedientiam imposuit Dominus, idem ferendo quoq; suppeditabit vires. Equidem, quod ad me attinet, mortem, iniurias, incommoda, & frigora quæ in ijs regionibus maxima sunt, mihi propono. Iaponicæ linguæ tametsi consuetudinem aliquam nactus sum, tamen quò facilius atq; commodius cum Iaponijs agere possim, interpretem è Societate nostra Iaponium mecum duco, iamq; me ad iter accingo. Itaq; ne longior sim temporis angustiæ

gustiæ prohibent. Illud à vobis fratres carissimi enixè peto quæsoq;, vt me in tali ta-
taq; re omnis opis egentem Domino quàm
diligentissimè commendetis. Ex Iapone
Kal. Septembris 1559.

IOANNES FERNANDES
Melchiori Nunni.

Christiano-
rum exer-
citationes.

Acta proximi superioris biennij cognosces ex litteris ijs, quæ publicè
missæ sunt. Nunc accipe quæ mihi
in præsentia occurrunt. Bungensium Christianorū in suscepta religione maior in dies
firmitas atq; constantia cernitur: quippe se
se pœnitentiæ, & eucharistiæ sacramentis
identidem muniunt, sacris cōcionibus adsunt, subinde se verberibus puniūt, aliaque
pia munera diligēter obeunt; horarias preces quotidiè recitāt, cruciatibus Dñi in horas singulas ita distributis, vt vniuersam
eius historiæ seriem singulis diebus ea ratione percurrant. Neq; verò Facatæ, quanquā templo à militibus direpto, & disturba-
to, cessatū est. Nā præter fœminas puerosq;
patres familiarum sex baptizati sunt, quorū opera illam Ecclesiā propediem restitutum iri confido. Atq; vt intelligas Iaponij
Christiani quantū in virtute profecerint,
narra-

LIBER II.

narrabo quid vni eorū nobili genere nato, *Nobilis cu-*
contigerit. Is cùm esset Amangutij apud *iusdā Chri-*
amicum opulentum, qui agros orizæ fera- *stiani præ-*
ces ei fruendos dederat, cumque videret se *clara in vi-*
occupationibus distineri, quo minus Chri- *ta & morte*
sto quemadmodum optabat totum se mā- *facinora.*
ciparet ac traderet, fundo vectigalibusque
relictis, Facatam vnà cum vxore, liberis, ac
seruis venit, vbi nō modò se ipsum Deo verè atq; ex animo dedidit, sed filium quoq;
indolis egregiæ nobis tradidit tenera adhuc ætate Societatis nostræ doctrina, præ-
ceptisq; imbuendum. Idem vt vni Deo vacaret, depositis omnibus seculi negotijs, totū Quadragesimæ tempus apud nos posuit,
vbi quidquid à quotidiano missæ sacro &
concione supererat téporis, precando, con-
templandis sempiternis præmijs, morteq;
& extremo iudicio, cōsumebat: quibus rebus in Dñi nostri IESV Christi cognitione,
& amore crescebat in dies. Accedebat ad
eius constantiā, virtutemq; corroborandā,
rerū à martyrib⁹ piè fortiterq; gestarū assidua cogitatio: ex quib⁹ præcipuè diui Stephani delectabaᵗ præclaro facinore, p̄ lapi-
datorib⁹ suis in extremo spiritu Dominum
deprecantis. Vbi hebdomadæ sacræ dies
venerunt, vitæ maculis per confessionem
diligenter elutis, ipso Paschatis die cū alijs
quat-

quattuor aut quinq; cœlesti pane sese pa-
uit ac munijt. Quinto autem sextoue post
die, vrbe Facata euersa, ex principibus quidam (qui seditione commota in Regem
Bungi arma ceperat, is apud quem noster
Christianus (vt diximus) Amangutij antea
vixerat) se ab illo desertum indignatus, eū
à sicarijs ad necem conquiri iubet: quos
ille vbi se adorientes aspexit, non modo arma non sumpsit, cùm esset vir alioqui fortis ac strenuus, sed etiam quasi mansuetus
agnus in genua procubuit, tam diu ad Dominum Deum oratione conuersa, quo ad
vsque eidem animam reddidit. nec dubita-
mus quin preces pro interfectoribus fude-
rit. Etenim diui Stephani exemplum intimis eius medullis inhæserat. Filius apud
nos, vxor autem & filia apud sanctam fœminam precationi ac pœnitentiæ deditæ in
virtutibus valde proficiunt.

Alexander est quidam alius Christianus.
is cùm esset in famulatu potentis viri in
agro Facatensi, haberetq; in eodē famulatu socrum & coniugem, quæ vxori domini
seruiebant, à Spiritu sancto permotus, ea familiaritate salarioq; relicto Facatam iniussu domini, baptismi petendi caussa concessit. quo impetrato, perceptis iā Christianæ
fidei rudimentis, tota de re dominum fecit
per

per litteras certiorem, eumq; ita IESV fauente commouit, vt coniugem & socrum ad ipsum continuò dimiserit, quæ item ad ecclesiam aggregatæ sunt. & coniunx quidem quindecim post diebus excessit è vita, IESVS, MARIA piè pronuntians, quam multis rationibus in cœlum ascendisse confidimus: Alexander verò vxoris morte sanctissimè obita adeò permotus est, vt omnem pecuniam abijcere, vitam cœlibem agere, & quoad spirauerit, Cosmo Turrensi parere decreuerit. Pijs sacrificijs tuis, et reliquorum patrum fratrumq; mihi carissimorum me valde commendo. Bungo 3, Nonas Octobris 1559.

GVLIELMVS SOCIEtati IESV in Lusitaniam.

EGO cum Gaspare Vilela Firandum in subsidium Christianorum Bungo contendi, annumq; ibi totum vterque partim in baptizando, partim in Christiana doctrina pueris tradenda consumpsimus: qui per vias campani æris sonitu (qui tum primùm in ea vrbe exauditus est) conuocati, eam paulatim edidicere, peritioribus quibusdam ex eorum numero constitutis, qui magistrorum vice apud ceteros

EPISTOL. IAPON.

fungerentur. Atq; etiam per vrbē publicè quæ didicerant alacriter concinebant, nec barbarorum nos infectantiū clamore, derisionibus, probris deterriti sunt, quo minus cœptis alacri studio insisterent. resq́ue eo iam loci processit, vt filij priuatim parētes ipsos edoceant, seq́; inuicem inuitēt ad eam noctu, modò apud hunc, modò apud illum decantandam, quo parentes etiam vocat suos. Hebdomadæ sacræ diebus, Gasparis hortatu certus in vrbe locus ad montis Caluarij speciem est comparatus, quo Christiani ad audiendū verbū Dei, seq́; diuerberandos pie admodū ventitabant. In Iaponis proceribus Christianus est quidā Antonius nomine, cui? in ditione sunt circa Firandū aliquot insulæ, ac vici. In ea loca Gaspar Christianorum rogatu profectus, incolas pænè omnes tanto Antonij gaudio voluptateq́; cōuertit, vt Antonius ipsemet incendium ædibus idolorū inferret: quarū custodes, quam dæmonibus dederant operam, eandem conditori suo, qui verè Deus est, deinceps dare cœperunt. Firandi in ędibus Antonij nouis, Gaspar habuit concionem, ibiq́; Antonius eo ipso die Christianis omnibus epulum præbuit: &, quo nihil gratulationi deesset, diuinitus factum est, vt filius eius etiam tū ethnicus cum quibusdā dome-

Ædes idolorum incēduntur.

domesticis mulieribus, conuerteretur ad
Dominum. Multa praetereo, quæ ex nostrorum litteris cognoscetis. Christus dominus noster nos tū ad perspiciendā penitus voluntatem ipsius illuminet, tum ad eandem rite exequendā pro sua bonitate cōfirmet. Bungo 4. Nonas Octobris 1559.

BALTHASAR GAGVS
Societati IESV Goam.

Quæ mihi in mente venerint de statu rerum Iaponicarū siue præsenti, siue præterito, complectar his litteris, tametsi in magna rerū varietate ac mutatione, quæ nobis benè de re Christiana merēdi laborandíq; maiorē etiam occasionem præbuit. Versamur in hoc Bungensi domicilio nouē omnino patres fratresq; cum Iaponijs aliquot hospitaliū domorum ministris. oppidani quotidiè, sed dominicis præsertim diebus festisq́ue præcipuis ad templum ita frequentes à millibus passuum amplius nouem conueniunt, vt ædes multitudinem vix capiant, interdum etiā bonam eorum partem excludant. Quotidiè sacris peractis elata voce recitatur Christiana doctrina. Cōplures Iaponij qui propius absunt, singulis sabbatis confessione, celebrioribus verò diebus etiā cōmunione

Iaponiorū erga res diuinas studium.

sese confirmant. Et mirum, ipso statim generalis confessionis initio, quæ sacrũ præire solet, ac Iaponicè recitatur, ex auditorũ oculis emicant lacrymæ, ac multò etiam vberiores, cùm sacerdos corpus Domini tenens manibus, Domine (inquit) non sum dignus: quæ verba tunc ipsi quoque Iaponico sermone pronuntiant. Itaq; mei sanè valde me pudet, cùm hosce homines video vix ante biennium ad lumen à cœcitate conuersos, tanto sensu ac dolore affici delictorum suorum. Iam verò sortiuntur etiam apud quem dominicis diebus coëant ad sermones inter se de religione serendos, eoq; è nostris aliquem accersunt, qui matutinam concionem ipsis in memoriam reuocet. atq; in ea quid quisque potissimum animaduerterit, in medium afferunt. Hac sermonis communicatione absoluta, symbola pro cuiusq; facultatibus in pauperum funera conferuntur. Atque hoc ipsum institutum & consuetudinem Amangutiani quoq; sibi à Cosmo Turrensi iam ante quadriennium traditam, retinent. Bungi hospitales ædes habemus duas, alteram plagis vlceribusq; curandis, alijs morborum generibus alteram, ex illius regione extructam hoc ipso anno 1559, ex lignea materia, multò ampliorem, in qua media aram ex-

Bungi hospitales ædes duæ.

excitauimus. Absolutum est ædificium die visitationi beatæ Virginis sacro ibiq; postridie primùm sacrificatum est, habitaq; oratio de rebus diuinis magna cum voluptate, lętitiaque Christianorũ:quos vniuersos eodem coactos vnus ex ijs conuiuio excepit. Eius Nosocomij conclauia sexdecim sunt, quibus medici quoque hospitium est contiguum, viri in curandis ægrotis diligentissimi. Ab æstate proxima ad hoc vsq; tẽpus amplius ducenti omni morborum genere liberati sunt, cùm neminem Cosmus, quáuis desertum ac desperatum excluderet: cancriq; ac fistulæ veteres amplius decem & septem annorũ, ac viginti tanta felicitate curatę sunt, vt Dei potius beneficiũ, quã humana medicina fuisse videatur. Quamq; in chirurgia sanè excellit vnus è nostris, qui alios etiam domesticos docuit, in quibus est qui propter egregiam Iaponicæ linguæ notitiã simul & pharmacis corpora, & animos monitis, ac salutari doctrina curare possit. Itaq; multi ex ijs paulatim conuertuntur ad Dñm. Iaponius erat quidã Meacensis domestica Bonziorum disciplina, ac superstitionibus à puero institutus. Is non solùm audito Euangelio credidit, sed etiam cognita nostræ vitæ ratione ad nos Bungũ vna cum Cosmo concessit. Incitabat ipse

S 3   se ad

EPISTOL. IAPON.

se ad omnem virtutem, secumq; præclarè pugnabat; & quoniā rei medicę vacauerat, composita quædā exposuit duobus libris, Sinarum lingua. deinde migrauit ad Dñm. huic successit Michael, quo itē sanctissimè vita functo, Sinæ duo à Cosmo sunt substituti, qui eos libros edisceret. Composita sanè facilia, & efficacia sunt, prorsus, vt eorū quibusdam statim admotis morbi pellātur. Gulielmus quidē Pereria cùm huc appulisset, ægrotus ipse, & reliqua ipsius turba nautalis; ijs medicamentis omnes ad sanitatē perducti sunt. atq; opus hoc ære priuato hactenus Christiani prouinciales & mercatores aliquot Lusitani sustentant. Sed Rex præterea in eosdem sumptus vectigal attribuit, ex quo pacatis rebus annui capientur aurei trecenti. Foemina est septuaginta annos nata, maiorē Iaponis partem emensa, cùm stipi à Principibus cogendæ vacaret, extruendis idolorū templis, quorū illa pręcipuo quodā studio, cultuq; tenebatur. Hęc vbi Firandum venit, Dei verbis auditis baptismum enixè petijt, quo impetrato, Bungum se contulit, factaq; ibidem habitandi potestate, prope ædem nostram perpetuū sibi domicilium comparauit. huius virtus Christianis ad exemplū prælucet, victumque sibi suis manibus ipsa cùm quæritet, tū

Infirmorū cura.

Foeminæ septuagenariæ conuersio: eiusq; in Deum & pauperes studium.

duas

LIBER II.

duas præterea mulieres, Christianis maritis defunctis honoratis hominibus, alit viduas, & in officio atque opere continet; singulis sabbatis peccata confitentur, inopem ducunt vitam, carnemque suam solitudine ac pœnis voluntarijs edomant. Quidquid ex parta labore suo pecunia superest, id continuò in valetudinarij subsidium conferunt: iamq; præter lineas tunicas aliaq; similia, in vsus pauperum aureos etiam nummos plus centum, & quinquaginta erogarunt: sunt etiam ex Christianis qui ceteros, & per vrbem, & per vicinos montes aliquo morbo laborátes inuisant, quorum inopiæ, cùm opus est, aliquod per eosdem viatores è Valetudinario subsidium mittitur. Christianus est Michael quidam, cuius hero vita functo homine pecunioso, qui magnam alebat familiam, ad funus conuenere Bonzij permulti, qui vnà cum familiaribus eius Iaponico ritu quotquot habent idola, suis quæque nominibus elata voce inuocare cœperunt; quos Michael, quamuis mortis metu proposito nō modò noluit imitari, sed etiam multis eos rationibus, sanè constanter ab ea impietate reuocare conatus est. Alius erat in eadem familia Christianus, nomine Emanuel, qui Bonzijs aliqua ex parte in ea vociferatione cōsensit, is deinde à Michaele obiurgat*

Michaelis cuiusdam sancta libertas.

culpam agnouit, atq; vltrò ad pœnam delicti postulandam venit in templum, & die quodã dominico dum sacrificatur, sese flagris acriter nõ sine copiosa sanguinis profusione cęcidit. Qua satisfactione à reliquis Christianis accepta, et probata, cum Ecclesia in gratiam redijt. Alius item Christianus, cui nomen est Paulo, quòd in solemni quadam barbarorum gratulatione vexillifer esse recusasset, Regis autoritate ac beneficio vix obtinuit quò minus ab ijs malè multaretur, eiusque domus disturbaretur.

Christianorum in Socios officia. Mos est Christianorum in vsus templi aliquid semper è suis fructibus conferre, ipsumq́; templũ magna admodum cura tuentur: in grauioribus verò difficultatibus, siue turbines, ac procellæ sæuiant (quæ in his locis ita sunt vehementes vt ædificia euertant, euellant arbores, si verò imbribus mixtæ sint, emota etiam loco semina dissipent) nobis præsto sunt: siue belli vis ingruat, armati statim ad templi defensionem accurrunt. in eo quidem tumultu, qui hoc ipso anno excitatus est, cùm Balthasar Gagus Facatæ pænè obsessus ab hostib⁹ teneretur, Christiani permulti sese ad eum liberandum, vel capitis sui periculo comparauerant. Sed eum Dominus, vnà cũ reliquis ea obsidione, locoq́; inscientibus inimicis exemit. Supe-

Superioribus diebus Gaspar Vilela Meacum est missus, quod etsi iam dudū erat in optatis, nunc tamen opportunius visum est, cùm simul omnes in hanc Bungi vrbē conuenissemus. Interpres eum comitatur Laurentius frater, cùm Iaponicæ linguæ, morumq; tum rerum Christianarum peritissimus excellentiq; ingenio præditus. secum ferunt librum, à Melchiore conscriptum, ab ipso autem Laurentio Iaponicè versum: cōmodū etiam accidit, vt eo ipso tempore hinc proficisceretur Meacensis quidam, qui illis dux itineris optimus esse possit. quattuor in vniuersum hoc iter ingressi sunt, quibus Dominus vtinam pro sua infinita bonitate aditum muniat, gentemq; illam ad suas tenebras agnoscendas, moresq; mutandos illustret. in ipso discessu Cosmi Turrensis hortatu subsidiū aliqd spiritale in eam expeditionem à nobis omnibus petiere: sacra missarum permulta, septem psalmi, aliaq; huiusmodi suffragia delata: seq; in viam dederunt sexto Idus Septembris 1559, non sine magno omnium dolore ac lachrymis. Iamq; eos Meacum DEI beneficio peruenisse cognouimus. Quid ibidem egerint, qui status sit rerum, vt ex hac parte, prout è re Christiana fuerit, absentibus cōsulatur, propediè cognoscemus.

Nunc venio ad res Facatenses. ea est vrbs ampla, & opulenta, negotiatorib⁹ frequés, in planitie sita. Bũgo distat pedestri quinq; dierum itinere. Inde Firandum maritimus traiectus est passuum octoginta milliũ. Anno superiore, paschalibus festis exactis, cùm Rex nobis domũ, ac templum Facatę secus mare dono dedisset in suburbano, in quo agricolæ ferme septuaginta versantur, eo missus sum, cũ Ioanne Fernande qui Iaponicã linguã tenet optimè, cuius ad conciones cùm magnus cõcursus fieret, baptizari aliqui cœpti sunt, veruntamẽ lentè, nã ante baptismũ Christianis rudimentis diligenter instituũtur, et certas precãdi formas mandãt memoriæ, deniq; intelligunt in ea religionis mutatione quid suscipiant, qdue deponant. conuersi sunt ex eo numero sex patres familias, nec inepti homines, et locupletes, eodẽ conueniebant etiam indidem Christiani aliquot, qui iam antea Euangelio crediderant, itemq; Amangutiani nonnulli. Habebatur aũt quotidie concio, deinde ad litanias veniebant, tùm conferebant inter se, quæ in cõcione audierant, deinceps doctrina Christiana Iaponicè, oratio verò dominica, Angelica salutatio, & Symbolũ Apostolorũ latinè recitabãtur. Cùm res ita procederent anno 1559 officijs hebdomadæ

LIBER II. 142

dæ sacrosanctæ persolutis cū ceteris (locus em erat idoneus) sacratissimæ Eucharistiæ mysterijs, ac cæremonijs; altero paschaliū die armatorū duo millia possessionibus suis pelli se ab Rege, præfectoq; regio Bungesi, (qui fortè ibi tùm erat) acriter questi, Facatā aggrediuntur; atq; eo qdē die exclusi ab incolis, nocte verò insequente prodentibus Bōzijs, vrbe vicoq; potiti sunt. Hic nos in desis tenebris, sublata humeris cruce, rebus nostris diligenter quisq; pro sua parte consulere. Ac primū omniū quædā templi ornamenta cum Ioanne Fernāde, puerisq; domesticis, in Firandensem nauē imponimus: quæ continuò soluit. Inde Gulielmus, & ego, comitibus Christiano quodā incola Syluestro nomine, & Lusitano, qui in his locis eo tēpore versabatur, in nauē confugimus duobus passuū millibus stantē in salo. nauarchº, qui ex hostiū factione esset, simul atq; oppidū captū cognouit statim cū suis de nostro interitu cœpit inire consiliū. suadētibus cunctis, vt nos è medio tolleret, et periculosū fore dicētibº, si nos direptos, ac spoliatos abire permitteret; vnus ipse, nō tā misericordia adductus, quā lucri spe, q̄ multo plura nobis superesse arbitraretur, eā sentētiam dissuasit. quo qdē tempore cum actum de nobis esse arbitraremur, veniā delictorū apud se quisq; suorum à Deo supplices

Facata oppugnatur.

Syluestri erga Socios fides. ces precabamur. Syluester autem ille Iaponius, non necesitate compulsus (omnia enim ea pericula effugere poterat) sed beneuolentia, & caritate, quamq́ enixè recusante me, vnà conscenderat, cùm diceret certum sibi esse nobiscum mori, eum ego noctu sæpe singultientem, effuseq́; plorantem audiebam, quod agi de nece nostra à nauicularijs cognouisset. quinimmo facta sibi ab illis abeundi potestate nunq́ est vsus. idem ex ijs quæ secum attulerat, ita multa cum nostris amisit, vt vnum ei superesset indusium: interim cibaria nobis vnciatim dabantur æquè malè acceptis, ac si in Turcarum triremibus teneremur. quarto pòst die Facatæ cognitum est nos ibi esse, quod vbi nauarchus resciuit, tota de re hostes, qui vicum cœperant certiores facit: tùm nauiculæ tres armatis hominibus refertæ nauem inuadunt, ipsumq́; nauarchū arreptum expilant, nos verò ipsis etiam vestibus, quę nobis erant reliquæ, vna tantùm

Sociorum calamitates & pericula. relicta intima tunica exuunt. cum ijs deinde in nauiculas descendimus. qui tria passuum millia cùm processissent, antequam ad terram appelleret, inter se spolia diuiserunt. quod illi dum faciunt, vir quidam ex eo comitatu præcipuus qui me nouerat, mihi togam, comitibus verò meis aliquid

sin-

singulis ad corpus tegendum reddidit. descensione in littus Facatensium facta, noui nos labores, noua pericula excipiunt. nam ex hostibus hi qui in terra remanserant, partem prædæ ab eis, qui in mari nos diripuerant, efflagitare cœperunt, qua cùm ijs communicata discedunt. nos in littore sumus relicti. magna autem erat eo loco vis populi, portæ verò oppidi clausæ, dispositaq́; præsidia. hic nobis alius pugionem, alius hastam intentans, dari sibi aliqd minaciter postulant; alij verò nobis manus etiam inferunt, vt vinctos in suas villas abducant. denique nos vestimentis planè omnibus nudant. In ea turba, ac tumultu conijcimur in aggeris quendam hiatum, quod apud eos futuræ necis indicium est. tùm verò plebs in nos cateruatim irruere, nos clamoribus suis ad cædem exposcere; nos regnorum euersores appellare, alijsq́; huiusmodi probris contumeliose proscindere. quæ voces dum ab incondita plebe iactantur, ecce tibi miles specu illo nos extrahit, strictoq́; gladio, vbi sunt, inquit, pecuniæ? Cui nos, vides in quo statu simus, & petis ea, quæ non habemus. mittit ille confestim in oppidum sciscitatum, nobis porrò quid faceret. Dum in his vitę periculis versaremur, Syluester interea admissus

in

Christiani cuiusdam pia in captiuos officia.

in oppidum, Ioannem quendam Christianum, cui cum hostibus magna erat necessitudo, de nostro statu fecerat certiorem. qui vestimentis quattuor sumptis, continuo ad littus excurrit, summotaq́; magno impetu multitudine, ex eorum manibus, qui nos iam captos tenebant, eripuit. simul etiam adfuit ex oppido nuntius, qui nos occidi vetaret. Inde Ioannes domum suam perductos, cibo nos, igneq́; refecit, vadimonium etiam pro nobis magistratibus promisit, eosq́; tum pollicitationibus, tum verò muneribus mitigauit. Et quoniam in ijs tumultibus casu disiuncti à nobis Gulielmus cum puero Christiano in manus militis cuiusdam inciderant, eo ipso die nulla interposita mora Ioannes militem adijt, pretioq́; redemptionis transacto (id fuit aureorum viginti) nostros domum reduxit: in qua decem dies morati; quòd ea negotiatoribus valde frequens esset, magistratuum iussu ad alium Christianum diuertimus, ibiq́; dies quinquaginta latuimus. Breuiarium ego per eos dies cum reliquis rebus amiseram: id quoq́; Ioannes & reperit & mihi suo ære coëmptum reddidit. Tertio mense inter eos labores ac metus exacto, veniam denique profectionis sine ulla vel hospitum nostrorum vel Christianorum alio-

LIBER II. 144

aliorum molestia aut detrimento à magistratibus impetrauimus. mihi enim vtiq; certum erat quiduis perpeti potius, quàm damni quidquam cuipiam eorum importare. Bungi aūt vt nos euasisse cognitum est, ingens cùm Regis ipsius, ac procerum aliquot, tum Christianorum gaudium fuit: quorum nonnulli nobis obuiam ad vrbem accedentibus ad tertium lapidem non sine cibarijs prodiere: ad secundum verò, atq; ad primum alios item offendimus vino fructibusq; ad nos recreandos aduectis, atq; ipsis etiā vmbellis ad solem arcendū. nec verò mulieres ei gratulationi defuere, quæ sublatis in sinū infantibus item longè nobis occurrerant: atq; hæc omnia mira cū alacritate, lætitiaq; fiebant: plorare alij gaudio, alij sublatis in cœlum oculis Deo gratias agere, quòd preces ipsorum exaudisset: omnes verò et mihi, et inter se gratulari, narrare quáto nos beneficio Dñs, è quot quantisq; periculis exemisset. Nam quid ego de patribus nostris, & fratribus dicam? qui vt nos iam à se desperatos incolumes redeuntes viderunt, tāta voluptate lætitiaq; perfusi sunt, tātaq; nos vicissim, vt ærūnæ omnes preteritæ tanq̄ somniū euanescerent: laudetur Dñs, qui in his partibus ita remotis gētem hanc vix dum posito Christianæ militiæ

Insignis Neophytorum pietas.

tiæ tyrocinio, tanto diuinarum rerum studio inflammat. magnum hæc, mihi credite fratres carissimi, solatium afferunt; nec regnum est vllum cum Christi obsequio conferendum. in illis calamitatibus etiam Firando Christiani ter quatérue non modò farinæ, carnis, piscium, vestium, sed etiam pecuniæ tantam ad nos copiam submiserunt, vt ego valde timerem, ne ea res ab aduersarijs cognita dimissionis nostræ, ac liberationis negotium retardaret. Nec verò Facatensium quoq; Christianorum eo tempore subsidia defuerunt, vt affirmare possim, Socios nostros nunq̃ ita omnibus copijs abundasse, vt nos in eo statu Dei beneficio abundauimus: quam eorum in nos caritatem ac studium Dominus ipse compenset. Ab vrbe Facata condita nihil vnquam simile ijs tumultibus extitisse ferebatur: quo facilius persuasum est barbaris omnes eas calamitates nostra caussa cõtigisse: quare tanta in nos ira perciti sunt vt ædes nostras, ac templum, & cetera omnia diruerint, deniq; puteum ipsum quo vtebamur, glebis oppleuerint.

Ineúte quadragesima honestus vir Christianus, quo commodius rebus diuinis vacaret possessionibus relictis, amicoq; potenti, apud quem familiariter viuebat, ad

nos

LIBER II. 145

nos se recepit, filioq; vno quem habebat, in *Vita &* Societatis nostræ disciplinam tradito, ipse *mors egre-* toto eo quadragesimæ tempore pedem fi- *gia cuius-* nibus ædium nostrarum nusquam, ne ad *dam Chri-* suos quidem extulit: quinta autem sacræ *stiani.* hebdomadæ feria in cœna Domini cùm ante aram in primo fidelium ordine constitisset, præsentem in Eucharistiæ sacramēto Dominum alloquens omnes eius cruciatus, quos optimè nouerat, memoriáq; tenebat, sigillatim ita recensuit, vt vniuersi generis humani redemptiōnem æquè sibi vni, ac ceteris omnibus applicaret: idq; eo animi sensu, ac dispositionē verborum, vt omnes in sui admirationem conuerteret. vbi perorauit, flagris in sua terga cœpit sæuire tanta cum perseuerantia, vt eum cohibere necesse fuerit. is deinde Paschali die Dominico cum alijs aliquot corpore Domini sumpto, paucis pòst diebus ab interfectoribus circumuentus, quos iratus barbarus miserat, is quem diximus ab eo relictū fuisse, magno sanè animo sublatis manibus, oculísque in cœlum defixis, occisus est. vxoris solitudinem, ac liberorum orbitatem, qui bonam virtutis frugem pollicentur, nunc res familiaris nostra sustentat. Superioribus litteris alterius Christiani hominis item honesti multos iam annos na-

T ti

ti morte exposui, quam ipse quoq; in ædib⁹ nostris obijt.is allato ad se extremo corporis Christi viatico, cùm iam præ imbecillitate loqui non posset, aspectu Dñi recreatus, in eiusmodi verba vocem soluit, quæ inhabitare in eius animo Dominum testaretur. In agro Firandensi, Gasparis Vilelæ Antonijq; viri principis, & Christiani maximè opera, Christiana res ita feliciter gesta est, idola tot igne consumpta, euersa fana, ipsis æditius ad cultum Christi traductis; vt eius rei dolore accensi barbari, diabolicis instincti furijs crucem insignem Firandi iam diu positam à nobis, præciderint: templum verò Gaspare expulso, cum ipsa ara & imaginibus disturbarint, atq; ita nostros exterminarint, vt ne transitus quidem illac, quamuis alio tendentibus, pateat. sed Dominus horum neophytorum educationi, qui laborantibus nobis adeò amanter affuerunt, consulet: id vtiq; se admodum optare nobis per litteras ipsi demõstrat: cognouimus etiam vnum ex ijs rei Christianæ peritum infantes baptizare. Dominum obsecrate etiam atq; etiã carisimi fratres, vt afflictam ecclesiam hanc pro sua clementia excitet. Bungo Kalen.
Nouemb. 1559.

Libri Secundi Finis.

DE IAPO-
NICIS REBVS
EPISTOLARVM
LIBER TERTIVS.

LAVRENTIVS IAPO-
nius Societati IESV in
Indiam.

CCEPI VESTRAS
litteras, quæ mihi periucun-
dæ fuerunt: & quoniam in-
telligo quanto vicissim desiderio teneamini aliquid de
statu nostro cognoscendi; exponam paucis, quæ nobis in hac Meacensi prouincia
contigerunt. Primùm igitur Didaci domũ
deuenim⁹ in Sacomoto vico: qui vicus iacet ad montis Frenoiamæ radices, in quo
cùm cœnobia litteratiq́; permulti; tùm ve-
ró insignis cuiusdam principis Bonziorum
domicilium cernitur. ad eum montē cùm
peruenissemus, misit me Gaspar cum litteris ad Bonzium nomine Daizembum, quibus ille perlectis, aduentusq́; nostri causa
cognita; respondit magistrum suum ex

T 2   prin-

principibus eius ordinis vnum, qui Bungo nos euocauerat, anno superiore extremum diem obijsse, & se tenui re familiari, autoritate nulla in monasterio relictum, præsidio nobis esse non posse. ad eum tamen postridie Gaspar, & ego reuertimus: & quoniam nos auidè ipse, decemq́; eius discipuli Bonzij audire videbantur; apud eos verba fecimus: à quibus admoniti nullas religiones in ea loca iniussu Bonzij eius regionis maximi induci posse; dedimus operam diligenter, vt eum conueniremus. Sed cùm res parum procederet, oppidi præfectum postremò rogauimus, vt nos ad illum introducere ne grauaretur. tum ille, si disputandi caussa venistis (inquit) excludemini: sin ædium visendarum, id spectaculum vobis pecunia, muneribusq́; mercandum est. Gaspar, vt omnes aditus clausos Euangelio vidit; Frenoiama profectus Meacum contendit. In ea vrbe quatuordecim dies in ædibus conductis morati ad docendum minimè accommodatis, in alias migrare coacti sumus loco celebriore positas. Huc Meacenses iam ad audiendum Euangelium ventitabant. Post quintum autem & vigesimum diem, Bonzio nos deducente, viro in primis ciuitatis honesto, Regem seu Imperatorem Gaspar adiuit. à quo ita amicè

Meaci Euangelium promulgatur.

LIBER III.

amicè acceptus est, vt ex ipsomet eius poculo, honoris & amicitiæ caussa biberet. tùm verò frequentiore etiam vrbis parte nobis ad habitandum asignata, magna vis omnis generis hominum ad nos, vel audiendi, vel disputandi caussa, confluxit; sed animis initio tam obduratis, vt verbo DEI audito partim blasphemarent, partim etiam irriderent nos, atque deluderent. per eos dies cùm honesta mulier Meacensis ad concionem venisset; vbi peroratum est, baptismum petijt statim: sed rem distulit Gaspar, eò quòd mulierem nondum ad id Sacramentum idoneam reperit. Cunnæ præterea duo (magni honoris nomen id est) noctu ad nos audiendos ita se conferebant, vt nostram doctrinam valde probare viderentur. quidam verò è principibus oppidi Gamangoxini, qui Meaci habitat, cum decem alijs apud nos CHRISTIANVS est factus. postea cùm Gaspar ad Mioxondonum, qui præcipuum Meaci obtinet dignitatis locum, auxilij petendi caussa à primario quodam ciue deduceretur; tota vrbe percrebuit Mioxondoni iussu primariũ illum virum in vincula Gasparem coniecisse. rursus cum vrbis præfectus per vrbis compita edixisset, ne quis Gasparem læderet,

Vir princeps cum decem alijs Christianꝰ est factus.

ret, fictis rumoribus multi edictū esse mentiebantur, vt Gaspar oppido pelleretur. huiusmodi multa prætereo, quæ singillatim enarrare nimis longum esset. Sed iuuante Domino IESV Christo confidimus nos vt adhuc fuimus, ita etiam in posterum incolumes futuros magna cum diuini nominis gloria, rabieq; ac dolore diaboli, quando iam nostri in hanc vrbem aduentus ad

Banduensis Academia. Banduensem vsq; Bonziorum academiam fama penetrauit, sexcentis passuum millibus Meaco distantem. interim Bonziorum minis, atq; importunitate compulsus hospes is, ad quem diuerteramus, nos domo sua dimisit: itaq; in aliam nos recepimus. Hîc acrius etiā in nos aduersarij sæuire cæperunt, cùm nos alij simias, vulpes alij, alij deniq; à Dæmonibus occupatos, anthropophagosq; appellarent: pueri etiam eorundem instinctu cùm ceteris iniurijs, & illusionibus, tùm etiam lapidum, glebarū & arenæ coniectu infestarent, atq; lacesserent. Quanquam his rebus, Domino adiuuante, minimè deterriti sumus, quo minus Euangelium ad mensem Aprilem vsque

Iaponij 100 baptizati. nuntiarem°, cui Iaponij centū circiter fidē habuere, baptizatique sunt. sub id tempus Bonzij quinq; nos conuenerūt ex ea secta, quam Baracaque appellāt. qui meditationibus

LIBER III. 148

nibus quibusdam arbitratu suo compositis vacant. ij cùm nonnulla de nobis quæsissent eiusmodi, vt appareret eos à Dæmone agi; Gasparis responsis victi, abiectiq; conciderunt. Duo præterea ex ea secta quæ Tendaui dicitur, cùm diu nobiscum de religione atque acriter disputassent; concessere ad extremum veram nostram esse doctrinam, tametsi eorum nemo se ad Christum adiunxit.

Alius in primis eruditus, cùm è sermone Gasparis cognouisset vnum esse opificem rerū omniū, animosq; hominum nunq interire, idcirco negauit se baptismū petere, quòd ex impurissimo flagitiorum cœno emergere, casteq; viuere se posse diffideret.

In Bonziorum ordine magnum est nomen eorum, quorum eruditionem duo ex principibus (quorum est hoc iudicium) suo chirographo comprobauerint. Ea veluti quædam canonizatio est: in sella constitutos adorant, eorumq; approbationem scripto testantur. ex eo tempore qui probati sunt, certos locos ceteris ad meditandum proponunt. Hunc dignitatis gradum adeptus Bonzius quidam, nomine Quenxu, qui ipsos triginta annos in meditando consumpserat, in charta pratum & in eo aridam arborem depingendam curauit.

Bonzius Quenxu ad Christum cōuertitur.

T 4

uit.ad arboris autem radices carmina duo descripsit iudicum chirographo confirmata, quorum hæc erat sententia.

Prioris   Cedo, quis nam te seuit arbor
                  arida?
               Ego, cuius principiũ nihil est,
                  finis nihil.
Posterioris. Meum cor, quod neq; esse, neq;
                  non esse habet,
               Neq; it, neq; redit, nec retine-
                  tur vspiam.

Is igitur Bonzius cùm ad Gasparem venisset contumacia inflatus, quod diceret sibi iam clarum esse quidnam anteq̃ nasceretur fuisset, quid tunc, quid denique post mortem esset futurus; seque non discendi causa, sed animi tantùm ad nos accessisse; diuinitus ita repente immutatus est, vt verè nihil esse quidquid sciebat, sibíq; Christianam doctrinam esse necessariam intellexerit. Baptizatus itaque summa populi admiratione, vitæ exemplo, quam ducit sanctissimam, alios aliquot partim conuertit ad Christum, partim vehementer commouit. Cosmus autem amicus noster, qui ante sexennium Bungi baptizatus est, aduentu nostro cognito nos statim adiuit, parentibusque ac patria relictis Dominum

LIBER III. 149

num cœlebs colere, & Gaspari obedire cōstituit. Bonzius erat quidam admodum senex, annos iam quadraginta in meditando versatus. is Christianam religionem ita auidè arripuit, vt id ætatis homo ad verbum Dei audiendum à sex passuum millibus vēniret. Ad hæc Bonzij circiter quindecim Christum secuti, partim legitimis iungi nuptijs, partim cœlibē vitam agere (quod in eo hominum genere maximè mirum est) decreuerunt. In vico Farima habitat Bonzius, qui piscibus, carnibus, tritico, hordeo, deniq; oryza abstinet, herbis tantùm victitans, arborumq; baccis ac pomis, quique æternæ salutis adipiscendæ caussa voto se obstrinxit è libro quodam Xacæ, quem Foquequio appellant, se gratis plebem eruditurum. Narrauit autem nobis, se ante decennium per nocturnā quietem sibi visum esse versari cum sacerdotibus, qui è Cenghequu regione venissent, sibiq; rectum ad salutem iter ostenderent, experrectumque postridie, statim audisse Amangutij esse presbyteros quosdam è Cenghequu, de vita futura publicè disputantes. Hic audito euangelio gauisus est: sed quoniam sine cōmeatu Meacū festinè venerat, dixit se Farimam rediturum eo animo, vt sublatis rebus necessarijs, votisq; neglectis, & fallaci

Bonzij cōplures ad Christum se adiungunt.

T 5 illa

illa vitę asperitate deposita, Meacum reuerteretur, & Christiana sacra susciperet. occultè etiam ad nos contulere sese audiendi
Euangelij caussa viri insignes duo, quorum
alter in meditando exercitatus quodā veluti episcopi munere fungebatur: alter erat
Bonzius litteratus, & concionator, qui in
eo congressu Gaspari apertè confessus est,
in lege Iaponica simplex nihil esse, vel soli-
dū. Bonzioru᷄ familia, quæ à Foxequu nomen duxit, vitamq́; seueriorē ceteris omnibus profiteꝛ, audito Dei verbo, nostraq́; vitę
ratione pspecta, quòd Gaspar gratis populū
doceat, & cū ipse omni fœminaru᷄ consuetudine abstineat, tum laicos vna tantū vxore iubeat esse contentos, offendi cœperunt
in Bonzio quodam præfecto cœnobij, quē
antea venerabantur vt Deum, quòd clam
amicas habeat, & laboris in docendo sui
mercedem exigat: cumq́ue carnium ac piscium esu ceteris interdicat, ea ipse clam
comedat: quo circa eum è cœnobio pelle-
re, aliumq́; pauperem, ac bene moratum in
eius locum sufficere decreuerunt. Tres præterea ijsdem meditationibus clari, quintū
iam diem conciones nostras asssiduè cele-
brant, quos propediem baptizatum iri cō-
fidimus, eamq́ue rem ad exemplum magnopere profuturam. Nō longè ab ædibus
nostris

LIBER III. 150

noſtris incendium excitatum eſt: cuius incendij in nos vt veneficos, diaboliq́; præcones cauſſa conferebatur: Sed iam Bonzioru̅ furor aliqua ex parte deferbuiſſe videtur. quoru̅ cùm ita multæ, ac diuerſæ numerentur ſectæ, ſuam quiſq; profiteri nos dicunt: Xingouini, id ipſum Denichi, quod illi prędicent: Ienxuani Foben quoddā ſuum: Foquexani Mion (diſciplinarum ea nomina ſunt) Iondaxuenſes Amidam: Xintani deniq; Quoquiu̅: iamq́; nō longè aberit, quin omnes dicant, legem ſummi cœlorum terręq́; opificis noſtro præconio promulgari: quē pro ſua infinita clementia facturū ſperamus, vt ipſum cognoſcát, cognitoq́; omnem laudem, & gloriam tribuant. Veſtras etiam, atq; etiam, fratres mihi cariſsimi, & iſtius Eccleſiæ, quibus egeo maximè, deprecationes imploro. Meaco. quarto Nonas Iunias 1560.

CONSALVVS FERNANdes, Cuidam ex Societate IESV.

Hiſce litteris nonnulla, frater mihi cariſsime perſequar, quæ, in Iapone dum eſſem, in vinea Domini geſta ſunt. Verſabatur eo tempore Firandi Gaſpar Vilela, cuius iuſſu Gulielmus vias

vrbis

vrbis ære campano circumiens, pueros ad Christianam doctrinam Iaponicè discendam in templum cogebat: ex quibus vnus admodum paruulus non dum ad cœtum Christianorum adiunctus, Gasparem adijt baptismum magnopere efflagitans. quem Gaspar, id ætatis puerum, patre ethnico, cū prius perdiscere Christianam doctrinam iuberet; respondit ille nequaquam se inde abiturum, quoad baptismo lustratus esset. deniq; domum ad suos reuersus, ita cum parentibus egit, vt patrem, matremq;, fratres, ac sorores ad baptismum adduxerit. Ad aliud venio non minus mirabile. Diuturno morbo vexatus Barbarus quidam ex optimatibus, cùm varias curationes frustra tentasset, suadenti Christiano cuidam, vt ad valetudinem recuperandam Christiana religione suscepta ad templum nostrum accederet, aquamq; lustralē seu benedictā ebiberet; paruit ægrotus: statimq; in pristinam valetudinem est restitutus. alij præterea morbi complures in his regionibus eadem aqua pelluntur.

Paruuli cuiusdam excellens pietas.

Morbi cō-plures aqua benedicta pelluntur.

Alius Christianus cùm è graui morbo iam prope animam ageret, me accersitum rogauit, vt quoniam essem è Societate IESV, pro se Dominum deprecarer: sanitatē se continuò recepturum. psalmis septem pœni-

LIBER III.

pœnitentialibus recitatis, magnam ipsius fidem Dominus reddita statim valetudine remunerari dignatus est.

Profectus ex eo loco Gaspar in insulam quandam ad promulgandū Euangelium, barbaros plus sexcentos triduo baptizauit, Christianæ fidei præceptis imbutos. quę res tanto Diabolum affecit dolore, vt vnū è Bonzijs eò miserit, qui populo persuaderet, falsa esse quæ Lusitanus concionator docuisset, qua re cognita Gaspar cōfestim eodem legauit è nostris, qui apertis rationibus aduersarij mendacia redargueret. quæ res Christianos non mediocriter recreauit. *Barbari plus 600. triduo baptizati.*

Haud ita multò pòst, barbari tres è principibus ciuitatis communi consilio ad excindendam crucem à Christianis erectam in monte, profecti, vix dum scelere perpetrato inter se rixari ceperunt, sibiq́; inuicē id ipsum facinus exprobrare; demū eo rixa peruenit, vt eo ipso in loco, vbi Crux posita fuerat, inter se ex prouocatione dimicauerint: quorum duo postridiè manè mortui ibidem reperti sunt: tertius verò nusquam postea apparuit (ablatus à Dæmonibus creditur) nec aliud quidpiam de illo auditum est, nisi quòd biduo pòst adolescens barbarus repente ab immundo spiritu occupatus palàm *Crucis euersores miserè pereunt.*

palam dicebat: se nimirum esse, qui Crucẽ præciderat, & propterea se in altera vita torqueri acerbissime, quod vbi videre Iaponij, rei occultandæ gratia adolescentem abscondere statuerunt, atq; ita ex oculis nostris euanuit, vt nihil de ipso deinde cognouerimus, incertumq; sit, eum ne barbari interfecerint. qui partim hisce de causis, partim quod sexcentos, quos dixi neophytos viderent alios idola cremantes, alios in mare proijcientes; concursu ad Regem facto postularunt, vt Gaspare regni finibus pelleret. quibus Christiani cùm ex altera parte resisterent, resq; iam ad arma spectare videretur; Rex misit qui Gaspari nuntiaret, nequaquam sibi placere eum in suo regno interimi: proinde ad Socios sese reciperet. quo circa Bungum vbi erat eo tempore Cosmus Turrensis, inde concessit, non sine magno quidem animi dolore: quippe qui in spem venisset Regis ipsius ad Dominum traducendi. is enim sæpius Gaspari præsente me dixerat, se animo, ac voluntate esse Christianum, & pro Christiano se gerere, quod præclarè intelligeret barbarorum superstitiones quantum à veritate distarent.

Sodalitiũ misericordiæ. Valetudinarium, & sodalitiũ, quod Misericordiæ vocant, à Cosmo Turrensi Bungi insti-

LIBER III. 153

institutum Barbari magna cum approbatione suscipiunt: cùm enim inter se ex animo, ac verè non ament, mirantur in primis reperiri in toto orbe terrarū, qui pauperes curet, ijsq; necessaria cuncta suppeditet.

Duo sanè admirabilia mihi narrata sunt, *Ancillæ* quæ in hoc oppido cōtigere. ethnicus qui- *Christianæ* dam ex primoribus ciuitatis ancillā habe- *perseuerā-* bat Christianā, atq;, vt ethnici fermè Chri- *tia.* stianos auersantur, conuersus ad famulam, Cur, inquit, tu Christiana es, cùm ego sim ethnicus? nisi continuò ab ista religione recesseris, hisce ego te manibus interficiam. Cui serua Dei, non eo consilio se Christiana sacra suscepisse respondit, vt ijs mox desertis ad barbaros ritus rediret. tū herus eius perseuerantia cognita, cū mortis minis interdixit, ne ex eo tempore ad Crucē adorādam sese conferret. illa verò diuino fulta præsidio nihil iccirco ab instituta Crucis latria desistere, quo ad eam herus obuiam in itinere factus, occidit.

Alterum illud est. Paucis ante dieb⁰, quā ego ad hunc Firandi portum appellerem, Sinarū nauis Lusitanū quendam, qui apud Sinas in vinculis fuerat, in eundem portum aduexit. Sinæ aliquot ibidem commorātes cùm ad nauim accessissent, vt Lusitanū viderent, quęrere de Nauarcho Sina populari suo

EPISTOL. IAPON.

suo cœperunt, quo consilio Lusitanum in ea loca perducere ausus esset, cùm Rex Firandi sacerdotem Lusitanum ex oppido pepulisset: nisi spoliari se ab Rege nauigio vellet, continuò Lusitanū interficeret. Hæc dū agitantur, diuinitus factum est, vt Christianus Iaponius quidā interueniret. is vbi mærente Lusitanum aspexit, ad eum cōfestim accedens, caussa mæstitiæ cognita, manu apprehensum bono animo iubet esse: quantū per suas facultates liceat, nihil ei apud se defuturū. inde perducit domum, ibíq; hominem habuit, quo ad vsq; nos eò peruenimus. Et sanè Lusitanos Christiani tanta beneuolentia prosequuntur, vt in eorum ædes æquè liber atq; in suas ipsorum, Lusitanis aditus sit: sed tum præcipuè præclarum amoris sui documentum dedere,

Neophytorum erga veteres Christianos amor.

cùm Barbari facta in Lusitanos coniuratione arma ceperunt. quod vbi à Christianis cognitum est, cōmuni statim consensu ad eorum defensionem se vel capitis periculo compararunt: cùm quidam è Christianis extrema iam ætate, reliquorum domos circumcursaret, hortareturq; omnes ad mortem pro Christianis fortiter oppetendam: quare perterriti barbari, pace cum Christianis facta à suscepto consilio destiterunt. Orate fratres carissimi Dominum, vt huius gentis

gentis animos ad suos errores, ac miserias recognoscendas illuminet. Kalen. Decembris 1560.

ALOISIVS ALMEIDA Societati IESV in Lusitaniam.

IN ijs litteris, quæ à vobis ad nos assiduè perferuntur, insignes amoris erga nos vestri, & caritatis notæ cernuntur. apparet etiam quanto studio teneamini ad nos subleuandos in hæc loca veniendi. hanc plenam pietatis voluntatem, quoniam nos remunerari non possumus, Dominus ipse pro sua benignitate compenset: quanquam vt amori vestro nos etiam aliqua ex parte respondeamus (quoniam auetis scire quid à nobis in re Christiana geratur) anni huius præsertim acta ad vos perscribere statui.

Balthasar Gagus hoc anno ex Iapone profectus in Indiam aduersa tempestate retétus, hyemauit in ora Synarum: atq; id fuit caussæ, cur à nobis huiusce anni litteras non acceperitis. Post eius discessum nuntij Meaco allati sunt, Bonziorum in Gasparem Vilelam odium aliquantulum refrixisse. itaq; rursus aures dare cœpisse Euangelio,

V

EPISTOL. IAPON.

gelio, fieriq; aliquos Christianos, atq; in ijs nobilissimos homines, & in rebus Physicis admodum intelligentes. Missæ sunt etiam aliquot à Meacensibus illis neophytis ad Bungenses Christianos epistolæ: quarum vna duodecim circiter paginarum, magnâ harum regionum Christianis attulit voluptatem, sæpiusq; descripta, omnia Christianorum loca percurrit, & simul recitabatur etiam ethnicis. Summa erat epistolæ, sectarũ Iaponis omniũ (quę plus vndecim sunt) expositio simul, & confutatio, cum religionis Christianæ confirmatione. nec verò pacatas vnquã res Iaponiorum fore, quo ad omnes fierent Christiani: atque id ipsum multis apertisq; rationibus probabatur. Mense Iunio ineunte ex Gasparis ipsius litteris cognouimus illum iter cepisse ad vrbem Sacaium, quæ bidui distat Meaco, vbi spes magna messis vberrimæ ostẽdebatur, non modò quod sit libera, & in primis ampla Iaponis totius: sed multò etiam magis, quòd eum quidam è principibus ciuitatis illuc per litteras inuitasset, ædesq; suas ipsi ad Euangelij promulgationem obtulisset. cuius tantum est eius rei desiderium, vt Bũgum etiam certum hominem cum mandatis miserit ad Cosmum Turrensem. Recordabitur, vt speramus, pro sua bonitate Dominus

Vrbs Sacaium.

LIBER III.

minus harum gentium, easque conuertet, ad se: nos autem in suo confirmabit obsequio.

Quod ad Bungensem Ecclesiam attinet, quæ nunc quidem est Iaponis omnium maxima; admodum augetur in dies aspirante Domino cùm virtus veteranorum, tum etiam tyronum numerus: quorum tanta est pietas, vt vix possim verbis assequi: nonnulla tamen attingam, vt ex ijs reliqua intelligatis. Primum nulla nox præterit (vt mihi quidem videtur) quin verberationes in templo fiant, ac ferè semper omnium quotquot ibidem eo tempore sunt. quibus in templo non licet, ij sese intra priuatos parietes cum vniuersa familia verberant. quotidiè, quamuis ningat, Christianis refertum est templum, nec referatur ferè, quin multi reperiantur ad limina præstolantes. Festis autem anni celebrioribus, tanta vis hominum confluit, vt ad multitudinem capiendam vmbracula è frondibus raptim extructa cum templo cõtinuare necesse sit: atque alij quidem præcipuis anni festis, alij verò diebus beatissimæ Virgini sacris, alij quintodecimo, alij etiam octauo quoq; die confessione maculas abluunt. Sed Bungensium studium, ac pietas quadragesimæ præsertim diebus elu-

Religio ac probitas Bungensiũ.

V 2 cet.

cet. res profecto visenda: quippe in singulos annos crescit huius Ecclesiæ religio ac probitas.

Puerorum miranda pietas.

In pueris ijs, qui ad nos Christianæ doctrinæ gratia ventitant, aliqui ita parui cernuntur, vt nihil pænè præter catechismum eloqui possint: itaq; idipsum oppido concinunt. Prope templum nostrum duodecim circiter Iaponij patresfamilias habitant, quorum filij, pueriq; singulis noctibus audito signo salutationis angelicæ, ad Crucẽ conueniunt in ea vicinitate defixam, ibiq; nixi genibus totā horam quotidiè in Christiana doctrina recitanda consumunt: idq; parentum iussu, quorum tanta est pietas, vt infantibus Christiana rudimenta vnà cum lacte paulatim instillent, eosq; tenera adhuc ætate nostram in disciplinam domesticam traditos Domino consecrent. nec verò parentum pietatem non imitantur liberi, atq; vnus præsertim natu maximus omnium, annum agens tertium decimum, cui super mensam cruciatus Christi Iaponicè recitanti, fluunt quandoq; ex oculis lacrymæ, nulla vultus mutatione. alij verò eorũdem cruciatuũ recordatione commoti, pijs Christum liberatorem verbis affantur, ita suauiter, vt cuiuslibet ferreum quamuis pectus emolliant. Itaq; horum quos domi edu-

educamus operam ad conuersionem harum gentium magno nobis vsui fore speramus: quippe cùm Iaponios auditores patria lingua magis, quàm peregrina retineat. alios præterea quinque Iaponios apud nos habemus prouecta iam ætate viros admodum probos: tres videlicet Bungi, quartum Meaci cum Gaspare Vilela: postremus comes est peregrinationis meæ, annum agens alterum & vigesimum, tanta in dicendo suauitate ac lepore præditus, vt auditorum animos mirabiliter capiat: hæreses verò Iaponicas, multaque de physicis ita callens, vt hosce litteratos omnes refutet, ac vincat. faxit Dominus, vt eorum animis ignē inijciat. Christiani Facatenses, & præsertim vnus è principibus, Cosmum missis nuntijs per Deum obtestati sunt, vt eò aliquem è Societate mitteret: velle se optimum templum extruere, & suis alere sumptibus quotquot è nostris ibi commorarentur, quod iam fieri cœptum est. hisce de caussis, & simul quod multi Christianorum vici alicuius è nobis aduentum, sermonesque iam diu desiderabant; decreuit Cosmus, vt initio Iunij anni 1561. ad eos pagos, & loca finitima inuisenda discederem.

EPISTOL. IAPON.

Pridie quàm Facatam perueni, aduentu meo cognito Christiani obuiam mihi alij ad tria passuum millia, alij etiam longius magno cum gaudio processerunt. ego complures dies in eâ vrbe moratus, barbaros circiter septuaginta sacro fonte lustraui. in quibus erant Bonzij duo Iaponicarum legum sanè periti, cùm alter etiam regius concionator fuisset, is septem dies mecum disputando, interrogando, quæ dicebam in commentarios referendo consumpserat, cùm immensa Dei domini nostri lux ipsius intelligentiam illustrauit, & eius exemplo multorũ præterea tenebras dispulit.

In eadem vrbe Facata cùm multi, tùm præcipuè duo morbo graui laborantes diuina ope sanati: quorum vnus paterfamilias tanto capitis dolore torqueri solitus, vt violentas sibimet manus inferre sæpe tentasset, tertiodecimo die Dei benignitate conualuit. alter erat iunior lepra fœdissima coopertus. is, quod de Christianis honorificè, pièque sentiret, putaretq́; iuuante Domino sibi per me sanitatẽ reddi posse, in meum conspectum adductus est: quem vt vidi, negaui me ei morbo posse facere medicinam: veruntamen ne planè mœstus à me discederet ipse, quiq́ue eum adduxe-

70. Barbari baptizãtur, in quibus Bonzij duo.

LIBER III. 156

duxerant; remedium quoddam illi præscripsi facillimum, & post tertium diem ad me redire iussi, ita nitidus redijt, vt nunquam lepra laborasse videretur: equidem obstupui perspecta hominum fide, aperteque denuntiaui Christianis, ne sanitatem pharmaco, sed Deo domino fideique suæ acceptam referrent: quæ quidem etiam in animos eorum, qui morbo liberati fuerant, redundauit. nam vterque baptismo petito, & post catechismum impetrato, ad Ecclesiam aggregatus est. cumq; iam discessus mei tempus appeteret, quò æquiore animo id ferrent, spem Christianis maturi reditus præbui; quorum duo è primoribus ita obfirmato animo itineris mei comites esse statuerunt, vt eorum studijs remittere, aut eos de sententia dimouere nulla ratione potuerim. *Leprosus sanatur.*

In exitu Iunij Facata discessimus in insulam Tacaxumam, ambitu passuũ sex millium stipendiariam viri principis Firandensis, Antonij nomine, vbi cũ essent quingenti circiter Christiani, ethnici tantùm octo, ij quoque ad Deum nostro aduentu conuersi sunt. Præest autem eorum institutioni, excellenti virtute vir, qui è Bonzio Christi seruus effectus est. ædem habent, *Tacaxumá insula.*

V 4

EPISTOL. IAPON.

bent, quæ idolorum antea fuerat, in primis ornatam: cuius redditu, itemq; eleemosinis, quas erogat institutum ibi quoq; misericordiæ sodalitium, non modo ipse antistes alitur, sed etiam inopes peregrini, qui illuc sanè multi (quod vidi p eos dies) religionis caussa ventitant. eadē stipis per misericordiæ sodales ritè fideliterq; distribuendæ ratio, seruatur etiam in vicina insula Iquicuchi, itemq; in ceteris insulis, in quibus ecclesiæ sunt: quo fit, vt ad iter in ijs regionibus faciendum sarcinæ, & impedimenta minimè sint necessaria: quippe, quocunque peruenias, omnia tibi gratis, ac sedulò comparantur, maritimo itinere naues, terrestri comites, & iumenta: quæ si recuses, iniuriam videlicet sibi fieri, seque in Christianis officiosis numerari non putant.

Neophyti quàm sint officiosi.

Firando cùm ad hanc inuisendam ecclesiam aliquot Lusitani venissent, horum Christianorum religione, precandi studio, obedientia, amore, quo non modò sacerdotes nostros, sed etiam omnes eorum vicarios prosequuntur, tantopere delectati, gauisíque sunt, vt mihi affirmarent, Socios nostros, qui in ceteris orbis terræ partibus versantur, si vel particulam nossent eorum, quæ cum his Christianis geruntur, omnes

omnes Iaponicam hanc prouinciam, expetituros: quod equidem credo: nam vna profectò Christianæ doctrinæ decantatio multas vobis lacrymas præ lætitia exprimeret. quid enim si videatis pueros centum, ac puellas bis quotidie catechismi caussa conuenientes, qui paucis antè diebus oblati diabolo fuerant, iam Christianos templum ingredi, aqua benedicta se aspergere, demū ad precationem ritè genua flectere? quid si duobus eorum voce præeuntibus subsequentes ceteros, doctrinǽq; præcepta concinentes audiatis? idque tanta cum modestia, ac verecundia, vt oculos semper humi defixos habeant, ac duo illi præsertim, qui voce præeunt (quos ego de industria non semel, & curiose notaui) & quidem in maximis caloribus, cùm facies eorum sudore manarent tanta fuere constantia, vt manus, oculos, pedes nunquam mihi mouere conspecti sint: raptos profunda aliqua contemplatione dixisses. nec verò doctrina tātum recitanda contéti sunt. nam eius quoque explicationem libentibus nobis requirunt. Iam verò quanta cum animi vestri voluptate intueamini Iaponios hosce CHRISTIANOS positis genibus manibusq́; sublatis Christū è cruce pendentē adorantes, lacrymis ad solum vsq; fluentibus,

Sancta puerorum institutio.

bus, in tormentorum Domini cogitatione
ita demersos, vt pæne extatici videantur?
atque hæc quidem in hisce insulis prope
desertis. quid de ijs locis existimandum
est, in quibus (vt Bungi) Sacramentorum
est vsus frequens? neque verò putare vos
velim me litteris assequi quæ oculis video:
scriptum enim hoc res ipsa multis partibus
superat. quæ cùm ita sint: misereat (quæso) vos fratres carissimi harum ecclesia-
rum, Deumque cum gemitu obsecrate, vt
supplementum aliquód è Societate nostra
dignetur huc mittere. quod si fortè nimis
diu distulerit, quam vereor, ne qui venerint paucos superstites è nobis offendant:
siquidem tres hac æstate magnam vitæ discrimen adiuimus, quam tuetur Dominus,
vt opinor, quo ad alij nobis ad nouã hanc
vineam tuendam, colendamq; succedant.

Iquicuqui insula.   Ex ea quam dixi, insula in aliam traieci
maiorem, quæ Iquicuqui vocatur. inco-
las habet circiter mille quingentos, in ijs
CHRISTIANOS ferme octingentos.
ij, quod iam ante de meo aduentu cogno-
uerant, obuiam mihi nauem cum primoribus aliquot CHRISTIANIS miserunt: quam vt conscendi, in ipsa nauigatione, tribus passuum millibus ante quam
ad insulam peruenimus, Crucem aspexi
edito

edito loco positam, quam satis amplo interuallo circumiens murus, sepeliendis Christianis coemeterium efficit. vbi descendimus, humanissimè excepti continuo ad salutandam Crucem de more perreximus: inde templum eorũ inuisimus amœno admodum loco, eleganter ornatũ, sexcentorum hominum capax. atque eos in præsentia quidem ne inopem plebem non sine iactura ab institutis operibus auocare, dimisi, concione in matutinum, & vespertinum tempus, puerorum verò catechismo in pomeridianũ indicto. itaq; tanti concursus fieri coepti sunt, vt cùm multi excluderentur, aream, quæ ad vestibulum templi est, storeis pro re nata contegere necesse fuerit. Templũ est autem excelso loco, lucoq; denso, & ad aspectum iucundo. in id ascenditur gradibus, quibus in imis stagnũ est aquæ, nudis pauperum pedibus abluendis, non superstitione, vel ceremonia, sed ne templi catastromata calcata commaculẽt. Postridie quàm huc veni, cetera quoq; fana lustraui pulcherrimè posita, quippe quæ ante id tempus idolorũ fuissent, quibus colendis optima loca diligenter exquirebantur: hoc autem tempore eorum custodes illi ipsi Iaponij sunt, qui antea Bonzij, nunc Christiani appellãtur, antea dæmonẽ, nunc
Iesum

EPISTOL. IAPON.

Iesum crucifixum supplices venerantur, & colunt. & quoniam ex altero pago eiusdē insulæ sanè frequenti, quod fano carerent, ad alterius pagi templum tribus ferè passuum millibus. disitū Christiani magno suo incommodo venire cogebantur; fanum ibi quoq; exædificandū curaui, quod paucis diebus multorum subsidio, magnaque omnium alacritate perfectum est, tabula picta, ceteroque templi ornatu ex vrbe Firandi aduecto. Christianorum animis recreatis, cœlestiq; fonte purgatis ijs, qui ad baptismum videbantur idonei, ad alium Christianorum pagum, quem Xixi vocant, ire perrexi, vt eos per Euangelium solarer, & simul vt in æde noua, quæ tùm ab ijs ad tectum perducebatur, sacellum extruendū curarem, Iquichuchensibus Christianis officiose nobis in eam rem fabros Lignarios septem, aliaq; auxilia necessaria deferentibus. ibi igitur amantissimè excepti à Christianis, qui quasi regem expectarent ita sedulo vias antè purgatas ornauerát; summo mane, noctuq; de rebus diuinis disputare instituimus, quo commodius ceteris horis diei sacello exædificando vacarent, quod summa eorum diligentia paucis diebus est absolutum Catechismi deinde cura certo homini tradita, Iram traiecimus eo consilio,

LIBER III. 159

lio, vt Facatam propediem reuerteremur, quod eius peregrinationis spatium Cosmo nobis ad Augustum exeuntem vsq; præscripserat. Iræ cruce salutata, cum incolis egimus, vt ibi templum (nullū enim erat) communi consilio facerent: ad quod nobis Firando sacræ imagines, ceteraq; necessaria ornamenta transmissa sunt. nonnullis concionibus habitis, quibus in fide Christiani sunt confirmati, baptismoq; lustratis, qui baptizandi supererant, Casungam inde contendimus, vbi tanta nobis hominum multitudo sese obuia effudit, vt festi alicuius diei solemnis celebritas videretur. Cruce adorata, ad primarium quendam Christianum diuertimus, apud quem nonnullis concionibus habitis, magna omnium voluntate decretum est templum, in quo sacerdotes sacrificarent, si qui in ea loca venirent: quo item Firando necessarius sacrorum apparatus est missus. Interea dum hîc agimus, mihi grauis homo narrauit Iquichuchi mulierem Christianam suadente diabolo, siue eius ministris, abortus faciendi gratia pharmacum sumpsisse eiusmodi, vt infantem, ipsamq; parentem necauerit. Huius corpus Christiani, vt quæ noxa capitali obstricta migrasset, in ipsorum cœmeterio in quo Crux est posita sepeliri

Mulieris sceleratæ p contritionem in extremo vita saluatio.

cùm

cùm vetuissent; illa post aliquot dies periculose ægrotanti adolesceti cuidam Christiano per visum, Corpꝰ (inquit) meū sacra sepultura prohibitum est illud quidem: sed ne idcirco me Christiani damnatam existiment: quippe ante quàm è vita discedere, Dominus contritione mea, lacrymisq; placatus est. quibus rebus Christiani ex adolescente cognitis (namq; is deinde conualuit) valde animati sunt.

Ex eo loco rursus ad pagum Iquichuchi, atq; inde spe reditus Christianis relicta, Firandum discessi ad quædam sacrorum instrumenta accipienda, quæ nobis Lusitanorum nauis aduexerat.

Firandum vt venimus, nauarchum Lusitanum allocuti, ad Antonium diuertimus statim, qui cum vniuersa familia nos peramanter accepit, detinuitq; ad multam noctem nonnulla de officij religione percontans: postridie nauarchum adiui, vt permagnam tabulam pictam in naui proponeret Christianis visendam, quos in proximum Dominicum diem (quod eorum cōmodo fieret) ad concionem simul, & spectaculū, dimissis per agros nuntijs, euocauimus. interea nocturnis hortationibus cùm ceteri Christiani in fide animati sunt, tùm ethnici circiter quinquaginta ad baptismum adductj;

ducti; in ijs è proceribus quidam Antonio
non inferior. Et quoniá Firandi sacra ædes
erat nulla, petijt nauarchus ab Rege, vt liceret
in area nostra ædificare templũ, quo
Lusitani, qui versabantur ibi nonaginta, religionis
caussa sese reciperent, eoq; Firandenses
Christiani deinceps vterentur. Cui
Rex se deliberaturum respondit. ea erat
dissimulata negatio. itaq; id vbi resciuim⁹,
apud Christianum in area nostra habitantem
priuatum sacellum excitare, atque ornare
constitui. quod ille tanta animi alacritate,
studioque recepit, vt ædium duarum,
quas possidebat alterius vltro mihi optionem
daret, seq; ædituum fore profiteretur.
igitur, Antonio præsertim operas, & cetera
necessaria benignè suppeditante, ædicula
comparata est, & omnibus rebus instructa,
in qua singulis noctibus Litaniæ et conciones
habebatur. vbi Dominicus dies aduenit,
è pagis, insulisque finitimis ingens
Christianorum multitudo confluxit tùm
ad verba Dei audienda, tùm verò ad sacrã
visendam imaginem, positam, vt dicebamus,
in naui, loco peristromatibus, vexillis,
virentibusq; arborũ ramis ornato. referta
iam spectatoribus naui, cùm perorassem,
eos omnes nauarchus, quod longè ab domibus
suis abessent, liberali cibo, potuq; refectos
dimisit. Iam

EPISTOL. IAPON.

Iam dies obrepserat, quo die mihi Bungum redeundum esset: quo circa sacra tabula ex oneraria in nauiculam translata, vt inde Facatam deueheretur, Christianos Iquichuchenses monui me sabbato proximo (vt promissa facerem) ad eos ex itinere venturum, & inde postridie vespere profecturum: qua illi re audita, parata naui continuo ad me deducendum venerunt: sub noctem conscendi, comitibus pijs aliquot Lusitanis, qui me rogauerant, vt mecum se ad illas ecclesias inuisendas venire permitterem. Descendentibus nobis ad littus obuiam prodiere Iaponico more cũ facibus multis: eodemq; comitatu ad templũ venimus, vbi nos magna populi multitudo cum pueris exspectabat. Concione habita, & puerorum catechismo peracto, quod iam intempesta nox erat, plebem dimisi: maneq; postridie (dominicus erat dies) post concionem incolas circiter tredecim Christiana doctrina iam institutos baptizauimus. Inde profecti, magna in itinere, ac varia incommoda, molestiasq; pertulimus. Nam & mari, paruis lintribus, ijsq; monoxylis vastos quandoq; sinus traijcere sumus coacti, vixq; imminentium piratarum manus effugimus, qui captos homines diu multumq; vexatos in seruitutem diuen-

Incommoda varia et molestiæ itineris.

diuendunt; & terra, iumentis consulto relictis, lutulenta via atq; teterrima cingulo tenus quádoq; cœno demergebamur: quę tamen sordes occurrentibus passim riuis eluebantur. Accessit ad hæc assiduum pænè profluuium sanguinis, quo sanè grauiter, acerbéq; vexabar. Sed eas omnes difficultates Christianorum erga nos studium, caritasq; compensabat egregia: cùm & hospitij, commorationisque nostræ mercedē constanter ac benignè respuerent; & abeuntes, viatico omnibúsque rebus necessariis liberaliter instructos vberrimo fletu prosequerentur; &, quod longè admirabilius est, impressa à nobis humi vestigia ipsa obstupentibus rei nouitate, ac miraculo, qui mecum aderant Lusitanis, oscularentur. Verùm ne longior sim, modū epistolæ faciam, si vnum addidero, ex quo facile iudicare possitis, quanta sit Iaponicæ gentis, ac nominis ad humanitatē, religionémq; propensio. Cùm fessus è via, morbóque pænè confectus in quodam barbarorum oppido substitissem, tametsi nullum erat desiderium cibi, tamen ne planè deficerem, oryzā reformidans, putridáq; piscium salsamenta (hæc enim incolarum cibaria sunt) misi qui oua coëmeret. is autem mihi mox oua cum ipsis nummulis retulit. Causam quæ-

X ren-

renti, respondit, Barbaros oua, quòd dies illé festus ipsorum esset, vendere noluisse; quod ægroto quærerentur, dono dedisse. Deniq; Þungũ ægrè peruenimus, ibi quanquam à Cosmo, ac Socijs, amantissimè acceptus, humanissimeq; tractatus, vix tamẽ adhuc è diuturna ægrotatione conualui. Vos clementissimum IESVM obsecrate fratres, vt mihi ad se perfectè colendum vires, animumq; suppeditet. Bungo Kalen. Octobris 1561.

COSMVS TVRRENSIS
Antonio Quadrio Indiæ Prouinciæ pro Societate IEsv Præposito.

LÆti rerum Indicarum euentus; quos ex litteris à vobis publicè scriptis hoc anno cognouimus, cùm eiusmodi visi sunt, propter quos ingentes immortali Deo gratias ageremus, tùm etiam nos monuere, vt Iaponicas res (quæ nunquam antehac meliore loco fuerunt) vicissim perscriberemus ad vos. Primùm igitur de regionis ipsius natura nõnulla (tametsi multa iam in eam sentétiam scripta sunt) tùm verò felicem, hoc anno præsertim Christianæ religionis progressum ad eius gloriam,

qui

LIBER III.

qui bonorum omnium est autor, hac epistola persequar.

Iaponis insula eodem climate, quo Hispania continetur: Terræ atq; arborū fructus varij, & plerique Hispanicis non absimiles: multæ etiam argenti fodinæ cernuntur. Gens admodum bellicosa, & in retinenda omni studio dignitate proximè ad Romanos veteres illos accedit, præcipuumq; est apud eos idolum honoris, & ob id ipsum bella sæpe mouentur, multi partim occiduntur, partim etiam ignominiæ vitandæ caussa mortem vltro sibimet inferunt: eadem est caussa, cur parentes reuereantur, amicis fidem præstent, scelera, flagitiaq; vt furta, adulteria, aliaq; eiusmodi refugiant.

Iaponis regionis natura.

Publica administratio est triplex. Principem omnium tenet locum supremus religionum antistes, cuius decretis, ac scitis omnia publica, priuataq; sacra subiecta sunt. Nascentes præterea Bonziorum sectæ nullam existimationem, vel autoritatem obtinent, nisi eas idem suo diplomate, ac testimonio comprobauerit. Tundos etiam (qui velut episcopi sunt) tametsi eorum nominatio, quæ dicitur, quibusdam in locis penes Regulos sit, confirmat tamen, & creat ipse: qui deinde magno apud summos

Iaponij supremū habēt suarum religionum antistitem vnum.

X 2   mos

EPISTOL. IAPON.

mos infimosque in honore sunt, & sacerdotia conferunt. Iam verò priuilegia quæque, et immunitates à profanis muneribus, ab illo petuntur. Nam quæ leuiora sunt, vt carnis gustatus religiosis diebus cùm ad idolorum delubra vulgo peregrinantur, aliaq; similia, eorum potestas penes Tundos est. Porrò sacerdos hic maximus, cùm apud Sinas ab eruditione, ac sapiétia; apud Iaponios tamé vel à stirpe, vel à nobilitate, et pecunia legitur. latè admodum imperat, magnisque vectigalibus fruitur, & cum profanis regibus sæpe certat. Atque hæc de religione, sacrisque. Cetera gubernatio bifariam diuiditur. præfecti duo summa cum potestate sunt: quórũ alter honoribus præest, alter iudiciorum, & caussarum cognitiones exercet. Honoris præfectus, quem vocant Vò, stirpis successione delectus, in Deorum numero colitur. Hunc terram pede contingere religio est: si tetigerit, magistratu depellitur. domesticis finibus nunq̃ egreditur, nec temerè sese in conspectũ dat. intra ædium suarum septa, vel lectica gestatur, vel soccis ligneis ambulat spithamã altis. In sella ferè quiescit, ex altera parte pugionem habens, ex altera verò arcum ac sagittas. intima tunica vtitur nigra, extima autem rubra, quæ tenui serico, ceu velo

Honoris præfectus in deorum numero colitur.

quo-

quodam, obducitur: pileum gerit in capite pendentibus vittis, ad instar pontificalis tiaræ: frontem habet rubro, candidoque colore depictam, & fictilibus ad cibum vtitur patinis. Eiusdem vnius in toto Iapone iudicium est, quo quisque honoris titulo sit decorandus. multi enim dignitatis gradus, ac discrimina sunt, eaq; certis characterib* dignoscuntur, quibus in obsignandis epistolis vti mos est: ijque pro varietate graduum subinde mutantur. Regem quidem hunc Bungi, ex quo die in hanc vrbem migrauimus, eiusmodi honorum vocabula quater & tricies iam mutasse animaduertimus. Habent autem dynastæ omnes regnique proceres suos quisque apud Vò procuratores, & quia natio est laudis, ac dignitatis mirum in modum appetens, ad ineundam ipsius gratiam pretiosis inter se muneribus certant: quibus ille adeò crescit, cùm ceteroqui fundos, ac vectigalia nulla possideat, vt hac vna ditatus præda Iaponiorum pæne omnium pecuniosissimus habeatur.& quamuis tanto in honore sit, tribus tamen de causis eo dignitatis gradu deijcitur: Si pede contingat solum, vt diximus: si quempiam occidat: denique si pacis, & otij

EPISTOL. IAPON.

inimicus euaserit: nunquam tamen, idcirco capite plectitur. Restat extremus iudiciorum præfectus nomine Quingue, præcipuis administris duobus, quorum vnū Enge, Goxum alterum appellant. is cùm reliquæ iurisdictioni, tùm etiam bellis præest indicendis, quæ ipse iusta esse decreuerit, itemq; sedandis, nec non puniendis ijs, qui in regno seditionem excitauerint: quas ad res regulorum opera, atque opibus vtitur, quorum, nisi paruerint, bona proscripta finitimis ciuitatibus addicit. Hæc sunt magistratus huiusce iura, & imperium, cui tamen non omnino obediunt proceres, quòd fere armis, ac vi magis, quàm iure certatur. Quod ad reliqua pertinet, Iaponij regibus quisque suis in profano foro, in sacro sectarum principibus ac Tundis obtemperant. Eæ sectæ (quod iam antea scripsimus) circiter duodecim sunt: quæ licet inter se cultu, ac superstitionibus differant, omnes tamen in tollenda animorum immortalitate consentiunt. & quanquam plebi varia DEORVM nomina ad adorandum proponant, ipsi tamen apud se nihil esse præter ortum & interitum existimant: aiuntq; homines, bruta animantia, plantas, redire omnia quendam in locum, vnde profecta sunt, ad cuius opinionis prauitatem

Præfectus iudiciorū.

Iaponij regibus in profano foro, in sacro sectarum principibus parent.

LIBER III. 164

uitatem penitus imis sensibus inculcandā paratas habent commentationes circiter bis mille, & quingentas. quas vbi quis diuturna cogitatione animo impresserit, ab omni religione solutus, prorsus in illa coecitate, ac tenebris conquiescit. nonnullas attingam, vt genus videas. percontare (in- *Ineptiæ se-* quiunt) caput hominis abscissum à trunco, *ctarum Ia-* tu quis es? audiemus quid respondeat. illa *ponicarũ.* est etiam: eundem ventum pro corporum diuersitate quæ offenderit, varios edere sonitus. deniq; statuunt quod è nihilo existit, in nihilum reuerti, esséque tres hominis animas; quæ ordine alia post aliam deinceps corpus & ingrediantur, & deserant. illud vnum interesse, quod quæ prima ingressa est, postrema discedat. Has autem ineptias in arcanis habent, venduntque carissimè.

In ijs qui homines doctrinę laude illustres in deorum numero venerantur, sunt qui quendam colant nomine Xacam, quem *Xacæ prā-* aiunt Regis filium in primis eruditum fu- *ua dogma-* isse: is praua dogmata posteris scripta reli- *ta.* quit permulta. Itaque librum eius quem Foquequium vocant, pariter venerantur, negantque sine eius voluminis ope quenquam posse seruari; eiusdé beneficio ipsas quoque herbas, & ligna beatitudinem esse

X 4   adeptu:

adeptura. Omnis autem illius libri doctrina eo refertur, vt perſuadeat nihil eſſe, ex quo omnium eſſe pendeat.

Delubrum Denix. Qui Solem, ac Lunam adorant, delubrum habent etiam nomine Denix, cuius imaginem pingunt tricipitem, quam Solis, ac Lunæ, & elementorum eſſe virtutem affirmant. Ijdem offerentem ſubinde ſeſe Dæmonis ſpeciem ita, vt eam claré conſpiciant, multis, ijſque admodum pretioſis ſacrificijs venerantur. Hominum genus in primis veneficum, & Chriſtianæ religionis inimicum. Delubrum eſt aliud *Delubrum Quanonis.* Quanonis, quem Amidæ filium fuiſſe perhibent. hunc pauci colunt, ſed eam ſuperſtitionem magni faciunt, preceſque aſſiduè recitant.

Nam de ceteris, qui commentationibus vacant, iam ante diximus, quorum maior eſt numerus. Venio ad res Chriſtianas, quæ mihi nunquam æque bene, ac nunc, ex quo Iaponem attigimus, habere ſunt viſæ. Nam ante hac, bellis, ac ſeditionibus prouincialium impediebamur non modò ne religionem latius propagare, ſed ne parta quidem conſeruare poſſemus. Hoc autem anno Bungi rex amicus noſter ita feliciter cum hoſtibus dimicauit, vt propemodum debellauerit. qua-

re ipsius victoriam tantum est otium con- *Sex omni-*
secutum, vt ingens planè porta Euangelio *no Socij in*
patefacta esse videatur. Versamur autem in *Iapone.*
Iapone non plus sex in vniuersum è Societate nostra varijs locis atque prouincijs.
Primum est hoc Bungi domicilium, quæ *Christiano-*
vrbs ab ipso Rege incolitur, posita ad Se- *rum loca.*
ptemtrionem gradibus tribus, & triginta et *1. Bungū.*
semis, quæ tota pars insulæ in arcticum ver-
gens polū, cùm multos iam habeat Christianos, eosq; constantes, tum ijs augetur in
dies: in quibus litterati nonnulli sunt ex ordine commentantium, qui se inuicem ad
Christum alliciunt, de quibus ex alijs litteris plura cognosces.

Alter Christianorum locus est Cutame *2. Cutame.*
in agro Bungensi, ab vrbe Bungo circiter
septem, & viginti millia passuum. Christiani sunt ibi amplius ducenti, quorum vnus
ære suo egregium templum extruxit, & a-
liquem è nostris efflagitat; sed quo minus
ei concedatur, Sociorum in his locis paucitas facit.

In Firando insula tertia ecclesia est, quā *3. Firandū.*
septem octóue loca Christianorum effici-
unt. sita est autem hæc insula ex altera parte Iaponis ad occidentem, ab vrbe Bungo
passuum ad centum, & quinquaginta millia: Christianis bis mille censetur: à quibus

X 5 colen-

colendis, iuuandisq́; nos annis superioribus bella intercluserunt. Sed iam Firandi Rex ab hoc Bungensi deuictus, stipendiarius ipsius est factus, eritq́; posthac nobis tutus ad eam insulam aditus. ac mense Iulio proximo inuisit eam ecclesiam Aloisius Almeida, multaq́; ad Christi cultū ibi præclarè constituit, quæ Aloisij ipsius litteris ad vos perscribentur.

4. *Facata.*   Accedit Facata vrbs in primis opulenta, & mercatoribus celebris. distat à Firando circiter septuaginta millia passuum. templum est ibi, Christianiq́; permulti. horum vnus aliud quoq́; se templum ædificaturū promisit. Ibidem ex itinere Almeida paucis diebus baptizauit incolas amplius sexaginta, multò etiam plures baptizaturus in reditu, nisi repente in morbum incidisset.

5. *Cangoxima.*   Quintum obtinet locum Cángoxima oppidum, quo primùm in Iaponem veniens Franciscus Xauerius appulit, ibíq; primùm Iaponij Christiani fieri cœpti sunt. posita est autem ea regio in meridiem ad alteram procurrentis insulæ cuspidem gradibus vno & triginta, ab vrbe Bungo passuum ferè ducenta millia: quam item ecclesiam nuper Almeida lustrauit.

6. *Amangutium.*   Neq; verò Amangutium omittendum est.

LIBER III.

est, ea vrbs magis ad Septemtrionem spectat, abestq́; Bungo passuum centū & quinquaginta millia. ea vinea quo minus annis superioribus inuiseretur, coleretúrq́; bella prohibuerunt: quanquam pacatis iam rebus, ex Christianorū litteris (quibus ad copiosam messem in ea loca inuitamur) didicimus constanter eos in fide persistere.

Sequit̄ Meacensis ecclesia, ad alterā huius insulæ cuspidē. Ex ijs locis cùm primarius quidā Bonzius mihi per literas demōstrasset magno se desiderio teneri legis diuinæ cognoscēdæ, sed confecta iam ætate ad me venire non posse, orare se, vt si mihi minus eò proficisci liceret, quempiā alium mittere; Gaspari Vilelæ Meacum rei Christianæ caussa proficiscenti mādata cum litteris ad hominem dedi: sed eū Gaspar mortuū offendit, quē ferunt ante obitum dixisse, præclarè sibi cognita, ac percepta fuisse, quæ tū ego, tū Iaponij nostri ad ipsum de Christiana religione perscripserant, seq́; è vita ea ipsa fide, ac religione discedere. ac Meaci quid actū sit, fusius ad vos Vilela perscribet.

Nouissima est omniū ecclesia Sacaiana non longè à Meaco: opulēta vrbs, emporiumq́; pcelebre, suisq́; Venetorū more legibus vtens, inde ad me cum muneribus litteræ missæ sunt, quib° etiam, atq; etiā rogabar,

7. Meacū.

Bonzius primarius fide Christi discedit è vita.

8. Sacaiū.

EPISTOL. IAPON.

bar, vt eò legarem ad promulgandam Dei legem aliquem è nostris. quod mihi cùm Sociorum paucitas non permitteret, nullusq; mecum esset sacerdos, ad Gasparem scripsi, vt eò sese conferret, reiq; Christianæ consuleret, quoad subsidium nobis ex India mitteretur. quo circa te per Dominum obsecro, vt operarijs saltem sex, aut minimum quattuor inopiæ nostræ subuenias: nam præter has octo iam institutas ecclesias, eiusmodi est in præsentia status rerum Iaponicarum, vt minimè dubité, quin omnes huius regni, atq; insulæ partes (modò præcones non desint) Euangelium Christi peruagaturum sit.

Præconum Euangelij paucitas.

Quod ad Christianorum mores, vitamque pertinet, equidem plura ex litteris Sociorum cognosces. Vnum illud dicam, me tot barbarorum, & Christianorum terras emensum, genté vidisse nunquam aut rectæ rationi, vbi eam cognouerint, æque obtemperantem, aut ita pietati ac pœnitétiæ deditam, planè vt in Confessionis, & Eucharistiæ mysterijs obeundis religiosi Cœnobitæ potius, quàm tyrones ac neophyti videantur esse. Iam quanta sit eorum in fide constantia, vel ex eo facilè conijci potest, quod cùm Firandenses Christiani vnius tantùm susceptæ religionis caussa cum alijs

Iaponiorũ laudes.

Excellens pietas & in fide constantia.

LIBER III.

alijs afficerentur iniurijs, tum etiam in exilium pellerentur; multi re familiari neglecta Bungum commigrarunt, paupertatis incommodis Christi domini caritati postpositis. pietatis verò illud sit argumentum. cùm ære campano statis horis datur signū precandi, tanta est omnium in eo genere alacritas, nō modò vt viri, fœminæ, & pueri, sed pænè infantes ipsi, qui non dum rationis compotes sunt, nixi genibus illico preces fundant. Sanè Christianus quidam mihi narrauit, cùm paucis hisce diebus puellam tenera admodum ætate ad vinum à propola coëmendum misisset, dum vinum è cupa depromitur, puellam audito salutationis Angelicæ signo, relicta illico lagena genibus positis fixam stetisse, quo ad orationem Dominicam, & Angelicam salutationem quinquies recitasset: eamque rem barbaros qui aderant ita admiratos, vt dicerent nullum esse Deum cum Christianorum Deo comparandum, quorum pueri etiam ipsi bonos mores docerent. Iam verò quanti grana, quæ benedicta vocantur faciant Christiani, præclarè demonstrant, cùm pauca quædam à nostris huc missa celebriorib⁹ locis publicè posita assiduè precando percurrunt: & si quod est alicuius priuatum, semper de manu in manum traditur,

ditur, nec quicquam donari gratius his hominibus potest. Proinde vna cum operarijs mitte quæso ex ijs etiam aliquot, quoniam tanto in honore sunt. & noli dubitare, quin vtrunque beneficium melius hîc, quàm apud Malucos, aut Brasilicos collocetur. Quod reliquũ est, faxit Deus vt quantum subsidio egeamus, intelligas: tibiq; ac nobis omnibus ad ipsum rite colendum vires impertiat. Vale. Bungo 7 Idus Octobris 1561.

GASPAR VILELA SOcietati IESV.

ANNO superiore, Cosmi Turrensis missu, Bungo discessurus Meacum, de mea profectione feci vos per literas certiores. Nũc quoniam id fore vobis gratũ, atq; iucundũ existimo, ea persequar, quæ mihi ex eo tempore contigerũt: vt cũ Deo domino gratias agatis; tum fratrẽ hũc vestrũ à vestra consuetudine tanto locorũ interuallo disiunctum, supplicationibus vestris adiuuandum intelligatis.

Anno igitur à Virginis partu 1559, comite Christiano Iapónio, Laurentio nomine, probo iuuene, & linguæ huius rerumq; peritissimo, nauigiũ barbarorum conscendimus; Iter autem nostrum (quod facile iudicari

LIBER III.

dicari potuit) aduersarius multis rationibus impedire conatus est. primùm enim ipso nauigationis initio, tanta repente malacia, ac tranquillitas extitit, vt nauis loco moueri non posset. Tum barbari vt muneribus pacem, ventumq́ue à Diis obtinerent, stipem sigillatim à vectoribus corrogare cœperunt. Vbi ad me ventum est, negaui me vnius Dei conditoris cœli, terræque cultorem, in quo spes meas omnes haberem repositas, quidquam in ipsorum delubra collaturum. quo illi responso adeò excanduerunt, vt eius incommodi me in caussa esse, ac proinde in mare proijciendum affirmarent. Hic nos ad Deum mente animóq; conuersi: cuius beneficio inflari vela manè postridie cœpta sunt. Sed cũ aliquot passuum millia processissemus, aduerso vento rursus retenti, quatriduum stare coacti sumus. Tum verò barbari planè in nos caussam eius rei conferre, verbisq; & significationibus conceptam iram ostendere: quæ tamen Domino miserante cohibita est. Denique ad portum quendam delati, ibique decem ipsos dies tempestate coacti subsistere communi sententia decreuerunt, nequaquam nos secum ex eo loco auehendos: & ipso quoque nauarcho in eam sententiam adducto, nos descendere

Aduersarius Sociorum iter multis rationibus impedit.

EPISTOL. IAPON.

scendere coëgerunt, quem tamen cùm aliam nauem nullá in eo portu offendissem, precibus placatû, inuitis omnibus perpuli, vt me vltra eum locum passuum sex, & triginta millia deferret. Et quoniam nauarcho vlterius progrediendum non erat; barbari circum naues quotquot in eo portu erant circumcursare statim incipiunt, & gubernatoribus apertè denuntiare, si prosperam optent nauigationem, nos è nauali comitatu omnino reijciant: quo circa omnibus abeuntibus, relicti sumus in littore: sed paulò pòst diuinitus alio confestim appellente nauigio, tam feliciter nauigauimus, vt portum citius ijs, qui ante nos soluerant (cùm etiam aliquot eorum in piratas incidissent) sine vllo periculo teneremus. Tum denuo instare barbari, & nauicularijs suadere conati sunt, ne pòrro nos ad vrbem Sacaium, quo tendebamus, perducerent. sed frustra. etenim quarto idus sextilis incolumes eò peruenimus: qui dies quoniam D. Laurentio erat sacer, ipsum Christi martyrem, eius nationis patronum *Vrbs Sa-* asciuimus. est autem vrbs Sacaij perampla, *caij.* plurimisq́; ac pecuniosis mercatoribus frequentissima, suisq́; legibus, ac moribus more Veneto gubernatur. Hic nos ex itinere aliquantulum recreati, ad montem contendi-

LIBER III.

tendimus Frenoiamã, ab vrbe Meaco paſ- *Mons Fre-*
ſuum millibus decem, & octo. mons autem *noiama.*
eſt permagnus:habitatur à Bonzijs, & caput eſt regni, ad cuius radices iacet lacus
plenus piſcium, paſſuum nonaginta millia in longitudinem, vnum & viginti in la-
titudinem colligens, quem multi confluentes omnes efficiunt. in eius littore locus eſt
ad montem pertinens cœnobijs plus quin- *Bonziorũ*
gentis viſendus, multis alijs bellorum in- *cœnobia*
iuria deletis, quæ quondam trium milliũ, *plus quin-*
& trecentorum ſummam impleſſe dicun- *genta.*
tur. Hæc autem Cœnobia Bonzij diuerſa-
rum ſectarum inhabitant, bipedum ſuper-
biſsimi: ac ceteri quoq; montis incolæ ad
litteras natura propenſi videntur, in quibus
(vt opinor) excellerent, ſi ſe ad Chriſtianã
religionem adiungerẽt. quibus nos Euangelij lumen inferre conati, nihil profeci-
mus, & nemo nobis aures, præter ſenem
quendam Bonzium, dedit:cui, & ſimul di-
ſcipulis eius aliquot, demonſtrauimus vnũ
eſſe Deum, opificem rerum omnium animosq; hominum eſſe immortales. tum ille
mihi in aurem inſuſurrans, orationem meam quamuis placitis Iaponiorum aduer-
ſaretur, planè ſibi probari dixit, & præſer-
tim quæ de animorum æternitate à me fuerant diſputata: ſed quo minus Chriſti ſacra
ſuſci-

suſciperet, ſe Bonziorũ metu, capitisq́; periculo deterreri. vbi igitur fruſtra nos labo-
rare intelleximus, inde profecti, paucis diebus Meacum hyeme tum ineunte peruenimus: eſt autem vrbs perampla, tametſi
maior olim fuiſſe traditur, cùm eſſet eius
longitudo paſſuum vnius, & viginti millium, nouemq́ue latitudo. Hanc montes
editiſsimi cingunt: quibus in imis ingen-
tia vbique & opulenta cœnobia, atq; ædificia antiqua cernuntur: quanquam ſeditionibus, & incendijs vnà cum ipſa vrbe
magna ex parte diſiecta & exciſa: vt, quod
nunc vrbis incolitur, priſcæ magnificentiæ
tenuis quædam veluti imago eſſe perhi-
beatur. Regio eſt in primis frigida, partim ex copia niuium, partim ex arborum
cæduarum inopia. Sterilis autem adeò, vt
raphanis, rapis, melongenis, & leguminibus vulgò veſcantur. hæc autem ciuitas
dicitur quondam religione ac litteris flo-
ruiſſe: cuius rei argumentum etiam illud afferunt, quod ex eadem vrbe, mon-
téque, omnes Iaponiorum ſectæ manaue-
rint, quarum principes ac magiſtri in his
locis ſibi in hoc vſque tempus ſedes, ac
domicilium collocarunt. Meaci igitur,
conducto hoſpitiolo, cùm nemo ferè ad
nos ignotos adhuc, & obſcuros audiendos
acce-

LIBER III. 178

accederet, mihi faciendum existimaui, vt primum omnium Regem siue imperatorē honoris caussa inuiserem, vt eo beneuolo, propitioq; vteremur: deinde sumpta Cruce, in mediam viam ex ædibus prodiens Christum palam prædicare institui. quas ad voces ingens continuò populi multitudo conuenit, alij rerum nouarum studio, alij etiam cauillandi atq; irridendi. Quorum interrogationibus cùm ita Deo adiuuante responderetur à nobis, vt ipsorū rationes planè infirmari, ac refutari constaret; aduentus nostri fama totam vrbem ita peruasit, vt omnium sermone celebraretur: partimq; improbaretur nostra doctrina, partim etiam defensores aliquos inueniret. Bonzij quidem furentes circumcursare vicos, plebem in nos incitare, Euangelium probris, maledictisq; proscindere, falsis etiam testibus criminari, nos carnes humanas vorare, repertaq; domi nostræ ossa cadauerum; alij deniq; nos hominum specie Dæmonas dicere: hortari etiam vicinos, vt nos finibus pellerent; ædium verò domino exprobrare, quòd nos in suis tectis morari pateretur: qui ipsorum dictis impulsus, mihi renuntiari iussit, vt confestim migrarem: cumque incertus quo me reciperé, haud ita continuo paruissem, euaginato

Christus palā Meaci prædicatur.

Persecutionem commouent Bonzij.

Y 2

ginato gladio in me impetum fecit, tametsi intelligeret, si me occidisset, se vel patrijs legibus capite punitum iri, vel eius ignominiæ vitandæ caussa mortem Iaponico more sibi vltrò esse oppetendam. Ac meus quidem quis tum esset animi sensus, ac status, cùm impendentem mihi è barbari manibus euaginatum ensem aspicerem, existimare potestis ipsi. Et sanè mihi affirmanti credite fratres, permultum interesse, vtrū quis mortem apud se tacitus meditetur, & cogitet, an oblatam sibi propius intueatur ac cernat. Ego me (ad quem enim confugerem?) Domino totum commendaui, ac tradidi, cùm vna me res eo tempore solaretur, quod inter eos terrores, minasque verbum Dei in hac vrbe, quæ omnium Iaponicarum superstitionum est parens, disseminari, & crescere intelligerem. Eo periculo perfunctus, cùm iam aliquot Christianos fecissem, iniquorum furori concedere, & in alias ædes migrare constitui, quas nobis vini propola quidam exhibuit perincōmodas. quippe cū Ianuario mense in magna niuium copia, frigoribus maximis, & parietibus, & omni alio munimento carerent. Hic nos maiore etiam animo cæptis institimus, Dei beneficio parati, vitā, si opus esset, in Christiana caussa profundere. iáq;

Meacum Iaponicarū superstitionum parēs.

LIBER III.

& è ciuibus plures, & è paganis permulti *Permulti* Christo nomina dare nō dubitabant: quā- *Christo no-* uis & vulgò despicerentur, & Bonzij licet *mina dāt.* aliqua ex parte placati non dum tamen calumnijs, ac maledictis nos lacerare desisterent, quinimo ne vspiam consistere nobis liceret, communi consilio emptores ab eius taberna, qui domum nobis locauerat, auocare coeperunt: quo ille permotus incommodo, saepius egit mecum, vt inde migrarem, sed tamen solitudinem nostram miseratus, quod nullus praeterea foret nobis in vrbe locus, tres menses de habitatione commodare constituit. quo temporis spatio multa frigoris, laboris, valetudinis incommoda non solùm aequo, sed etiam libenti animo (Domino auxiliante) pertulimus. Iamó; aestas appetebat, cùm Regem rursus adiuimus, vt nobis in vrbe tuto ma- *Rex Socijs* nendi faceret potestatem, ac, tametsi obtre- *diplomate* ctatores non defuere, feliciter tamen di- *cauet.* ploma statim abstulimus, mortis poena proposita, si quis nos aut iniuria affecisset, aut quò minus suscepto munere fungeremur, impedire ausus esset. Ea re & iniquorum impetus retardati, & Christianorum numerus ita auctus est, vt necesse fuerit perampla domo ad eam rem coëmpta templum instruere, quò non Christiani solū, sed etiam

Templum instruitur.

Barbarorũ in Socios cõspiratio.

etiam ethnici confluebant. quorum alij se ad ecclesiam aggregabant, alij cùm verba nostra vehementer probarent, baptismi tamen petitionem se differre dicebant, quo ad latius res Christiana pateret. Annum iam in opere versabamur, meliusque res ibat in dies, cùm perpetuus ille hostis bonorum omnium, Bonzios, aliosque barbaros impulit, vt magna pecuniæ vi in commune collata magistratus corrumperent: qui muneribus deliniti inscio Rege nos summa cum ignominia exterminare decreuerant: idque fecissent, nisi cognita re ethnicus quidam primarius, vir bonus, & nostram caussam apud Regem agere solitus, nocte antequam inimici domum nostram irrumperent, me per nuntium monuisset, vt Bonziorum rabiem in præsentia declinarem, meque in arcem quandam suam ad sextum decimum lapidem ab vrbe, reciperem. Consilio à Christianis probato, magna eorum manu, ea ipsa nocte ad arcem vsq; deductus, ferè quatriduum latui. Sed cùm iam res postulare videretur, ne abessem diutius, Meacum occultè reuersi ad Christianum diuertimus, quo tempore varius erat de nostro discessu populi rumor: cùm alij iniuria, alij iure optimo nos oppido pulsos dicerent

fuisse.

LIBER III. 172

fuisse. Christiani verò clam eò ventitantes, quibuscunq; rebus poterant, consolari nos, & iuuare conabantur: quorū suasu quattuor mensiū inducijs impetratis, vt interea de nostra mansione, vel profectione ageretur, in publicū magna omnium bonorū gratulatione prodiuimus, atq; etiam sacra ædes nobis est reddita. Quæ dum geruntur, ad Regem delatum est, contra ipsius edictum quam iniqui in nos Bonzij, ac magistratus fuissent. qua re permotus multò nobis in posterum diligentius cauit. aduersarij verò fracti, ac debilitati nō modo nos vltra persequi destiterunt, sed etiam facta iam nobis libera commorandi potestate, nonnulli fauere cœperunt. ita, quod consilium Diabolus in nostram perniciem sumpserat, id ipsum maximè nobis diuinitus profuit. *Aduersarij fauere incipiunt.*

Restat vt nonnulla de superstitione, sacrisq; huius gentis attingam, vt ipsorū cæcitate perspecta, enixius pro ipsis Dominū deprecemini. Primùm Augusto mense cōcelebrant ludos quos vocant Gibon (quæ vox hominem significat) quod ij ludi homini sacri esse dicantur: quorum eiusmodi est ratio. Primū in vrbis vicos, opificumq; collegia, pegmata excogitāda, moliendaq; distribuūt. inde vbi festus dies aduenit, veluti ad supplicationē populus coit. Agmen cur- *Ludi Gibon.*

EPISTOL. IAPON.

currus quindecim, vel viginti præcedunt sericis, pretiosisq; tapetibus cooperti, in ijs pueri multi psallentes, vel tympana pulsant, vel tibijs concinunt. Singulos autem currus hominibus tricenis, aut quadragenis impulsos sua quemq; artificum turba sectatur. Alia deinde sequuntur vehicula hominibus armatis instructa, sericis item varijsq; priscarum rerum monumentis ornata. Hoc ordine pompa delubrum præteruehitur, cuius delubri ea celebritas est: qua in re matutinum tempus omne consumitur. Sub vesperam inde binæ lecticæ prodeunt: altera illius, quem colunt Dei, lecticarijs ita compositis, vt præsentis numinis pondere valde fatigari, premiq; videantur: alteram esse aiunt amicæ cuiusdam ipsius, nec ita multo post tertia lectica vxoris iustę gestatur, cui simul ac maritus per nuntium significauerit se vnà cum pellice aduentare; Lecticarij statim huc atq; illuc lymphati discurrunt, itaq; vxoris Zelotypiam, insaniáq; significant. Hic populus magna edit signa doloris, atq; mœstitiæ: plorant multi, multiq; ad consolandum Deæ animum positis genibus eam supplices venerantur. deniq; lecticæ coniunctæ ad fanum redeut: atq; ita ludis finis imponitur.

Nec ille minus miserabilis error est. Eadem

LIBER III.   172

dem Augusto mense biduum tribuunt co- *Error mi-*
lendis Manibus mortuorum, sub immine- *serabilis in*
tem noctem in ædium foribus lampadas *colendis*
multas accendunt vario genere picturæ, & *Manibus*
ornatu: inde vrbem tota nocte perambu- *mortuorū.*
lant, alij religionis, alij etiã spectãdi caussa:
magna etiã populi vis cùm aduesperascit,
ex vrbe aduentantibus (vt ipsi stultè opinã-
tur) suorum Manibus obuiam prodit. Vbi
quedam ad locũ peruentũ est, quo loco eos
sibi occurrere arbitrantur, humanis primũ
verbis excipiunt: Felix (inquiunt) faustus-
que sit vester aduentus. Iam diu aspectus
vestri fructu caruimus: cõsidete parumper,
ciboq́; vos ex itineris defatigatione refici-
te. Tum oryzam, arborum fructus, aliaque
cibaria apponunt: & quibus ea per inopiam non licent, ij aquam calidam secum afferunt, ibiq́; totam horam morati, quasi finem epularum expectent, precibus eos in
suas domos inuitant, aiuntq́; se precedere,
vt domum instruant, parentq́; conuiuium.
Vt biduum illud effluxit, accensis funalibus oppido plebs egreditur, lumina disce-
dentibus præferens, ne videlicet in tenebris
offendant, aut quopiam incurrant: inde in
vrbem reuersi ædium tecta lapidationibus
diligenter excutiunt, ne qui forte ex Manibus (à quibus nimirum aliquod sibi incom-

Y 5   mo-

EPISTOL. IAPON.

modum metuunt) occultè remanserint, tametsi eos misereantur nonnulli, quod paruulos dicant esse, &, si fortè eos in itinere imber oppresserit, extingui misellos. Interrogati Iaponij, cur illis epulum præbeant, respondent, eos ad paradisum tendentes suum, qui abest leucarum decies millies millena millia, quod iter non minus, quàm triennio conficitur, fessos è via recolligendarum virium caussa huc diuertere. Per eos etiam dies omnia sepulchra diligēter purgant: Bonzij aūt videlicet regnant: nemo est enim, re familiari quamuis exigua, quin ad expiandos ritè suorum Manes Bonzijs munus aliqd afferat. Videtis fratres mihi carissimi huius gentis errores, & tenebras, in quibus hęret adeò pertinaciter, vt eam inde ægrè admodum eruas. Obsecrate Dominū, vt eos pro sua bonitate luce Euangelij illustrare dignetur.

Ludi detestabiles.   Ad hæc alios etiā agunt celebri cum certamine ludos mēse Martio sanè detestabiles. Conueniunt post meridiē quibuscunq; libuerit, armati, Deorumq; suorū imaginibus depicti humeros. tùm duas in acies diuisi, pueri primùm lapidibus, deinde ceteri sagittis, & sclopis, mox contis, postremò gladijs dimicant. qua ex pugna semper ferè nonnulli desiderantur, complures vulnerati

LIBER III.

nerati discedunt, omnibus qui in eo prælio quæpiã occiderint, aut plagis affecerint, impunitate proposita. omnino bellicosa est natio. hoc ipsorum studiũ, hæc est oblectatio; militibusq; pro numero, ac dignitate capitum, quæ ex hostibus cæsa retulerint, præmia persoluuntur.

Dæmon autem tanto apud hosce miseros in honore est, vt ei magnificentissima fana extruantur: in quibus horribili specie sese identidem offerens, cùm alibi adoratur à populo, tùm presertim in mõte suburbano, in quo fuisse quondã aiunt cœnobiorũ septem millia, quamuis nunc multo pauciora visantur: ḡrũ est vnum in primis opulentũ, & confluenti omniũ ordinũ multitudine vsq; adeò celebre, vt cũ Reges bella gesturi ingentẽ auri vim ei delubro voueãt, & victoria parta persoluant; tùm infima quoq; plebs in suis difficultatib⁹, atq; periculis eodem auxilij causa confugiat. quibᵃ Dæmon per quietem apparens persuadet se ipsorũ religione placatũ, eos e periculo eripuisse, perindeq; ijs cetera in posterum cessura, vt ipsum ritè negligentérue coluerint. quibus ille artificijs ita imperiũ in has gentes exercet, vt magnopere metuatur, obseruetur, deniq; adoretur ab omnibus.

Dæmon quanto in honore sit.

Ille quoq; deplorandus hominũ error est, Bonzium quendam Combadaxi nomine,

Bonzius Combadaxi ante xi.

ante octingentos annos ferunt in hac vrbe versatum: quem equidem existimo hominis forma Dæmonem fuisse: adeò nefaria scelera ab eo excogitata, ceterisq; demonstrata narrantur. hunc tradunt deducere stellas è cœlo, & futura prædicere solitum: inuentorem etiam litterarum fuisse, quibus Iaponij vtuntur, sibiq; multa, eaq; magnifica templa ædificari iussisse, extremaq; iam ætate subterraneum sibi effodi specu, in quem vltro se condidit, cùm diceret, se iam vitæ huius satietate teneri, & in eo specu viuentem velle quiescere ad annorum decies millies millena millia. quo tempore fore, vt magnus quidam in Iapone doctor existeret, seq; tùm in lucem hanc esse rediturum. Eo sermone habito, se intra specum obturato ostio occludi imperasse. magnum est eius vbiq; nomen, & viuere etiamnum creditur, multisque se per visum offert, & ab eo pleriq; suppliciter opem implorant. anniuersaria verò illius diei solemnia, quo die sese in specum abdidit, mirum quanta remotarum etiam nationum frequentia celebrentur.

 Alij præterea diuersis ætatibus fuere tres, vel quatuor Bonzij summa eruditionis existimatione, quibus item magni honores habentur: & vni præsertim, quem ante annum

LIBER III. 175

num trigesimum vixisse perhibent, autorem sectæ eius, quam Icoxos vocant; magna apud plebé autoritate: cui sectæ Bonzius semper cum imperio præsidet, stupris, flagitijsq; palam turpiter deditus. quem plebs nihilo minus tanta pietate, ac veneratione prosequitur, vt eum si modò aspexerit, vim lacrymarum profundat, soluíq; se admissis noxis ab eo suppliciter petat. eidem tantum pecuniæ deferunt, vt magná Iaponicarum diuitiarum partem vnus obtineat. Festos verò eius dies quotannis ita conferta populi multitudo concelebrat, vt in ipso cœnobij aditu, cùm fores aperiuntur, obtriti aliqui semper intereant: quibuscum ita præclarè agi putatur, vt nonnulli religionis caussa sese pedibus irrumpentium vltro calcandos, necandosq; subijciant. nocte autem, oratio de laudibus eius dum habetur, tanta auditorum comploratio oritur, vt si publicè magnum aliquod incommodum, ac vulnus esset acceptum.

Secta Icoxos.

Magna est etiam Sanctitatis opinio Bonzij Nequiron, qui ante quingentesimú annum floruisse dicitur, & Foquexanæ familiæ princeps fuisse.

Foquexanæ secta.

Hactenus de rebus Meacensibus. venio ad Sacaianas. Ego Sacaium Cosmi inssu

Meaco

EPISTOL. IAPON.

Meaco me contuli, vbi sum in præsentia; quam vrbem, cùm ex concursu hominũ ad nos audiendos (quorũ aliqui iam baptizati sunt) lætam nobis animarum segetem allaturam: tùm quod copiosissima ac munitissima est, tutum nobis in tumultibus bellicis perfugium fore confidimus.

Multa vidi post meum aduentũ memoratu digna, è quibus ne longior sim, vnum duntaxat exponam. Iulio mense festum diem agunt Daimaogini, quem excellẽti sanctitate virũ asseclam aiunt fuisse prisci cuiusdam imperatoris. hunc Sacaienses adorant, templis compluribus ei dicatis, & ludos eiusmodi faciunt. Horis pomeridianis viam vrbis longam ad passus ducentos transuersis vtrinq; tignis ac tabulatis obsepiunt, ne plebi introspicere liceat: tùm magna hominum multitudo à tribus passuum millibus eò contendit. In primo agmine idolum procedit equo insidens, stricto manibus ense permagno, pueris duobus deinceps comitantibus, quorum alter arcum eius et pharetrã, alter accipitrem gerit. pueros multæ equitum turmæ certis insignibus distinctæ sequuntur, & magna præterea peditum vis, qui voto sese ei celebritati obstrinxere, saltantesq; concinunt, Xenzairaquu, Manzairaquu, hoc est annos mille

Festus dies Daimaogini.

mille voluptatis, mille millenæ millia gaudij. Hanc turbam Bonzij primùm candidati psallentes, deinde vniuersa nobilitas in equis mitrata, postremò quinq; vel sex veneficæ magno mulierum comitatu linteatæ sequuntur: extremum agmen claudunt ingentes armatorũ copiæ ad excipiendam Daimaogini lecticam prodeuntes ad viam, quam clausam esse dicebamus. Lecticã verò ipsam inauratã lecticarij ferunt viginti, qui varias cantilenas velut intercalari quodam carmine concludunt Xenzairaquu, Manzairaquu. Eandem simul atq; profertur in publicum, iactata suppliciter stipe, alijsq; similibus veneratur populus. Hanc ego superstitionẽ, & alias in hac vrbe conspexi, quas Dominus aliquando penitus abolere dignabitur. Meacum ad natalem Dñi cum Christianis agendũ post menses quattuor cogitabam, vt mense Martio Sacaiũ denuò reuerterer, Christianamq; rem omni conatu fulcirem, quo ad nobis supplementũ isthinc in tanta operariorũ inopia submittatur. Vos per Dominũ obtestor fratres mihi carissimi, animum inducatis ad hanc prouinciam adeundam. Etenim si quod vnquam tempus amplificandæ Catholicæ Ecclesiæ fuit idoneum, nunc certè egregia sese præbet occasio. Iaponica

nica lingua haud sanè difficilis est, saltem ad intelligendum. patientia tantum, animiq; submissione opus est ad ea, quæ Dominus permiserit, perferenda: quas ille virtutes pro sua benignitate vtiq; impertiet ijs, qui huic colendæ vineæ sese alacri animo obtulerint. Quem nos etiam atq; etiam obsecramus, vt animis vestris, & omnium semper inhabitet. Sacaio. sexto decimo Kal. Septembris 1562.

EX EPISTOLA ARIÆ Sanctij ad Societatem IESV.

EGo in hac vrbe fratres mihi carissimi operam nauo curandis ægrotis, qui in nosodochio sunt, & simul pueros quindecim partim Iaponios, partim etiam Sinas, qui apud nos educantur litteras, & musicen, doceo, quo maiore ceremonia cultuq; sacra in posterum peragantur; quā rem ad conuersionem Barbarorum non mediocriter profuturam esse confidimus. In his pueris duo numerantur, alter quartumdecimum, alter vndecimum natus annum, tam excellenti ingenio præditi, vt id ætatis, Christianos concionibus suis ad lacrymas vsq; permoueant. Sed maiorem

Cosmus

LIBER III.

Cosmus Turrensis Meacum misit ad ædem sacram tuendam, & Gasparem Vilelam in opere subleuandum: minor apud nos remansit. Institutum nostrum in Iaponijs erudiẽdis eiusmodi est. Ioannes Fernádes, qui bene iá nouit Iaponicè, edocẽdis neophytis primùm operam dat: deinde certũ in locum se confert, quo multi ad eum sciscitandi & quærendi caussa conueniunt, quibus ille respondet, refutatq́; cùm opus est, errores ipsorum: idq́; sæpenumero bis in die. transferendis etiam Iaponicè necessarijs quibusdam libris vacat, adhibitis ad eam rem nonnullis incolis Christianis, vt versio purior, clarior, atq́; suauior sit. ex ijs, qui Christiana disciplina instituuntur, aliqui sunt viri primarij, quorum vnus antè baptismũ, Bonziorũ Cœnobio cum potestate præfuerat, in Iaponicis superstitionibus, litterisq́; apprimè versatus.

Ad conciones, quæ singulis anni festis diebus, per quadragesimã verò multo sæpius habentur, operibus suis, & ratione lucri neglecta, tam alacriter, auideq́; plebs ventitat, vt fræno potius, quàm calcaribus egeat. quantum verò concionibus proficiatur, satis apparet vel ex pietate, cultuq́; sacrorum, vèl ex consensu, mutuaq́; Christianorum beneuolentia, quam sanè augeri constat

constat in dies. Hebdomadæ sacræ diebus
cùm cetera solemnia rite sunt persoluta,
tum verò quinta feria in coena Domini, po-
steaquam pauperum pedes de more abluti
sunt, agmen processit eorum, qui sese flagris cædebant: sequebantur tredecim pueri
ornatu funebri, passionis Domini argumé-
ta gestantes: ij. suum quisq; carmen elata
voce tanto cum animi sensu pronuntia-
uerunt, vt nemo omnium, quotquot erant
in templo, lacrymis temperare potuerit.
Paschali autê die Dominico historiæ quædam è sacris litteris actæ sunt: vt exitus Isra-
elitici populi ex Ægypto, specie rubri maris in vestibulo templi machinationibus
artificiosis exhibita, quæ transitum Israeli-
tis præberet, ingressum autem Pharaonem
vnà cum exercitu obrueret: Ionæ quoque
Prophetæ casus, aliaque similia spectacula
edita sunt. Supplicationibus absolutis, dia-
logus publice est habitus, in quo superioru
dierum ex morte Domini luctus, atq; moestitia cum Paschalis celebritatis lætitia, &
gratulatione conferebatur: quibus rebus
mirû quanta voluptate afficeretur Christiani. Atq; iam ante, ipsis quoq; natalis Domini ferijs, orbis terrarum totius inundationem, custodias Loth, Abrahami victoriam, deniq; pastorum aduentum ad oppidum

dum Bethleem sermones que cum virgine Dei matre habitos ita ad viuum expresserant, non modo vt spectatoros, sed actores etiam ipsi præ intima animi dulcedine collacrymarentur. Atque hæc de rebus Bungensibus.

Nunc de ceteris Iaponis partibus pauca complectar. Gaspar Vilela Meaco Sacaium profectus primarij cuiusdam viri precibus inuitatus, non solùm peramanter ab eo in hospitium acceptus est, sed etiam eiusdem sumptu ac benignitate fanum ædificauit, quo populus ad Euangelium conueniret, statimque constitit operæ fructus, nonnullis ad baptismũ adductis, in ijs adolescentefillo eius apud quem Gaspar diuerterat, præclara indole puero, qui tam illustria virtutis, ac pietatis dedit indicia, vt eius opera parentes quoque ipsius, fratremque natu maiorem, qui iam ad religionem Christianam valde se propensum ostendit, ad Ecclesiam Dei aggregatum iri Domino fauete, speremus. Puerum hunc Gaspar deinde parentibus non inuitis, quos nimirum adolescentulus precibus vicerat, Bunguim misit, vbi quid egerit, ex Aloisij Almeidæ epistola cognosceris.

Quod ad Amangutianã Ecclesiam pertinet, quã iam diu nobis lustrare non licuit,

morem

EPISTOL. IAPON.

morem præceptaq; sibi à Cosmo Turrensi tradita Christianos studiose retinere cognouimus. Dominicis diebus in templum sacra tabula picta quam eò misit Cosmus ornatum, frequentes conueniunt. atq; vbi Deum ritè precati sunt, vnus eorum ex catechismo Iaponicè scripto nonnulla recitat, de quibus deinde disserunt inter se.

Habent etiam quosdam veluti œconomos ægrotis, ac pauperibus subleuandis pecunia, quæ tum ad eam rem, tùm ad curanda Christianorum funera in commune confertur. Aliqui etiam Bungum ad confessionem, & verbũ Dei audiendum quandoq; se conferunt. eam ecclesiam Cosmus, quoniam per operarios non potest, saltem per litteras consolari & confirmare non desinit.

Rex Firãdensis Christianis æquior factus.

De Firandensibus autem rebus illud accepimus, Regem hoc anno se Christianis æquum præbere cepisse, templíq; extruendi iam nunc illis potestatem fecisse eo fortasse consilio, vt cum Cosmo in gratiam redeat, & hac ratione cum Lusitanis fœdus, & hospitium renouet: quorum sibi amicitia, atq; commercium quàm sit fructuosum, vt clarius desiderando sentiret, nauem eorum, quæ superioribus diebus Firandum appulerat, & Cosmo, & Lusitano viro nobili,

LIBER III. 179

nobili, qui Bungi eo tempore versabatur, nauarchi eius auunculo, visum est faciendum, vt in alias oras auerterent. Igitur abeundi potestate ab Rege Bungensi quamuis ægrè impetrata de Cosmi valetudine, atq; incolumitate solicito, Firádum vterq; profecti sunt. Bungi autem vbi à Christianis auditum est, Cosmum profectionem parare, mœrentes continuò ad eum ventitare cœperunt, parentem illum, atque pastorem agnoscere, manibus hi, illi etiam humi prostrati pedibus oscula figere; quibus Cosmus exposuit, quam iustis de causis iter illud ingrederetur, & simul mandauit, vt vicarijs ipsius donec rediret (quod propediem erat futurum) diligenter obtemperaret: atq; ita ab eis digressus est multis eú viris, mulieribus, pueris magno cú luctu, ac mœrore extra oppidum prosequentibus: quo absente, cùm barbari se in templum nostrum insolenter inferret, ea re cognita Rex misit è familiaribus suis, qui templum assiduè custodiret, & in vincula abriperet, si quis in eum locum se contumeliose gessisset, atq; eiusdem præsidij negotium duobus etiam primarijs ciuibus dedit in ea vicinitate habitantibus. In ipso autem itinere labores, atq; pericula Cosmo non defuere: tertio quippe die in latronum insidias incidit,

Z 3

EPISTOL. IAPON.

dit, quorū vnus intentū iam arcū in Cofmi pectus nōſne magno eius vitæ difcrimine obuerterat, cùm ex ipſius comitibus quidā, ante ſagittam emiſſam, adductas arcus habenas præcidit. Firandi autem magna cum gratulatione à Luſitanis exceptus, qui nauis vexilla ſuſtulerant, & tormentorum ſtrepitu lætitiam ſignificauerant, in ædiculam diuertit ab Aloiſio Almeida raptim, dum templum ædificatur, extructam: vbi cùm ceteros CHRISTIANOS, cognito Coſmi aduentu terra, ac mari vndique confluentes, tùm nautas ipſos Luſitanos admiſsis noxis per confeſsionem abſoluit, ijsdemq; facile perſuaſit, vt cum oneraria ex eo portu diſcederent. Hæc habui de Iaponenſium rerum progreſſu quæ ſcriberem. Vos Dominum precari aſsiduè inſiſtite fratres, vt nos idoneos veritatis Euangelicæ, præcones efficiat. Bungo 5. Idus Octobris 1562.

ALOISIVS ALMEIDA
Societati IESV.

Anno ſuperiore cùm Eccleſijs Facatæ, Firandi, alijſq; luſtratis Bungum ægrotus ex itinere rediſſem, vt primùm e morbo conualui, de tota peregrinatione mea feci vos per litteras certiores,

quas

LIBER III.

quas q̃niã vobis esse gratas intelligo, pergã ea scribere quæ q̃dẽ in ijs locis contigere, in quibus mihi versari ex eo tẽpore cõtigit: nã cetera ex alioru̅ litteris cognoscetis.

Firandi erat Christianus quidam quintu̅ circiter, et sexagesimum natus annum, scriba Regis intimus, quem ille apud se in honore habebat, liberaliterq; tractabat. is igitur Christianus cùm animaduerteret se iã *Christiani* ad vitæ exitum appropinquare, susceptas *cuiusdam* in vita maculas matura confessione dele- *illustre fa-* re, & (quoniam nullus erat ibi sacerdos) *ctum.* Bungum vel cum Regis offensione, periculoq; rei familiaris omnino sese conferre constituit. rem itaq; cum vxore communicat: quæ (vt erat præstanti virtute ac pietate mulier) consilium vehementer probauit: illud solummodo monuit, vt quam occultissime abiret, ne in se Regis iracundiam prouocaret. Quo circa nauem Christianus intempesta nocte conscendens, Bungum iter intendit: eius discessu postridie cognito Rex, partim quòd eius opera admodu̅ indigeret, partim quòd se inconsulto inuitoq; abisset, iratus, nauigio statim instructo, misit qui hominem persequerentur. Iamq; magno suo bono à finibus Firandensis regni in Reguli cuiusdã ditionem euaserat, cũ superuenientibus qui ad eum capiendũ

Z 4 missi

missi erant, Reguli iussu, cui cum Firandēsi rege amicitia intercedebat, eodem Rege postulante oppressus, & in custodiam traditus est. Firandi vbi cognitum est illum inuentum fuisse, nec tamen vt rediret vllo modo adduci potuisse; legauit ad eum Rex cognatos ipsius nonnullos, qui ad redeundum hortarentur: sed vxor contrà per litteras ei suasit à suscepto itinere nequaquā desisteret, bonóque animo esset, se laborū ipsius periculorumque breui consortem futuram. Sed videlicet currentem incitabat. Cosmus autem vbi id resciuit, egit cū Rege Bungi, vt Christianum ab regulo per litteras impetraret: quas qui pertulit litteras, offendit hominem magna in Deum fide, speq; subnixum, de se ipsó autem adeò demisse, maleq; sentientem, vt non modò qui Bungum ad confessionem incolumis perueniret, sed qui vllo prorsus beneficio afficeretur à Deo domino nostro se prorsus indignū assereret: tantoq; in se ipsum odio erat incensus, vt ad quotidianas verberationes, & precandi assiduitatem, alia quoq; voluntaria supplicia adiūgeret, tanta cum sui cognitione, vt precibus CHRISTIANI, qui regiam epistolam attulerat, adduci nequiuerit, quicquam vt de instituta vitæ austeritate remitteret. Denique solutus

LIBER III.

tus Bungum ægrè peruenit tanta animi sui cum voluptate, tantasq; Deo gratias agens, vt rem verbis assequi nequeam. Cuius aduentus cùm ad cetera multa profuit, tum ad Christianorum fidem, ac spem in Domino augendam. Eum Cosmus, pueris, quos alimus domi, instituendis præfecit, & pijs quibusdam libris in Iaponicũ transferendis. Magnum apparet in eo precandi studium, & caritas, &, licet extrema iam ætate, vix vnquam cessantem reperias. Eum Dominus ad finem vsq; conseruet.

Per idem tempus nobilis quædam mulier primarij ciuis vxor ex familia regis Bungensis à Dæmone agitata, per cãpos tanto cum vlulatu, atq; impetu ferebatur, vt à nemine contineri posset. Hanc sibi Cosmus à Christiano quodam insigni viro commendatam ad se perduci, & in cubiculo publici valetudinarij perpetuis custodibus adhibitis, collocari iussit. Et quoniam in spem venerat mulier, se baptismi beneficio sanitate esse recepturam, habebatq; mentis eius animiq; vexatio dilucida interualla; ijs opportunè Cosmus est vsus ad eam Christianis præceptis ritè imbuendam. quibus vt satis erudita visa est, in magna Christianorũ corona, eam dominico die baptizare constituit. Erat mulier tum sanè quieta, sed cùm

Vxor ciuis primarij, baptismi beneficio, dæmonis vexatione liberatur.

Z 5　　　pri-

primùm caput salutari aqua perfundi cœptum est, tanta repente vi se commouit,
clamoresq; edidit ita magnos, vt omnes
quotquot aderamus pterrefecerit. Tũ Cosmus à quattuor viris apprehensam teneri
ad finem vsq; baptismi imperauit. quo absoluto misera fractis virib⁹ concidens inter
famuloru manus in hospitale cubiculũ est
relata. Ex eo tempore nullum ejusmodi
incommodũ, aut molestiam hucusq; per-
pessa est. quare & Christianorum fides non
mediocriter aucta, & maritus ipsius ita permotus est, vt ab Rege petierit, vt sibi per
eũ liceret Christiana sacra suscipere: quod
ei Rex ita prolixè, libenterq; permisit, vt
diceret gratum sibi fore, si eum reliqua familia imitaretur, itaque baptizatus ipse
cum liberis, cognatis, & famulis sanè quam
in virtute proficiunt. Ego interea è morbo
vires collegeram. quo circa mensis Octobris initio misit me Cosmus, comite è Christianis domesticis vno, ad templa quinque
visenda, varijs locis agri Bungensis cómo-
do Christianorũ extructa. mensem in eo itinere posui, multos baptizaui barbaros.
Christianos autẽ docui, qua ratione tẽpla
concelebrarent, sermonesq; inter se de religione sererent, si quando Bungum venire
non possent. quasdã etiam areas defixis crucibus

LIBER III. 182

cibus Christianorum sepulturæ dicauimus: deniq; in singulis templis benedictum, seu piaculare granū relictum cū codicillo, qui descriptas grani indulgentias contineret. Inde Bungum reuersus, Cangoximā mense Decembri profectus sum: profectionis caussa fuit Emanuelis Medozij cū sex Lusitanis aduentus, qui vt p confessionē peccatis sunt absoluti, Cosmū rogarunt etiam atq; etiā, vt me Cangoximā ad hyemē ibi cū ipsis exigendā, Christianos visendos, & promulgandū barbaris Euangeliū mitteret: id ipsum Regi quoque Cangoximano fore gratissimū, quippe qui magnā eius rei voluntatē scriptis ad Proregē Indiæ litteris, itemq; ad Antoniū Quadriū eidē prouinciæ p Societate prepositū, ostendisset. Būgo igit (vt dicebamus) profecti, gelu, & frigoribus maximis quattriduo ad mare peruenimus: cùm semper vbi sub vesperā constiteramus, verba de rebus diuinis ad barbaros fecissemus. Inde solutis anchoris inter nauigandum aduerso vento in oppidum sanè frequens coacti descendere, cū spectaculi nouitate permota (nunquā enim Lusitanos antea viderant) magna incolarū vis ad nos conuenisset, per eam occasionem eis Euangelium nuntiaui: quo illi audito, obstupefacti, ad nos audiendos iterum ac tertio

Barbarorū ad Euangelium concursus.

EPISTOL. IAPON.

tertio rediere, atq; vniuersi pænè professi sunt, nisi Reguli metus obstaret, se Christo nomina libenter daturos, idq; eo cum animi dolore sensuq;, vt nos ad misericordiam prouocarent. Dixi me cum Regulo acturũ (qui Bungensis Regis est stipendiarius.) vt cuilibet Christiano esse impunè liceret, eosque solatus vt potui, ex eo loco discessi. digressu meo lacrymæ nonnullis obortæ, vt si diu mecum vixissent, apud quos non toto biduo fueram. Ex quo facile iudicare possitis, quanta sit huius gentis ad humanitatem, religionemq; propensio. Angunem delati, & à Regulo peramanter excepti, vt primum opportunum est visum, de rebus diuinis, & animorum immortalitate cum eo colloqui cœpimus, multisq; sermonibus vltrò citroq; habitis, cùm etiam familiæ partem à cœna ad audiendum accersisset, sera jam nocte ab Rege dimissi, nauarchum quendam Lusitanum sanè tempestiuè conuenimus: cùm enim nostra hortatione permotus, amicam, ex qua duas susceperat filias, iusta cum dote in matrimonio legitimo collocasset, paucis post diebus est mortuus. Ex eo portu Tamarim tendentibus, vbi Emanuelis Mendozij nauis in statione erat, arx in itinere occurrit Hexandoni viri principis, in edito monte posita, omnium,

Hexandonius princeps.

nium, quas in vita videre me memini, et loco, & opere munitissima. quippe quam decem ferè propugnacula cingunt inter se non nisi ponte subductili peruia, magnoq́; interuallo distantia, fossis ita profundis, vt despicientium oculis altitudo caliginem offundat, perpetuo (vt aiunt) silice ferramentis exciso: quod equidem vix hominū manu fieri potuisse crediderim. ibi cùm Hexandoni vxorem, & quattuordecim præterea Christianos multis iam annis Franciscus Xauerius fecisset, mihi faciendum existimaui, vt me ad eos consolandos, confirmandosq́; conferrem. qui me omnes, sed vxor præsertim Hexandoni amicissimè acceptum multa tum de Francisco Xauerio, tum de Bungensi, Meacensi, ceterisq́; in Iapone constitutis ecclesijs percontati, feliciq́ue ipsarum progressu valdè lætati sunt. me autē iccirco etiam libentius viderunt, quod iam diu neminem omnino ex Societate nostra conspexerant. quo toto temporis interuallo eos in Christiana fide partim senis cuiusdam Christiani honorati viri velut magistri familiæ studio, partim etiam quibusdam miraculis diuina prouidentia retinuerat. Relictum sibi libellum descriptis Xauerij manu Litanijs, alijsq́; precādi formulis æquè ac sacras reliquias pia mulier
admo-

EPISTOL. IAPON.

Libellus, Xauerij manu descriptꝰ, expertæ virtutis remedium.

admodum religiosè custodiebat, expertæ virtutis remedium. Etenim ægrotos complures, in ijs Hexandonum iam desperatū, corporibus ipsorum impositus libellus ille sanauerat. Nec minore cura senex traditū sibi ab eodē seruabat flagellum, quo singuli Christiani interdum (nec enim sæpius permittebat senex, veritus ne vsu nimio attritum flagellum absumeretur) sese cædere consueuerant, quod eam rem non solùm animis, verùm etiam corporibus suis prodesse diuinitus intelligerent. Itaque mulier ipsa, quam diximus, morbo grauissimo implicita, cùm varia medicamenta frustra tentasset, ad ipsum flagellum postremò cōfugiens, Francisci Xauerij meritis continuò in pristinam valetudinem est restituta. cùm omnibus igitur de re diuina familiariter colloquutus, ara etiam excitata cum sacratissimæ Virginis imagine admodum eleganti, quam eò mecum attuleram, pueris nouem, in ijs duobus Hexandoni filijs baptismo lustratis (quos iam senex ille Christianis rudimentis imbuerat) incredibili cum eorum mœrore postridie manè discessi commeatu ab ipsis affatim instructus, atque pollicitus me in reditu quindecim dies apud ipsos commoraturum. Cangoximam simul atque peruenimus,

Hexandoni filij baptizantur.

Regem

LIBER III. 184

Regem adiui confestim, eóque collaudato quod Euangelium in suo regno promulgari cuperet, multisque præterea verbis habitis, petij, vt liceret mihi in præsentia Tamarim vsq; ad Lusitanorum stationem excurrere. quod ille cùm permisisset ea tamen conditione, vt auum ipsius ex itinere inuiserem, Tamarim tridui itinere, diuertetes ad Regis auum, ire perreximus, maxima niuium copia, quæ aciem oculorum retunderet, viáq; teterrima, occultis passim occurrentibus foueis, è quibus iumenta sese ægrè admodum expedirent. In eo igitur portu ægrotis primùm curatis, quorum ingens erat numerus partim sæuitia frigorum, partim etiam cibariorum inopia; deinde barbaris nouem, qui id ipsum à me diu, multúmque contenderant, baptizatis; certo præterea nauis loco, ad foeminarum tutelam de Iaponijs coëmptarū (quas illi ex ora Sinarum aduexerant) custodibus binis appositis; deniq; communi consilio indicta pecuniaria multa, si quis temerè iusiurandum vsurpasset; (latè enim patebat hoc vitium). Cangoximam redij, & conciones ad Christianos habere institui. nam ethnici veriti Bonziorum offensionem ad nos venire non audebant: quod ego cùm animaduertissem,

Rex Cangoximanus.

Tamaris portus.

coepi

cœpi consilium familiaritatis si quo modo possem, atq; amicitiæ cum Bonzijs ineundæ, quo deinde populus ad nos maiore cū fiducia ventitaret. Erat in eo ordine vir quidam insignis magna etiam ante id sacerdotium existimatione, tum verò & Regis ipsius consiliarius, & amplis cœnobijs tribus summa cum potestate præpositus. Hunc igitur adij collirio ad oculos curandos, quibus ipse laborabat, allato: atq; ille meo sanè quàm lætatus aduētu, sibi valde optatum fuisse dicebat, quæ Xauerius disputaret, cognoscere, sed interpretem defuisse. Inde me multa de summo rerum opifice, de immortalitate animorum, de tempestatum varietate, terræ tremoribus, pluuijs, aliisq; rebus huiusmodi interrogans, magna sua cū voluptate totam eam noctem apud se detinuit. Quibus ille sermonibus captus, cùm ad me sæpe alio item Bonzio comite, ego vicissim ad illum familiariter ventitarem, cumq; doctrinam nostram cùm apud alios, tum apud Regem ipsum ita collaudasset, vt Rex Xixona (hoc est sanctā rem) publicè responderet; vel eo Regis testimonio, vel confirmata, atq; illustri mea cum Bonzio consuetudine animati barbari ad nos audiendos venire cœperunt. Ex quibus multos Deo adiuuante ad Christum ad-

LIBER III. 185

adiunximus. In eo numero fuere primarij duo Regis ipsius cognati, quos catechismo institutos vnà cum vxoribus & parte familiæ (triginta quinque in vniuersum fuere) baptizauimus. quorum deinde omnium ope, ac studio sacrum Deo domino templum extructum est.

Duo Regis cognati primarij, cum vxoribus & parte familiæ, ad Christum adiunguntur.

Rebus ita constitutis, per Christianum nuntium in arcem Hexandoni magnis precibus accersitus, optimis cùm Christianorum, tum etiam barbarorum studijs me magnopere expetentium deesse nõ potui: è quibꝰ circiter quinq; primarij audito aliquoties Euãgelio in ecclesiã adscripti sunt. in ijs quidam adeò excellenti ingenio, vt in cõmentarium relatis ijs, quæ de me didicerat, librum confecerit exorsus ab ipso mũdi initio, ad vsq; Christi domini nostri in terras aduentum, eius præcipuè cruciatibus singillatim enumeratis. quæ ipsius lucubratio & hominibus illis, & alijs etiam populis, ad quos eam ego ipse deinde circumtuli, maiorem in modum profuit. Idẽ iussus à me Iaponica quædam scripta de Christiana religione describere, mandatũ ita auidè arripuit, vt opus vniuersum (omnino chartis quinque & quinquaginta constabat) vnius dimidiatíque diei spatio absoluerit. Hunc ego, & Hexandoni filium

Eximia pietas cuiusdam neophyti.

A 2   natu

natu maximum, quem Xauerius baptiza-
uerat, docendis in templo ceteris Christianis præfeci, regula præscripta, quam in eo
munere obeundo tenerent. quam quidē in
rem, vt quibus otiũ suppetit, diligenter in-
cumbũt, præsertim verò librarius ille, quem
dixi, qui quidem Christianis lectionibus, &
cōmentationibus mirificè delectatur, seque
cũ libro, quē à me descripsit, in lucum ab-
dens, quæq; legit ex eo secum identidem
reputás, tanta voluptate perfunditur quod
ad hanc Dei rerumq; cœlestium cognitionem peruenerit, vt lacrymas præ gaudio
continere non possit. Is ipse in Christianorum cœtu post Litanias publicè decan-
tatas interrogatus à me quidnam esset fa-
cturus, si Rex ei diceret, Christiana sacra
fac deseras, quoniam ex meis popularibus es, meisque sumptibus victitas; respon-
surum se dixit illico: Here, vis ne me in te
sine fuco, ac simulatione beneuolum? in
re tua familiari procuranda fidelem? vis
me submissum? vis perferentem iniuriarum? vis denique in omnes clementem,
ac benignum? iube me esse Christianum.
hasce enim virtutes omnes vna religio
Christiana complectitur. Ac ceterorum
quoque Christianorum (ad quorum numerum ibidem alij septuaginta per eos dies ac-

es accessere) egregia pietas, assiduum precandi studium, mirus inter se amor, atque concordia cernitur. vna tantum res ipsorum animos vehementer angebat, quod Hexandonus communium meritorum ecclesiæ expers tam diu in Iaponica superstitione persisteret. pro cuius conuersione cum preces ad Deum, lacrymasque (vxor ipsius præsertim) quotidie funderent; tum ego vxoris rogatu hominem adij, & ex eo quæsiui, cur veritatem sepe iam cognitam depositis Iaponiorum erroribus sequi negligeret. Tum ille Deum testatus Christianam religionem sibi plane probari, secus permissurum se nequaquam fuisse, vt eam familia sua tota susciperet, vna re qua minus eos imitaretur, impediri se dixit, quod vereretur, ne grauius animum Regis offenderet: sperare se Deo propitio fore aliquando, vt Rege ipso libente Christum, quem intimis sensibus adorabat, palam ac libere profiteri posset. quo illius responso Christiani valde lætati sunt. Ex eo loco rursus ad Cangoximanos reuersus, Cosmi litteris per Christianum Bungésem ad me perlatis eo consilio sum reuocatus, vt ad Regem Icoxiuræ pficiscerer, qui nos in suũ regnum liberalissimis conditionibus inuitauerat: cum præter alia multa &

Hexandonum metu Regis à baptismo retardat.

Rex Icoxiuræ.

Lusitanis omnibus in eum portum commeantibus, quiq; cum ipsis negotia cõtraherent, in decennium ab omni portorio immunitatem se daturum esse promisisset, & quicquid circa est agri ad passuum octoginta millia Cosmo obtulisset, vt intra eos fines ethnicus nemo ipsius iniussu habitare posset. Cangoximæ igitur institutis qui Christianorum cœtu in templum statis diebus aduocato, doctorum vice ac munere fungerentur, baptizatisq; ijs, qui iam ad id sacramentum idonei videbantur, ceteros quibus potui verbis sum consolatus: duos præsertim Bonzios illos, de quibus dixi, quos in discessu meo perquam studiose Christo nomina profitentes in aliud tempus iccirco reieci, quod à curandis Iaponico ritu Regis procerumq; funeribus, nulla ratione se posse desistere dicerent, eaque re Christiana sacra, quæ ipsi apud se taciti colerent, minime pollutum iri arbitrarentur. denique à Christianis vario commeatu peramanter instructus, & magna cum doloris, amorisque significatione dimissus, ad arcem Hexandoni (quæ ab oppido Cangoxima passuum abest decem & octo millia) dum nauis paratur, biduum substiti. atq; inde incredibili Christianorũ dolore, ac gemitu ipsis etiam ex arce summa

LIBER III. 187

mâ fœminis ad mare me deducentibus, &, quasi in eo salus omnium verteretur ita me vt celeriter ad se redirem enixè rogantibus, conscendi, & decimo septimo die Bungum magna nostrorum gratulatione perueni. atque inde tertio Nonas Quintiles Icoxiuram, qui locus vltra Firandum est quattuor & viginti passuum millibus, discessi. quo vt perueni, salutatis ex itinere Facatensibus (qui cùm initio diu multumque Euangelio restitissent, bellis deinde perdomiti, ac velut subacti diuinum semen libentius acceperunt, bonamque in primis virtutum frugem tulerunt) Regem Icoxiuræ primùm adij, qui me honorificè sanè bis conuiuio excepit. deinde cum eius ministro, qui Regis ipsius nomine ad Cosmum litteras dederat, de re communi agere institui. cumq; ille quædam ex ijs, quæ per epistolam nobis vltrò detulerat reuocaret, faciendum mihi existimaui, vt ad Cosmum scriberem, eique totam rem integram reseruarem. Ad portum igitur reuersus, dum in Christianos ex instituto adiuuandos incumbo, Firando nuntij perferútur, quanto cum rei Christianæ adiumêto Damianus Iaponius familiaris noster excellenti pietate, virtuteq; iuuenis, qui nuper Facatensibus quoque summa cum

Damianus Iaponius.

Aa 3 omni-

omnium admiratione operam nauarat egregiam, in eo oppido versaretur. nec ita multò post quædam parantibus nobis, quæ ad Cosmum mitterentur, ecce tibi repente affertur ipsum adesse Cosmum. Primo incredibilis visa res: ea Cosmi ætas, ac valetudo; ea difficultas itinerum est. sed vbi iam ad portum applicuit, quanto gaudio affecti simus facilius est vobis exiftimare, quam mihi scribere. is me confestim ad Regem legauit, vt cum eo rem omnino transigerem. quod ego cum fecissem ablatis etiam syngraphis, Bungum ipsius Cosmi iussu ad epulas in ædibus nostris (id enim semel in anno solemne est) Regi Bungensi parandas excurri: quo secum ille filium hæredem regni futurum meo rogatu cum proceribus duxit. Cumque in eo conuiuio candidati pueri nostri domestici quattuor magna cum omnium delectatione fidibus canerent, Regis filius mensa relicta sese ad æquales suos hilariter, ac festiuè recepit. puer ille quidem, ac penè potius infans (annum quippe agit quintum) sed in quo sensus animi, ac ratio longe præcurrat ætatem. Bungo rursus Icoxiuram reuersus, qui locus à Christianis incolitur, habetque in monte summo Crucem, quæ eminus valde conspicitur

LIBER III.

tur à Petro Barreto Nauarcho Lusitano defixam, quod eodem loco tribus deinceps diebus sub vesperam inspectante se, alijsq; compluribus sublime in aëre signum Crucis apparuisset; Cosmum sanctissimis (vt solet) occupationibus districtum offendi. Tanti ad eum confessionis & Eucharistiæ caussa concursus vndique Christianorum fiebant, vt omnis perturbationis vitandæ caussa, triceni per vices ordine sibi succedere iuberentur. quorum erat ita magna in Cosmum obseruantia, ac veneratio, vt coram eo oculos attollere non auderent; tanta religio, ac pietas, vt in sacris mysterijs obeundis, ac præsertim in corpore Christi sumendo copiam lacrymarum effunderent; ea denique animi virtus, ac probitas morum, vt barbari ipsi Christianorum vitæ admiratione sese colligerent, & seueriorem vltrò disciplinā induerent. Per eos dies Facatensium Præfectus nauigium cum hominibus ferè triginta ad Cosmum misit rogatum, vt quoniam tres è militibus suis in prælio sclopis icti grauiter ægrotarent, opem illis ferre ne grauaretur. Fecit Cosmus, vt Facatam è domesticis nostris adolescentem Iaponium mitteret chirurgiæ laude præstātem,

Signum crucis tribus diebus apparet in aëre.

Aa 4   qui

qui non modò vulnera extractis artificiosè glandibus mira felicitate sanauit, sed etiam oblatam sibi mercedis loco magnam argenti vim, stupentibus barbaris constanti animo, excelsoq; repudiauit. Qua re cōmotus Præfectus, vt nos aliqua ratione remuneraretur, immunitati nostræ toto suæ ditionis imperio, qua sæpè nobis iter habendum intelligebat, publicis diplomatibus cauit.

Adolescentuli cuiusdam egregia dona & facta.

Restat vt epistolam hanc eximiæ indolis adolescentuli commemoratione concludam: in quem cùm omnia & animi & corporis bona quasi secum ipsa certans natura congesserit, tum etiam dona accessere cælestia, quæ singulare pueri ingenium, memoriam, oris corporisque totius dignitatem ac speciem multò admirabiliorem efficerent. tanta enim eius castitas, ac sanctimonia cernitur, vt octauo quoque die post confesionem ritè peractam cœleste Eucharistiæ conuiuium nō sine lacrymis ineat: tanta verò animi submissio, & humilitas (cùm illustri admodum loco sit natus) vt Bungum ad eam inuisendam ecclesiā à Gaspare missus ex vrbe Sacaio, bona cum parentū venia, quos puer precibus expugnauerat, eo simul atq; peruenit, vt scilicet vnus è Christianorum grege viderederetur, non modò comam sibi totonderit, quod in Iapone valdè inusitatū est, verùm etiam omni delicatiore cultu, ornatuq́; abdicato, de contemnendo seculo publicè disputare instituerit. Idem in patriam à parentibus reuocatus, Icoxiuram, vt inde Sacaium renauigaret, à Cosmo perductus est. quem aiūt ex itinere in vrbe Firando apud vxorem Antonij viri principis, eiusq́; ancillas cùm se per id tempus ad sacram confessionem pararent, de pœnitentia sanè opportunè verba fecisse. quam ille Christianæ Philosophiæ partem iam antea sæpius à se tractatam callet egregiè. Huiusmodi pueri sunt (fratres mihi carissimi) quorum opera faces amoris diuini Deo aspirante Iaponiorum cordibus iniectum iri speramus: atq́; ob id ipsum apud nos delectam eorū manum Societatis nostræ præceptis atque institutis imbuimus. Interea Socios omnes nostros per Iesum Christum obtestor, ab eo precibus impetrent, vt me vitam ponere in ipsius obsequio ac famulatu concedat. ex Iapone. octauo Kal. Nouemb. 1562.

EXEMPLVM REGIS
Cangoximanorum epistolæ ad
Lusitanū Indiæ Proregem.

EPISTOL. IAPON.

Anno superiore cum duo ex Societate IESV meum in hoc regnū concionandi caussa venissent, bellicis occupationibus impeditus, quem & ego cupiebam, & ipsi merebantur honorem, illis habere non potui. Eadem fuit caussa, cur Lusitani ad Omangū portū naui delati, nō modò perinde ac desiderium meū, et ipsorum dignitas postulabat, accepti non sint; sed etiam pro piratis habiti, quibus ora maritima per id tēpus erat infesta, cōmisso prælio Alphonsum Vaziū nō sine meo qdē dolore, è suorū numero amiserint. Tu si ad me litteras dederis, magno me decore auctum, atque ornatum existimabo, atq; ipse vicissim ad te scribam quotannis. Lusitani verò, vel sacerdotes tui si ad me cū tuis litteris venerint, eo erunt apud me loco, qui rebus tuis iure debetur. Xaxuma. anno quarto.

EIVSDEM REGIS LITterarum exemplum ad Antonium Quadrium Indiæ Prouinciæ pro Societate IESV præpositum.

Socij duo Cosmi Turrensis, qui Bungi versatur, meum in hoc regnum se contule-

LIBER III.

tulerūt, q̄rū ea est animi magnitudo, robur-
que, ea in dicendo vis atq; doctrina, vt mihi
cœlestia quædā tonitrua esse videantur. Sed
illud in primis admiror, aut Lusitanos
mercatores negotiorum caussa, aut vestri
ordinis homines vnius rerum opificis gratia (præsertim cùm ita late pateat, propi-
ulq; absit India) e remotissimis regionibus
totum pæne terrarum orbē circumeuntes,
ad aquā calidā ebibendam paruas in hasce
insulas tam longa, & periculosa nauigatione contendere. Sanè ante Christiana sacra
suscepta nihil erat in his locis visendū, præter calores maximos: vt mihi Socij vestri
Nauabangi, quasi ventilatores videantur,
qui corda mortalium salutari aura oppor-
tune refrigerent: qui profectò libenter meū
in hoc regnū est cur veniant, quamuis exi-
guū. nam vt alibi aduersos maris æstus, hic
q̄dē certe semper secundos offendēt. Ac tametsi populares mei Christiani ipsorū præ- *Christiani*
sentia destituti, se interea crucis aspectu ex *Sociorum*
celso loco sublatę sustētent, meū mihi tamē *præsentia*
hoc regnū à Socijs vestris relictū, quandam *destituti se*
obducti nubibus cœli, aut solis propria luce *crucis aspe-*
defecti repræsentat imaginē. Simul etiam *ctu sustēn-*
Lusitanos negotiatores, quorū mihi perspe- *tant.*
cta fides, ac pbitas est, in meę ditionis terras
cōmeare mihi gratissimū fuerit, qui sic habeant,

beant, se non modò omni iniuria prohibitum, sed etiam amicissimè, liberalissimeq; tractatum iri. nec latronum insidias metuant, qui, quibus in oppidis Christiani sunt, nulli versantur. Te quidem certè obsecro, vt de tuis aliquos primo quoque tempore mittas, quos ego magno cum desiderio in ipso littore operior. Datæ anno quarto, mense septimo, octauo die, & vigesimo.

Libri tertij finis.

DE IAPO-
NICIS REBVS
EPISTOLARVM
LIBER QVARTVS.

GARPAR VILELA
Societati IESV.

ANNO 1561, AVGV-
sto mense vrbem Sacaium
ingressus sum, quæ in Septé-
trionem sita, gradus obtinet
quinq; & triginta, & semis.
Cumque Euangelium in ea promulgare
cœpissem, multos reperi, qui verum id esse
faterentur, sed quo minus ex eo viuerent,
famæ, & existimationis ratione impediri.
gentem enim diuitijs affluentem, & dignitatis in primis auidā facile absterret Diabolus; iniurijs, & contumelijs propo-
nendis, quibus in hac vita Christiani fere
semper obnoxij degunt, si ducem ac liberatorem suum imitari voluerint. quo fit, vt
ægrè admodū Sacaiani ad baptismum accedant. quanquam in ijs ipsis difficultatibus quadraginta circiter baptizati sunt, in
qui-

quibus erant milites quatuordecim prætoriani, quorum ita insignis vitæ, morumq; mutatio constitit, vt ex lupis agni mansueti non sine magna omnium admiratione, facti esse videantur.

Atq; vt Sacaium per eos dies Meaco discederem, diuinitus equidem factum existimo, ne videlicet in ea pericula inciderē, quæ mihi nec opinanti imminebant. Etenim mense postquam inde excessi, Meacum quadraginta millium armatorum obsedit exercitus: quæ etiam caussa fuit, cur ad Christianos, sicuti promiseram, non redirem. Illius autem belli incommodis hæc Sacaij vrbs fuit immunis: In primis Iaponis totius contra ōnes hostiū impetus munitissima. nam ab occidente alluitur mari, ab alijs verò partibus fossa cingitur profundissima, & aquis plena perpetuis. Atq; etiam intestino omni tumultu, ac seditionibus vacat, nec rixæ fere audiuntur. cùm enim vrbis viæ suas quæq; portas, & custodes habeant, statimq; cùm opus sit, occludantur, nullus noxijs ad fugam exitus patet, sed continuò comprehensi ad tribunalia pertrahuntur. Quanquam ij, qui inter se inimicitias gerunt, si alter alteri ad iactum lapidis extra mœnia occurrant, se inuicem male admodum accipiunt. Sed ad bellum Meacense reuertor, cuius exitus fuit eiusmodi. Cognita vrbis obsidione patruus Regis, confestim ei cum exercitu in subsidiū venit: huic obuiā iere ex altera parte Neugori Bonzij, qui hominum ordo quandam militiæ Rhodiæ speciem refert. Castris igitur Meacum inter, & Sacaium locatis, crebra prælia committebátur: ita tamen, vt res Bonzioru̇ semper esset superior. deniq; vigesimo die, cùm ad vniuersam dimicationé ventū esset, Regis patruus victus, q̇ddā in castrū confugit. Rex aūt Meaci, eius rei nuntio audito, se in arcem recepit vrbe deserta, quæ ab hostibus capta rapinis, incendioq́; vastata est. ijdē sequuti victoriā signis ad castrū de quo diximus, motis, patruum Regis, eiusq́; copias omnino delere parauerant, cū Rex Meaci exercitu viginti milliū hominū quā occultissime instructo, & ingenti flumine superato, hostes repente nec opinantes tanto impetu oppressit, vt cùm essent ad hominum triginta millia, fusi, fugatiq́; sint. quos Rex deinde coniunctis cū patruo viribus fugientes Meacum vsq; insecutus, tanta ipsorum cæde vrbem recepit, vt multos in annos ea victoria debellatum esse existimetur. Itaque aduersa factio extremam sibi perniciem metuens, pacem

Bellū Meacense.

ab

ab Rege petijt, seq; interponente Vò, siue Cubo, qui rebus ad honorem, dignitatémque pertinentibus toto Iapone præsidet, impetrauit. In his tamen belli periculis, & calamitatibus, templum nostrum Dei beneficio integrum, & incolume perstitit, & in ipsa obsidione Laurentius Iaponius Meacũ bis penetrauit (nam me ipsum per litteras Cosmus ante sedatos tumultus eò redire plane vetuerat) semel ad celebrandas cum Christianis natales Domini ferias; iterum ab ijsdem euocatus ad gratias principibus ciuitatis agendas, qui Bonzios cùm templum nostrum per vim occupassent, iniusta possessione magno bonorum gaudio depulerant. Toto eo belli tempore, quod annum circiter viguit, pia quædam munia Christiani Meacenses obiere, tribus in singulos menses hominibus institutis ad pauperum incommoda subleuanda eleemosynis, quæ ob eam ipsam rem in cõmune conferebantur: cùm etiá semel in mense in consilio publico de ipsorum pauperũ commodis ageretur. mulier verò Christiana in primis locuples, & honesta, cùm liberos non haberet, partem suam bonorum à marito obtinuit, eamq́; in mendicos, lepra vlceribúsue tota vrbe finibúsq; Meacensibus laborantes, quanquam nonnullis
ob-

Christianorum Meacensiũ pia munia.

LIBER IIII. 193

obtrectantibus Bonzijs, magna tamen ceterorum omnium, quippe qui nihil vnquam simile viderant, admiratione, atque approbatione distribuit.

Multa in his locis cœnobia Bonziorum visuntur, in quæ (vt aiunt) pœnitentię caussa se recipiunt, qui mundo nuntium remisere, densis adeò tenebris obcœcati, vt nefaria flagitia in hisce cœnobijs admittere nulla religio sit. nam discrimine rectè vel perperam facti confuso, seditionibus, furtis, rapinis, cœdibus, cuncta miscentur. Quá etiam ob caussam ex ijs quidam nomine Cacubau, vt ex ea videlicet hominum colluuione, fæceq́; emergeret, Socijs aliquot secum adhibitis, Bonziorum formam instituit, eorum qui Neugori nominantur: quorum alij precibus vacant, alij militiæ, alij quinis quotidie singuli perficiendis sagittis. Arma verò semper habent parata, principemq́; familiæ suę Cacubau in Deorum numero venerantur. Rectorem cui pareant, habent nullum. viribus namq́; certatur. & quamquam in consilijs, qui ætate præeunt, priores sententiam rogantur; suffragiorum tamen vis, et iura vsq́; adeò promiscua sunt, vt quod reliqui omnes communi sententia decreuerint, vnus modo si intercesserit, prorsus impediat. Itaq́; ad vnã

Bonzij Neugori.

B b

eandemq́; deliberationem toties conueni-
tur, quo ad planè dissentiat nemo. Vbi verò
tenebræ se intendere, continuo sese inuicem perimunt, ac diripiunt; nec tamen iccirco se violare leges existimant, cum ijdẽ
muscam, aut passerem necare nefas ducãt,
quod legibus suis viuens quicquam veten-
tur occidere.

Deploran-
da Iaponio-
rum cæci-
tas.
 Nunc paucis exponam, quod anno superiore me fugit, Iaponij miseri cum ad sedes, vt ipsi putant, beatorũ migraturi sunt,
qua ratione se ad iter accingant. Eas autem
esse varias opinantur: alias infra maria, alias alibi, certis præpositis Dijs, qui à quibus
in vita culti sunt, eos in suum quisq́; domicilium præmij loco perducant. atq; ad in-
fernas quidẽ sedes qui profecturus est, hoc
maximè modo se comparat. Dies complures stat vigilans, & ex quodam quasi suggestu de mundi contemptu concionatur,
huic alij sese comites adiungunt, alij stipem eleemosinæ caussa largiuntur. nouis-
simo autem die orationem habet ad comites, qui pro amicitia simul omnes epoto
vino, paruum nauigium conscendunt, im-
posita falce, ad spinas, rubosq́ue qui occurrunt in itinere, præcidendos: nouisq́ue induti vestimentis, manicas lapidibus in-
farciunt; ad collum autem ingenti saxo
reli-

LIBER IIII.

religato, quo citius ad paradisum illum suum perueniant, sese è nauigio sponte præcipites dant. Quem mihi videre contigit, hunc septem comites sequebantur, qui quidem tanta cum animi alacritate, & gaudio in mare sese proiecerunt, vt nouitate spectaculi plane obstupuerim. Qui autem Amidam venerantur, alium ritum obseruant. Cùm eos tædium cœpit vitæ, in specum ad instar dolij, in quo considere possint, sese conijciunt, superne ita contectum, vt vna tantum ex arundine perforata spiritum ducant. atque ita ieiuni ad mortem vsque persistunt, asiduè DEVM illum suum, seu potius Dæmonem inuocantes. Nuper in hac vrbe Sacaio contigit (quod tamen vt audio haud insolitum est) vt Bonzius quidam pecuniosus omni scelere, ac nequitia infamis, annos natus septuaginta, cum in morbum incidisset, se mori nolle affirmaret. Idem interdiu comedens repente ex omnium conspectu prorsus ablatus est: quod ipsi quoque Iaponij malum, & infaustum interpretantur. Est autem in his locis opinio è falsis vatum prædictionibus, ex hoc tempore omnia fore semper pacata. id autem ea ratione confirmant.

firmant, quod annus hic post millesimum & quingentesimum alter & sexagesimus; postremus sit (vt ipsi aiunt) inferiorum, quos à quadringentesimo septuagesimo numerant: & propterea hoc anno dicunt facinorosos omnes bello consumptum iri, vt pax in posterum vigeat, quam illis Dominus noster dare dignetur, quo latius sanctissima ipsius lex atq; religio peruagetur.

BALTHASAR GAGVS
Societati IESV.

QVI status esset rerum Iaponicarum, & quibus Deo fauente laboribus in vrbe Facata perfuncti essemus, per litteras vobis exposui anno 1559. nunc ea perscribam, quæ mihi Goam ex Iapone petenti in itinere sesquianni spatio contigerunt. Cum certis de causis Cosmo Turrensi necessarium visum esset, vt aliquis nostrum proficisceretur in Indiam, ego eam peregrinationem obire iussus comite vno è fratribus, qui cœlum Iaponium non ferebat, Rege, Socijs, & vniuersa Bungi ecclesia salutata, sexto Kal. Nouemb. 1566. iuncum (nauis genus id est) vterque conscendimus, & duodecim dies vento vsi ita secundo, vt nobis iam in conspectu esset ora Sinarum, postridieq; nos putaremus portu

LIBER IIII. 195

portu Veniaga potituros, vbi semper quin- *Portº Ve-*
genti, aut sexcenti Lusitani morantur; ve- *niaga-*
ctores, & reliqua naualis turba, prospera
nauigatione plus æquo elati, præmaturis
gratulationibus atq; conuiuijs commea-
tum nauticum consumere atque exhaurire
coeperunt. In hac animi iucunditate, cum
ita prope ab continente abessemus, vt quolibet vento littus teneri posse videretur, eo
ipso die sub vespera aduerso repente vento
increbrescente, imbribusq; densissimis tam
sæua tempestas exorta, adeoq; ingentes ex-
citati sunt fluctus, vt iuncº modo attollere-
tur altissime, modo infime magno omniũ
cum horrore desideret. Augebat perturba-
tionem ac metum, cum intempesta nox,
coecæq; tenebræ, tum minantes circa sco-
puli, quo in discrimine cum aduerso flatu
retineremur, ecce tibi noctis hora circiter
decima gubernaculum nauis effractum in
mare delabitur, quo amisso de huiusmodi
nauibus plane actum existimatur, statimq;
propterea præciditur malus, ne iuncus ex
vehementi agitatione mergatur, & simul
ipsa quoq; vela cum antennis in mare pro-
lapsa sunt. Tùm verò omnes longe alijs ac
pridie sensibus animi, serio de morte cogitare, certatimq; ad confessionẽ concurre-
re incipiunt, tanto omnes terrore perculsi,

Bb 3 vt

vt mente pæne emoti viderentur, neque iam in summa naui quiſquam appareret. vnus gubernator in vado explorando, contemplandoque per magnetem cursu totam eam noctem absumpsit. Postridie, sæuiente adhuc mari, fusisque armamentis, salutis spes iam fere nulla supererat. tantum argenti pondo ad aureorum centum millia vehebantur, quæ tali tempore nulli nobis vsui esse possent, cum ita vehemens esset agitatio, vt alterum in latus procumbente iunco, ima carina (Quillam vocant) appareret; & simul ex leuitate saburræ, & pondere tabulatorum non modò diu retineretur, quo minus in alteram partem recumberet, sed etiam compagibus resolutis, carina fatisceret. quo circa tertio tempestatis die malum alterum, qui stabat ad puppim, nautæ præcidere, & mercatorum cubicula leuandi oneris caussa disturbare, ipsos denique foros è crassis trabibus, asseribusque compactos resoluere sunt coacti, vasto iam nauis alueo, ac propemodum vacuo. hic velum exiguum Nauclerus è mappis cubiliumque linteis, & ornamentis, veste serica, alijsq; nonnullis, quæ tùm sese obtulerant pro re nata concinnat & comparat: quod ipsum statim impetu venti discerptum est. iamque humanæ
opis

opis vnum illud fupererat: validus nempe clauus ad extrema tempora reseruatus, sed in ijs procellis metuendum erat, ne repositus ad puppim statim effringeretur. Veruntamen, ne in Bornei syrtes incideremus, quo in loco nonnulla nauigia Lusitanorum è Sinis in Indiam cursu directo perierant (præsertim cum illuc nos impetus maris deferret, nec plus centum, & quinquaginta millia passuum inde abessemus) tutius visum est gubernaculum restituere, paruumq; sarcire velum, quod vnum restabat. Sed omni iam veste cōsumpta, mœrentibus omnibus, quod nihil ad resarciendū occurreret, diuinitus factū est, vt qui rimas iunci, obturandi caussa scrutabantur, in sarcinā vestium inciderent; cuius antea non sine luminibus diu multumq; frustra quæsitę, cum merces in Iapone exponerentur, pretium domino magister nauis aureis octoginta persoluerat. Ex hac igitur sarcina aduersus venti vim duplici velo confecto, & baculis quibusdam, arundinibusque crassis aptato, clauoq; summo conatu locato, quem ego prius precationibus pijs, & aqua benedicta rite lustraueram, ceteris eo tempore vota nūcupantibus variasq; fundentibus non sine lacrymis preces, diē vnū, noctéq; processimus: sed cum nauis iustis careret

careret velis, atroci tempestate vsque adeò quassabatur, diffractum vt denuo sit gubernaculum. Tùm verò seruandi argenti spes prorsus amissa. accersiti nautæ barbari Sinæ, vt vectoribus in scapham confugientibus, ipsi in iunco remanerent, aliamq; sibi raptim extruerent, se deliberaturos ea nocte respondent, inde ad sortes dæmonemq; inuocandum conuersi: quod ego cum cernerem, orabam Dominum, ne nos Dæmonis arbitratu interire permitteret. Mane, simul atq; illuxit, nautæ sese statim ad alium clauū reficiendū, scaphamq; parandā expediunt. Clauus è refixis iunci tabulis refectus, et collocatus, non diutius sustinuit impetum maris, quàm quanto temporis spatio Litaniæ recitatæ sunt. quo magis in susceptâ sententia persistebant Christiani, vt in scapham quotquot ea caperet, sese reciperent, & iuncum vnà cum argento, ceterisq; desererent. atq; ego sane liberaliter inuitatus in scapham, partim ne pericula adirem noua, partim ne plus ducentos mortales, scaphæ exclusos angustijs, omni solatio destitutos in iunco relinquerem, sacerdotes duos è nostris, & fratrem vnum imitari omnino decreueram, qui superioribus annis è Lusitania proficiscentes in Indiam, ad insulas Maldiuanas naufragio & fame

Insulæ Maldiuanæ.

LIBER IIII.

fame perire, quam scapha conscensa, quæ Cocinum incolumis tenuit, ceteros vectores deserere in extremo periculo vitæ maluerant, inq; eo officio vitam naturæ debitam Christo domino piè, fortiterq; reddiderant. Sed interea fabri lignarij quartum iam gubernaculum reparant, ad quod collocandum, pacemq; à Deo expolcendam stipe à vectoribus in hospitale domicilium Bungensis Ecclesiæ corrogata, miserante Domino factum est, vt clauus is omnium infirmissimus nos ad continentem aliquando perduceret. Quindecim ipsos dies ea tempestate iactati sumus, quotidie (vt erant pericula) morientes. cum etiam vulgò neglectæ, nec iam clauibus custoditæ argenti laminæ pedibus traherentur. Eiusmodi quippe temporibus pauper spiritu est quilibet.

Initio tempestatis eius, vectores, nautasq; maturè monuimus, vt animorum saluti consulerent: qui in mea potestate se planè fore cum promisissent, ego vt sublatis peccandi occasionibus ad gratiam diuinam magis essent idonei, primùm illud curaui, vt fœminæ, quæ vehebantur in naui, certû in locum abderentur, vbi quinque menses remotæ à virorum oculis perstiterunt: Deinde ad ceteros animandos, confirmandosq;

EPISTOL. IAPON.

dosque conuersus tantum Deo adiuuante profeci, vt qui principio abiectis animis concidissent, ad æquitatem, ac fortitudinē reuocati, pro admissis in vita noxis leue sibi supplicium illud atq; incommoda ducerent. placandoq; Domino certatim dediti vel precibus, ac litanijs vacarent, vel sublatis in cœlum oculis pia cum prece suspiria mitterent, vel alta apud se cogitatione defixi lacrymas funderent, alij etiam flagris semet cæderent, alij mare sacris reliquijs, & aqua sancta lustrarent, alij deniq; nummos in cultum Diuorum à vectoribus peterent, quorum vis tāta collecta est, vt quindecim duntaxat viri locupletes aureos ferè mille contulerint. Ac mihi sanè credite fratres, in hac vita labores, & incommoda esse expetenda, quippe quorum amaritudinem magna suauitas, & firma spes comitetur: quod secus in rebus prosperis vsu venire vel primis nauigationis diebus clarè perspeximus. Inter has igitur difficultates rursus in terræ conspectum delati, & cum iam contenebrasset, nimia cupiditate prouecti, periculum fuit, ne vi ventorum ad terram allideremur. Sed ex eo periculo, cum primū illuxit, euasimus, & à Sinis nautis cognitum est, nos permagnam Sinarum ad insulā processisse, nomine Ainanem. ex qua

In hac vita labores & incommoda esse expetenda.

LIBER IIII.

qua insula nautici commeatus, & anchoralia à Sinis fere petuntur. hic dum portum subimus, qui in septemtrionem ad gradus decem & nouem est positus, in aliud repéte omnium maximum vitæ discrimen incidimus. In ipso enim aditu iuncus in arenam bis adeo vehementer incussus est, vt plane iam carina dehisceret. ac pereundū nobis vtique fuerat, nisi Præfecti, seu Limenarchæ permissu, præsentem incolæ nobis opem tulissent: quos nonnullis donis remunerati descendimus 11 Kalen. Decembris, quem ipsum in diem præsentatio Dei matris MARIÆ sacratissimæ Virginis incidebat. & quoniam iunco afflicto, ac pænè iam dissoluto, ad portum Veniagam nauigari non poterat; Lusitanum quendam continuo ad Cantonem oppidum, atque inde Amacanem ad Lusitanos mercatores pedestri itinere misimus, qui de nostra salute iam desperauerant. Amacanem peruenit nuntius natali ipso die Domini, anno 1561, statimque ad nos deportandos Lusitani aliquot nauigia submiserunt. Et quoniam in Ainane insula menses quinque posuimus, ex qua deinde Amacanem trigesimo die peruentum est, de eius insulæ, & incolarum natura, ac moribus, ne longior sim, pauca de

EPISTOL. IAPON.

ea de multis attingam. Est autem Ainanis regio cum fructibus Indicis, & omni cibariorum genere abundans, tum etiam margaritis & vnionibus nobilis. frequenter incolitur, vrbibus opere lapideo extructis. gés verò ipsa moribus rustica, vestitu brachata, eminentibus è capite ad instar boum cornibus binis è tenui confectis velo, forficibusq; ceu tonsorum è summa fronte, peracutis. eius ornatus caussam cognoscere nũquam potui, nisi, si forte Dæmonem effingunt specie belluæ sese offerentem. In hac ego Insula sacrificaui aliquoties, & sacramenta distribui. Inde proficiscentes ad Sinas, cum parua nobis insula ipso paschali die dominico sese obtulisset, partim eius diei celebritate, partim etiam ipsius loci amoenitate inuitati, descendimus, & cōmodũ in monte quodã ingenti specu & fornicem in templi formam excauatũ offendimus, ibíq; ara excitata, sacróq; peracto, cælesti pane Lusitanos refeci. Ex eo loco ad Sinas delati, idoneam tempestatem exspectātes, ad alteram vsq; feriam natalium Domini anni. 1562 substitimus. atq; inde solutis anchoris tertio decimo die Petram albam felici nauigatione tenuimus. Hic imminentibus tenebris territi, quo minus fretum Sincapuranum inueheremur, exscep-

Ainanis insula.

Petra alba.

LIBER IIII.

scensione facta Domino gratias agebamus vniuersi, cùm repente vela complura pyratarum apparuere (qui Dachenses vulgo appellantur, gens bellicosa) ad regnū Iantanæ tendentium. Tum nobis Malaius quidam incola denuntiauit, nos vt instrueremus, Dachensium regem centum nauium classe aduentare, quónam consilio, sibi incertum esse. Ea res nobis sanè metum attulit, quod oneraria pretiosis mercimonijs referta, ab armis autem esset inops. nihilominus nautæ, vectoresq; sese ad pugnam expediunt. Sed classe Dachensium sine iniuria præteruecta, ad dimicationem ventū non est. Postridie verò Sincapuranum fretum inuecti, cum ventus deficeret, anchoras iecimus, interim naues Dachensiū fermè triginta, in ijs maioris formæ decem, instar biremium, quib^9 totius classis vehebatur Præfectus, ad nos aduentantes, partim ad puppim onerariæ sese opponunt, partim etiam latera ipsa pænè abradunt, vt appareret eos mercib^9 adamatis (nec enim ignorabant, ex quo loco profecti essemus) pugnam optare. Cumq; biremes maioribus bombardis, atq; sagittis, quas præsenti veneno in ipsa naui assiduè inficiebāt nos infestare cœpissent, quanquā nostri, quorum erat numerus ad ducentos, arma paraue-

Dachenses pyratæ.

rauerant, seq; omnes ad propugnandum instruxerant, tamen certissimo in capitis discrimine versabamur: cum ex altera parte hostium classis multo viris, armisq; superior immineret, ex altera verò littus esset propinquum, salo in quo stabamus nō plus cubitos quattuor profundo, itaq; aut præcisis ab hoste anchoralibus, quod vrinantes faciunt, in vada incurrendum, aut in manus hostium plane deueniendū fuisset, nisi nos insperantes præsenti periculo Dominus exemisset. quippe hostes comiter, amiceq; à nobis compellati, nonnullisque muneribus deliniti, non modo nos lacessere desierunt, verum etiam ita beneuoli discessere, vt sibimet ipsi Lusitanos, & nobilitate, & belli gloria compararent. Malacam inde peruenimus tertio decimo Kal. Februarias, qui dies Diuo Sebastiano sacer est: vbi à Socijs nostris amantissime excepti, ad octauum vsque Idus Februarij Dachensium piratarum metu commorati sumus. Malaca dum ad Colanum portum, in quo arx est Lusitanorum contendimus, Ceilanijs iam syrtibus superatis, vento admodum prospero in Cilanos scopulos recta deferebamur, nisi ad iactum lapidis animaduerso periculo, & mutata repente velificatione Comorinum promontorium feli-

Colanus portus.

feliciter præteruecti (quod vix fieri posse videbatur) ipso die paschali dominico, magna Melchioris, & reliquorum Sociorum gratulatione, qui in eo Matris Dei Collegio sunt, Cocinum appulissemus: Quo ex loco ad hoc Goanum diui Pauli collegium dudum expectati quinto decimo die peruenimus. Cuius equidem Collegij cū egregia rei Christianæ adiuuandæ studia, tum varias, plurimasq; exercitationes, & spiritales, & litterarias, deniq; ipsius ecclesię incrementa vehementer sum admiratus: quam porro Dominus ad gloriam suā tueat́, & augeat. Hactenus de nauigatione. nunc de Iaponicis rebus pauca perstringā. In Iapone ecclesiæ numerantur nouē templo quæq; suo instructæ: quorum templorū quinq; circiter Idolis ante dicata, nunc sacris altarib⁰, & IESV Christi MARIÆ-QVE Virginis Dei matris imaginibus exornata diuino cultui seruiunt. Facatense templum Christianus quidam, Cosmus nomine aureis (ni fallor) trecentis extruxit. idemque vt nos in ora Sinarum tempestate retentos cognouit, argenti laminam mihi in subsidium misit. Nam Cutamense (quod fanum est permagnū in agro Bungesi, passuū ab vrbe viginti quinq; millib⁰)

Ecclesiæ nouem in Iapone.

suo

suo sumptu ædificatum Christianus Lucas
cœmeterio circumdedit, excelsa lapidea
cruce in medio posita, ad quā se post mortem, sepeliri iussit. Cutamensis ager, quem
diximus, vectigalis est dynastæ cuidā barbaro, cum quo, ipsiusq; comitibus, dum ecclesiam Cutamensem inuisimus, de rebus
diuinis sæpe collocuti sumus. quibus ille
sermonibus, nostraq; consuetudine vsq; eo
delectabatur, vt quattuor horas totas quandoq; nobis aures præberet, atq; ita cōmo-
ueretur, vt velle se Christianū fieri diceret:
sed hominum rumusculos veritus (quæ res
toto terrarum orbe plurimū potest) à suscepta sententia destitit. Idem apud Lucā rursus totum vespertinum tempus nos audi-
endo consumpsit, clareq; perspectis ex ea
disputatione Iaponicarū sectarum omniū
erroribus, atq; fallacijs; comitibus suis, qui
tecū aderant, aperte professus est gratum sibi fore, si quis eorum Christiana sacra susciperet. quæ res nōnullos ex ijs adduxit, vt
conceptum animo baptismi desiderium
expromerent: quo ille ita gauisus est, vt eos
ipsemet hortaretur, vt constanter in proposito perseuerarent. Ac ferè omnes Iaponij proceres nobis amici sunt. nam etsi aliqui, acie mentis retusa flagitijs, lucē Euangelij aspicere nequeunt; valetudinis tamen

LIBER IIII.

men caussa, si quando ipsi, aut ipsorum familiares in morbum incidunt, ad nos confugere consueuerunt. vt iam in his terris Christianam rem non modo Theologi, sed etiam medici, chirurgique promoueant. quod ipsum apud Sinas quoque propediem fore confidimus; qua in prouincia rumor iam dissipatus est, candidam gentem, promissa barba, Sinarum imperij potituram. quod si (vt pro certo habemus) euenerit, paucæ omnino pro messis eius, itemque Iaponicæ, & Indicæ copia, Christianarum sodalitatum omnium operæ fuerint.

Medici, chirurgiq; Christianorum rem promouet.

In Iapone simul atq; cognitum est me in Indiam profecturum, Christiani omnes à viginti septem passuum millibus ad me salutandi caussa venerunt: qui verò longius aberant, mihi se per litteras excusarunt. Itaq; in meo discessu tanta hominum multitudo conuenerat, vt eos nec templũ, nec atrium nostrarum ædium caperet. Hic ego fratres mihi carissimi, Christianorum lacrymas consulto prætereo, quorum mærorem solari conabar noui supplementi spe, cuius caussa me ad Socios mecum ex India reducendos abire dicebam. Ad mare tendentem ingens agmen omnis ætatis virorum, atq; mulierum ita obfirmato animo

Cc   me

me prosequutum est, vt ad eos domum remittendos bis in itinere mihi subsistere, necesse fuerit. quorum equidem precibus (nā ijs me magnopere cōmendaueram) nos é tantis periculis diuinitus ereptos existimo. Sunt autem Iaponij acceptorū beneficiorum adeo memores, gratiq;, vt si modo ipsorum eleemosinas acceperimus (quod illi sibi honoris loco existimāt) ne dū si eos inuiserimus, aut alia quapiā re adiuuerimus, eorū primarij ad agendas nobis gratias domum vsq; se conferant. quod ipsum etiam ethnici eorum cognati quandoq; faciunt. quod si qui nobis (vt fit) in domesticis ministerijs operam dederint, illam duntaxat mercedem requirant, vt sub vesperā hilari vultu dicamus: Goxinro de oniar, hoc est, laborastis egregie. Id si reticeatur; valde moesti, afflictiq; discedunt.

Iaponij acceptorum beneficiorū admodum memores.

Bungensium Rex proficiscenti mihi ensem dedit eleganti opere, aureaq; vagina in anguis formam elaborata, mittendum ad Regem Lusitaniæ, quem esse tenera adhuc ætate cognouerat, itemque pugionem Indiæ Proregi præclarum: quæ omnia in Iaponem idcirco remisimus, quod tempestatis iniuria nitorē suum atq; decorem amiserant. Ad ipsum autem Bungi Regē Constantinus Prorex munera, & litteras miserat;& simul eum affecerat laudibus, quod Euangelij præcones in suis regnis tueretur, benigneq; tractaret. quod ille munus, ac litteras ita illustri gratia excepit, vt nō modo eum, qui attulerat, aureis amplius sexcentis donauerit, sed etiam ad Proregem vicissim miserit in bellicos vsus affabre factum thoracem auro, sericoque distinctum, cum inaurata galea cupreoque frontali; item hastilia duo pugionibus præfixa, argenteis crustis ornata, quas Nanguinatas appellant, aliaque similia. Nos autem ipsos mirum quanta beneuolentia prosequatur, nam cum ceteris rebus amice nobis fauet, & commodat, tum in consilio dando fidem præstat cum humanitate, ac facilitate coniunctam, liberumque permittit, vt sequamur id, quod optimum esse iudicauerimus. In Christianorum vero negotijs, quanti nos faciat, plane demonstrat. etenim vel infimorum hominum res, commendatio nostra si accesserit, suas putat, eosq; nominatim appellat, quod magnum est apud Iaponios honoris indicium aditusque eis ad se præbet facillimos: denique illis quandoque internuntijs ad nos vtitur. quibus rebus Christiani maiorem in modum animantur. Ipse autem Rex opulentissimus est,

Humanitas & potentia Regis Bungi.

cogitq́; exercitum, quoties libet, armatorum hominum ad centum millia, habetq́; in sua ditione non modo magnates, Comites, & Præfectos, sed etiam dynastas quolibet Hispano principe potentiores. Quod si quando à nonnullis Iaponijs dux potius, quam rex appellatur; id accidit propterea quod spetiosa hæc vocabulorum insignia, ac titulos non tam ab se inuicem Iaponij proceres, quam ab externis atq; aduenis expetunt.

GASPAR VILELA
Societati IESV.

ANNVM ipsum in vrbe Sacaio moratus, Meacum pacatis iam rebus discessi anno 1562, magnaque Christianorum lætitia acceptus, conciones habere continuo institui: & quo maiore gratulatione, studioq́; celebraretur instantes iam natales Domini feriæ, Iubileum promulgaui septimo ante anno, promulgatum à summo Pontifice. quo illi ita permoti sunt, vt ipsorum & in confessionibus diligentiam, & in festorum natalium expectatione pietatem, ac studium magnopere admirarer. Natalis Domini dies festus cum aduenisset, nouem, qui mihi maximè idonei

Iubileum Meaci promulgatū.

LIBER IIII. 203

idonei visi sunt, exposita prius ipsis augusti illius, ac tremendi mysterij sanctitate, ad sacram Eucharistiam admisi, ita religiosè accedentes, vt magno temporis spatio lacrymantes ante perstiterint. Reliquorum autem desyderia id ipsum auidè expetentium verbis leniui, totáque ea nocte natali in laudibus summi parentis, ac Domini exacta matutino tempore sacrum feci, deq; ipso Natali tanto cum spiritali omnium gaudio, ac voluptate disserui, vt identidem prisca illa mihi subirent nascentis ecclesiæ tempora, cum Christiani omnes vno amoris vinculo, caritatisque coniuncti ad festos dies agendos, & conuiuia spiritalia celebranda coirent. Peractis ferijs, deinceps concionibus institi, ad quas ethnici multò iam tum pauciores, quam antea ventitabant: credo propterea quod initio ad nos audiendos cauillandi studium ac petulantia complures impelleret, quos nunc perspecta veritas ab ea derisione, atque illusione deterret. Nec fere nobis iam aures, atq; operam dant, nisi qui serio saluti suæ consulere, ac rationi parere in animum induxerunt. quod ipsum ceteri quoque Meacenses vtiq; facerent, nisi eos fictis rationibus deceptos ab eo consilio Dæmon abduceret. aiunt enim, cum perpetu-

Dæmon à Christi religione quibus rationibus Meacenses absterreat.

um

um quendam innocentis vitæ cursum ́religio Christiana requirat, se militiæ Christianæ sacramento obligari, & pugnam aduersus voluptates, delitiasq; nolle capessere, vt cum se magna ex parte huius vitæ iucunditate priuauerint, tum sempiternis in altera vita supplicijs, nisi ad finem vsq; perseuerauerint, deinde mactentur.

In hebdomadæ sacrosanctæ, Paschæque solemnibus, eadem Christianorum pietas, animi sensus, atque religio constitit. quorum solemnium celebritatem auxere barbari nouem baptismo lustrati, in ijs ciuis quidam locuples, & Iaponicis superstitionibus admodū eruditus, cuius oculos mentis, cum nihil post mortem omnino superesse putaret, Dominus ita aperire dignatus est, vt sacrosanctum baptismum magno animi ardore, lacrymisq; susceperit.

Per eos dies seditione Meaci rursus exorta, quam iniqui in Christiana sacra conferebant (multò iustius Regis ipsius tyrannidi tribuendam, qui regna septem vi, motuque tuetur, nec spei quicquam habet in ciuium caritate repositum) ad reuisendos neophytos, Sacaium, de Christianorum Meacensium sententia discessi, Meacensis templi, ecclesiæque custodia

Chri

LIBER IIII.

Christiano admodū seni relicta. Meacum reuertar (vt spero) ad festum diem agendum natalis reginæ cœlorum MARIÆ Virginis, cui ędem iccirco dicauimus, quod eo ipso die Meaci primum sacra missæ peracta sunt. In hac autem vrbe Sacaio, non admodum magna mihi spes propinquæ messis, nunc quidem ostenditur. tanta enim est incolarum superbia, ac leuitas, vt cœlum honoris, existimationisque iactura mercari se nolle fateantur. quanquam tempore procedente sperandum est agrum hunc ipsum bonam pietatis frugem laturum. Rationem instituti nostri in Bonzijs hisce tractandis, aliaque nonnulla cum de ipsorum ornatu, cultuque corporis, tum de incolarum natura moribusque separatim perscripta ad vos mitto: quo ijs cognitis gratias Domino nostro agatis, qui nos ex infinito prope cœcorum numero exemit, & simul eidem supplicetis, vt ad ipsum conuertantur hæ getes, Indica Bracmanum superstitione deposita, quam ab Indico magistro ex regno Sionis acceptam huc vsque retinent: quod ipsum ex delubris etiam apparet, quæ in Ceilone oppido Indiæ eadem, quæ in Iapone videre memini. idq; vobis obiter significandū putaui, vt praua huiusce religionis origine cognita

Sacaiȷ incolarum superbia.

Iapanica superstitio vnde accepta.

Cc 4 vos

vos ad eam reprehendendam, & confutandam facilius comparetis. Precibus vestris, ac sacrificijs vt me Domino commendetis à vobis etiã, atq; etiam peto. Sacaio. quinto Kal. Maij. 1563.

Scriptis iam litteris, rogat me per nuntium barbarus quidam vir opibus præpotens, yti ad se baptizandum veniam in vrbem Naram. Omnino vereor vt verbis hominis fides habenda sit: grauem enim adhuc se rebus diuinis aduersarium præbuit. Veruntamen, quicquid sit, experiar: præclare mecum existimans actū iri, si in Christiana caussa vitam ponere mihi contigerit. nec enim permittet Dominus, vt huiusce lucis vsuram animæ meæ saluti, atque immortalitati anteponam. Sin barbarus ille vera narrauerit, seque ex animo ad sacrosanctam ecclesiam aggregarit; næ ego tum omnia Societatis nostræ Collegia nouam in hanc messem per litteras euocare non dubitem. magnum enim in his locis eius viri nomen, magnaque est autoritas. Faxit Dominus quod è sua gloria maximè fuerit, cui me inter acies gladiorum, intentaque in me inimicorum tela versantem plane commisi totum ac tradidi.

Naram vrbs.

ALO-

LIBER IIII.
ALOISIVS FROES Societati IESV In Indiam & in Europam.

E Maximis nauigationis periculis summo Dei ac domini nostri beneficio liberati, ex ora Sinarum incolumes in hunc Iaponis portum deuenimus quem Icoxiuram appellant, obuiosq; habuimus in littore Christianos incolas omnes tanta ex aduentu nostro voluptate ac lætitia gestientes, vt nos humeris ipsimet suis sublimes tollere atq; asportare velle viderentur. quorum ducenti circiter nos ad templum vsq; deduxerunt. Cosmi vero Turrensis gaudium fuit ita magnum, vt collacrymaretur, satisq; se vixisse iam diceret, quoniam quidem operarios sibi in subsidium missos à Domino in tanta negotiorum mole, tamque opportuno tempore cerneret. Ioanem autē Fernandem è magnis assiduisq; laboribus ita consumptum macieq; confectum offendimus, vt animam agere pænè videretur. Etenim ad domesticas quidē & quotidianas Cosmi Turrensis occupationes, principum etiam virorum & Christianorum tum ex alijs regionibus tùm ex hoc regno vel baptizandi vel salutandi causa ad eum venientium frequentia atq; celebribritas accedebat. Ioannes autem, post sacra missæ à Cosmo peracta, totum fere diem & sæpe nocte partim rudimentis Christianæ doctrinę vulgo tradendis, partim etiam proceribus Bonzijs qui ad baptismum accederent, separatim instituendis ponebat. Mihi verò baptizandi onus impositũ est: ac nono post nostrum aduentum die primum sexaginta barbari baptismo lustrati sunt, multiq; deinceps, ex prima nobilitate, Bartholomei regis maximè hortatu ac persuasionibus incitati: quorum pleriq; catechismum sua manu continuo describebant, quo facilius memorię commẽdarent, eundemque domesticis traderent. singulis autem, à baptismo, sane quam enixè ac studiosè parentibus, Crucis sigillum è collo gestandum, itemq; Rosarium precandi causa dabatur.

60. Barbari & multi ex prima nobilitate baptismo lustrantur.

Firandi autem, simul atq; Sodales ex India aduenisse auditum est, Antonius & vxor ipsius Elisabetha misso confestim nuntio Cosmum magnopere obsecrarunt, vt quoniam tres è nostris in hoc portu, sacerdotes essent, vnum ex ijs ad Firandensem ceterasque eius tractus ecclesias inuisendas omnino mitteret. quod si per litteras ab ipso non impetrassent, duos è filijs suis ab se legatum iri, qui id ipsum humistra-

LIBER IIII.

strati supplices peterent. Neque ita multò post ab vrbis Ximabaræ Tono (honoris ac præfecturæ nomen id est) qua in vrbe CHRISTIANI eo tempore plus mille, & quingenti numerabantur, nobilis vir cum mandatis ad eundem Cosmum est missus, vt ab eo promissa exigeret. promiserat enim Cosmus, simul atque supplementum ex India aduenisset, missurum se qui Ximabaræ commoraretur. Eadem erant postulata Regis quoque Bungensis, qua in vrbe annum iam sacra missæ facta non fuerant. Ac Bungum quidem, quod eius Regis gratia ad rem CHRISTIANAM iuuandam in primis est necessaria, Baptista paucis post diebus profectus amicissiméque ab ipso Rege acceptus est. Antonio autem Firandensi, itémque Tono Ximabarano Cosmus respondit, simul atque per occupationes liceret, se ipsum ad illos esse venturum. Christiani verò, quíque insulas quíque Firandum oppidum incolunt, vbi resciere nos piaculares orbiculos seu grana benedicta ex India itémque veronicas attulisse, multi cum vniuersa familia, ijáne admodum pauperes, conductis mercede nauigijs ad hunc portum traiecere. Interrogati cuius rei causa, nullius præterea, respondebant, nisi

In vrbe Ximabara Christiani plus 1500

vnius

EPISTOL. IAPON.

vnius petendæ Veronicæ: nam qui orbiculum optabant, octo diebus ante, supplicationes ad Deum habebant quo facilius impetrarent: atq; etiam, cum sibimet ipsi diffiderēt, Lusitanis apud nos deprecatoribus vtebantur: Eaq; dona quam sibi grata essent, ipsis etiam lacrymis testabantur. Iam verò alij Christiani Amangutio, quinquaginta aut sexaginta leucarū itinere, alij Facata, alij deniq; alijs è regionibꝰ ad nos huc vsq; cōfessionis caussa cōtenderunt. quorū sanè religio caritasq; in Deum est admirabilis. Per idem tempus Bartholomeus quoque Rex ad Cosmum inuisendum in hæc loca se contulit: quem continuo adiuimus, eiq; xenia dedimus rosarium ex equo marino itemque granum benedictum vnum auro insertum. quæ ille quanti faceret, vel ex eo ostendit, quòd vtrumq; statim è ceruice suspendit. cuius aduentus magna Lusitanorum quoq; gratulatione (namq; illum omnes admodum diligunt) concelebratus est. Regis autem ipsius animi submissio ac pietas cum sacro missæ interesset potissimum elucebat. Etenim cum in templum quotidie mane, multò ante lucem veniret, (maximam enim noctis partem ferè Iaponij proceres vigilant) non modo sacerdotem ad statam horam vsq; præsto-

Admirabilis neophytorum in Deum caritas.

Regis Bartholomei pietas ac animi submissio.

laba-

LIBER IIII. 207

labatur, sed etiam plebem infimam aduentu suo summoueri plane vetabat, vixq; parato sibi honoris caussa stragulo ad considendum vtebatur: prorsus, vt quilibet vnus è populo videretur esse. Sermones verò de rebus diuinis ita auide expetebat, vt sacro quandoq; peracto, ante recitatum à pueris de more catechismum templo nequaquá excederet. idemq;, vt quædam sacræ missæ & Eucharistiæ mysteria probe cognosceret, accersitum ad se eius rei gratia nocte Ioannem Fernandē summa sua cum animi voluptate pæne ad lucem detinuit multa percontans, quæ sibi partim ad comites suos docendos, partim ad Bonzios refutandos, esse necessaria diceret. quæ ille, & simul purgatorij ignis, infernióq; supplicij discrimen à Ioanne cum didicisset, ad Cosmum salutatum accessit, cui id honoris etiam habebat, vt in ædium ingressu pugionem ceteraq; arma deponeret. Paucis diebus in his locis moratus, ad subsidium fratri suo germano Rimanorum Regi ferendum, qui bello erat implicitus, proficisci coactus est. & quoniam consueuere Iaponij principes Manibus mortuorum decemdialia fere sacra, non sine magna Bonziorum præda saginaque persoluere, Bartholomeus rex patre suo per eos dies adoptiuo

Rimanorū Rex.

EPISTOL. IAPON.

ptiuo vita functo, re cum Cosmo communicata, pro exequijs illis, Bonziorumque
conuiuijs, totidem dierum epulum sex
pauperum millibus prębere constituit: partim vt sibi ipsi, quoniam impio patri non
poterat, diuinam gratiam conciliaret: partim etiam, ne post Christiana sacra suscepta, pristinæ benignitatis atque clementiæ
oblitus esse videretur. Idem, in rebus diuinis multo plura præstare quam polliceri
solitus, simul atque Vmbram regiam vrbem regressus est, demortui Regis imaginem quam odoramentis suffire venerari-
que solebat antea, igne comburi iusit; q̊d
à Bonzijs ingens piaculum est habitum.
cumque ex itinere ad oppidum Muram se
contulisset, vbi erat eo tempore vxor ipsius
Regina; multis ei rationibus persuasit vt
vna cum omni famularum comitatu baptizari decerneret. quæ res eo mirabilior
visa est, quod ea Regem ab eodem consilio
antea reuocare tentauerat. simul etiā Rex
templum ibidem magnificum ædificare
constituit, Bonzijs ad eam rem è cœnobio
quodam ædeq; pulsis. quapropter etiam
Aloisium præstanti virtute virum, regię vrbis præfecti fratrem, sibique in primis fa-
miliarem, ad Cosmum cum mandatis misit. quibus rebus ira permoti barbari impel-
len-

Sex pau-
perum mi-
libus epu-
lum præbet
Rex.

Vmbra re-
gia vrbs.

Regina,
vt cū omni
familia ba-
ptizari de-
cernat per-
suadetur.

LIBER IIII.

sente dæmone, Regi ipsi insidias compara- *Regi insi-*
runt. Capita coniurationis fuere duodecim *diæ com-*
viri vrbis administrationi præpositi. ij ad *parantur.*
rem occultandam Regemque fallendum
CHRISTIANOS fieri velle se simu-
lant. quos tamen Rex, quasi eorum scelus præsagiret, diu multumque ante baptismum probari iussit. Et quoniam Goton-
donus spurius regis demortui filius, Bartholomeo in legitimi filij locum ab Rege
ac Regina adoptato, hæreditario iure, re-
gnoque priuatus fuerat, Gotondonum
coniurati cum alio quodam è proceribus
facinoroso homine Feribo, in Societatem
consilij assumunt. omnes denique Bartholomeum hortantur vt regni possessionem
cum pompa solemni aliquando capiat, &
simul Reginæ baptismum ac ceterorum
Cosmo accersito quanta maxima possit
cæremonia & ciuium gratulatione conce-
lebret. namque eo ipso die statutum facinus perpetrare decreuerant. Sed veriti mox
ne ipsorum consilia patefierent, rem ag-
gredi anteuertunt. Aloisium regis internuntium vltro citroque ad Cosmum rei
Christianæ caussa commeantem Feribus in
itinere adortus interimit. cuius in comitatu ne Cosmus esset diuinitus factū est, præ-
misso quippe ad Regē Alexandro, Aloisiū

sub-

EPISTOL. IAPON.

subsequi deinde ipse decreuerat: Eadem ipsa nocte 12 viris regijs ædibus vrbiq́; incendium inferunt, ex quo Rex cum præfecto vrbis Aloisij fratre paucisq́ue præterea comitibus, in arcem proximam confugiens, haud ita multo post Rimanorum Regis auxilijs regnum prope vniuersum ingenti Christianorum gaudio recepit, misitq́; Cosmo nunciatum se Icoxiuram, cum primum posset, ad ipsum inuisendum esse venturum. Interea Gotondonum & Feribum aliosque rebelles varijs locis Rex Rimanorum obsidebat, eorumque agros ita vastabat, vt ex hoc ipso portu incendia cernerentur, multi etiam seditiosi Regis imperio capite plectebantur, quam rem ad Christianæ religionis propagationem magni momenti fore confidimus. Sed paucis mihi perstringendum videtur qua nam ratione Bartholomeus Rex sese ad Christum adiunxerit. Is claro in primis genere natus, Cegandono patre admodum sene (qui viuit adhuc) acerrimo & Bonziorum fautore, & Christianæ religionis inimico; ab Rege vt dicebamus adoptatus est, (quem arcta affinitate cótingebat) populo magistratibusque approbantibus. Aliquot deinde post annis Cosmus cum Icoxiuram se contulisset, Rex ad eum salutandum ineunte quadra-

Seditiosi multantur & in regnum Rex restituitur.

Qua ratione Bartholomeus Rex sese ad Christū adiunxerit.

LIBER IIII.

quadragesima venit, quem antea nunquã viderat. Ad ipsum vero postridie Cosmus Lusitanis nonnullis comitantibus qui in hoc portu hyemabāt honoris caussa adijt, eumq; in ædes nostras in posterum diem ad prandium inuitauit. A prandio Cosmus partim suo ipse sermone, partim Ioannis Fernandis, qui bene Iaponice nouit, opera, cum alia multa Regem de rebus diuinis edocuit, tùm de animorum æternitate, inscitiaq; & errore illorum qui nihil esse omnino præter materiam primam opinarentur. habita est hæc disputatio in sacello quodam optime ornato, proposita MARIÆ virginis sacratissimæ imagine cum filiolo IESV, cuius ille tabulæ cum cetero aspectu mirifice gaudebat, tùm stupebat in primis quod quamcumq; se in partem verteret, defixos in ipsum oculos puer IESVS habere videretur. Atque ille quidem omnia quæ dicebantur clare percepit. in digressu autem, Cosmus ventilabrum aureum Regi donauit, cruce præfixum cum clauis tribus, & nomine IESV eleganter sane descripto. quod ventilabrum Gaspar Vilela ex vrbe Meaco miserat. cuius argumenti, litterarumque nouitate permotus Rex, vt ea omnia per otium cognosceret, rursus ad nos cũ magno comitatu se contulit,

tulit, ceterisque in atrio relictis, vno Aloisio secum adhibito, templum ingreditur,
ibiq; rursus de sacris fidei Christianæ do-
gmatibus, deq; sanctissimi nominis IESV,
crucisq; mysterijs, atque virtutibus, Regis
ipsius rogatu Ioannes admodū fuse, copio-
seq; disseruit. è quibus multa Rex sua ipse
manu in commentarium retulit. ex eo die,
aureæ crucis sigillo munitus, quod secum
de Cosmi sententia gestabat assidue, se
identidem IESV Christo commendans,
crebrisq; Cosmi Turrensis cohortationibus incitatus, deniq; nomen Christo domino dare constituit. Nocte igitur domum
ad nos cum suis familiaribus venit, pijs de
religione sermonibus ad insequentem vsq;
lucem aures præbet, quibus Cosmi iudicio
iam satis institutus, sacro baptismate ab eodem lustratus est, manibus in modum pre-
cantis magna cum submissionis, pietatisq;
significatione coniunctis, comitum suorū
ex præcipua nobilitate corona circunda-
tus, qui pariter eius consuetudine, monitisque adducti in eandem baptismi voluntatem vehementer incubuerant. Xumitan-
da appellabatur antea: ex eo tempore Bartholomeus nouo nomine vocitatus est. Inde ad bellum discessit Cosmum obtesta-
tus, vt pro sua suorūq; salute, ac felici vxoris

LIBER IIII.   210

ris partu Dominum precaretur. Porrò in itinere Maristenis delubrum, quem Deum rei militari præpositum Iaponij magno cultu ceremoniáque venerantur, iniecto igne consumpsit, eodémque loco signum Crucis erexit, quod ipse cum vniuerso comitatu supplices adorarunt. In castra vero simul atq; peruentum est, misit qui toto regno Deorum fana comburerent. Ex ipsis verò lucis materiam cæduam gratis ad naues parandas, ac reficiendas Lusitanis attribuit. Quin etiam in castris, quicquid à bellicis occupationibus otij superest, id totum nocte, diéq; in militibus ad Christianam pietatem informandis insumit, quos paulatim ad nos, quo res minus inuidiosa apud barbaros, ac Bōzios sit, baptismi causa dimittit. Eiusdem, in bello insignia sunt nomen IESV cum clauis tribus in humerali depictum, crux è collo dependens, granúmq; benedictum in baltheo. Deniq; tanto rei Christianæ studio incensus est, vt neminem intra insulæ huius fines habitare patiatur, quin concionibus sacris intersit. Christianos verò contra omnium, etiam parentis Cegandoni iniurias, ac vim tuetur egregie. et quoniam Rex est splendore, atq; autoritate conspicuus, magnopere, vt dixi, fore speramus rebus pacatis, vt

Maristenis delubrum Rex igne consumit.

Insignia Regis.

Dd 2   Euan-

Euangelium ipso adiutore Dominus longe, lateq; disseminet. Vos ego etiam atque etiam oro, vt sacrosancta sacrificia vestra, piasq; suffragationes mihi deesse ne patiamini. Icoxiura 18. Kal. Decemb. 1563.

ALOISIVS ALMEIDA
Societati IESV In Indiam.

Exponam his litteris fratres mihi carissimi, qua nam ratione Rimanum in regnum, vrbemq; Ximabaram nuper inducta Christiana religio fuerit. Ac portus quidem hic seu emporium Icoxiuræ, quod commutato iam nomine Mariæ virginis adiutricis vocatur, compluribus Facata, Firando, Meaco, alijsq; ex oppidis huc ad Cosmum Christianę doctrinę causa commigrantibus, ita frequenter habitari cœptum est, vt ecclesiam hanc regionis huiusce totius caput aliquando fore speremus, Bartholomeo etiam rege vna cum ipso flore nobilitatis haud ita pridem ad fidelium numerum aggregato. Eius autem frater Bartholomei monitis, precibusq; sæpius excitatus, vt è Iaponicæ superstitionis erroribus ad rectam veritatis Euangelicæ semitam se deduci pateretur; à Cosmo magnopere petijt, vt aliquem ad se instituendum in castra (bellum enim per id tempus gere-

LIBER IIII.

gerebat) omnino mitteret. Missus ego sum, benigneq; ab eo acceptus, nocturno tempore, quod à negotijs magis erat vacuum, de rebus diuinis ad Regem diu, multumque dixi. quod ipsum deinde per alias occasiones alibi cum ipsius rogatu fecissem, ijs sermonibus admodum delectatus, permotusque Rex certis de causis Christiana sacra ipsemet in præsentia suscipere supersedit, sed duas mihi dedit epistolas, alteram ad Cosmum, cui potestatem per eas litteras faciebat Euangelij toto suo regno libere promulgandi, alteram ad incolas oppidi maritimi Cocinoci, in qua erat scriptum, vt ad audiendum Euangelium ad me conuenirent. ad quos me qui perduceret vnum ex amicis, ac familiaribus mihi comitem dedit, Quo sane breui peruenimus, hospitioque excepti ab vrbis Præfecto, verbum DEI disseminare instituimus. Nec sane frustra. etenim baptizati sunt barbari quinquaginta supra ducentos, in quibus fuit cum vxore, ac liberis ipse ad quem diuerteramus, vrbis præfectus. Deinde cum in ædes regias in primis instructas loci maiestate deterriti timidius incolæ ad nos & ipsi venirent, & filios mitterent, verti, ne ab ijs ædium ornatus, & catastromata fœdarentur; vbi id animad-

Præfectus vrbis Cocinoci cum 250 baptizatur.

uerti;

uerti, egi cum Præfecto de alijs ædibus, populi docendi caussa, comparandis. ille mihi sane liberaliter omnium quotquot essent in oppido, dedit optionem. delectum est ædificium quoddam peramplum, sed magna ex parte dirutum, secus aream, quā nobis Rex templo ædificando attribuerat. Operæ centum ad ruinas instaurandas, ædemque sacram extruendam Præfecti imperio ex censu ciuium exhibitæ, opus vtrúque celeriter absoluerunt. Tùm verò liberius ad Christianæ doctrinæ rudimenta, sacrasque conciones pueri, senesque sese conferre: è quibus deinceps non ita multo temporis spatio centum & septuaginta baptismo lustrati sunt. designatum est etiam Christianis humandis prope ædem sacram cruce defixa peramplum soli spatium, quo primum illati sunt infantes duo tertium circiter annum agentes, quos Dominus pro salute harum gentium deprecatores in cœlum asciuit. Secuta deinde est in Bartholomeum regem coniuratio, bellicíque tumultus, quibus tametsi oppidani commoti, atque a Bonziorum fautoribus potentibus viris ac Christianam religionem deserendam solicitati sunt, Cruce etiam ipsa contumeliose diffracta; ipsi tamen in fide fortiter perstiterunt. quod ego-

LIBER IIII.

egomet deinde ex eorum sermonibus clare perspexi, cum ad eum portum per id tempus naui accesissem. cum enim ab hostibus Christianę religionis vrbe occupata, publico edicto nos intromitere vetarentur, ad stationem nostram sera admodum nocte parato nauigio frequentes venerunt, se diligenter excusantes, quod nos excipere hospitio sibi per aduersarios non liceret, pietatem tamen suam atq; constantiā verbis testantes huiusmodi: Christiana religione deserta, quam porro suscipiemus? in difficultatibus nostris, atq; periculis ad quem, nisi ad vnum Deum confugiemus? an ad lignea siue lapidea simulachra, quæ huc vsq; coluimus? quis insitam Dei caritatem ex animis nostris euellet? Quibus ego verbis maiorem in modum recreatus, eosque vicissim, vt potui, consolatus, ad Cosmum ceterosq; socios Icoxiuram ex eo loco profectus sum, qui sese cum Christianis ad hostium furorem vitandum, in onerariam receperant. verum sedatis iam maxima ex parte tumultibus, & Bartholomeo, qui in arcem quandam ex incendio regiæ vrbis cum paucis vix viuus euaserat, in regnum restituto, metus hosce omnes iuuante Domino propediem sublatum iri confidimus. sed de his hactenus.

Neophytorum constantia.

Dd 4 Venio

Regulus Ximabaranus.

Venio ad res Ximabaranas: quam ego in vrbem ab ipso Tono, seu Regulo accersitus, Cosmo iubente, me contuli, benigneque exceptus, & in optimo totius vrbis domicilio sum collocatus. Postridie me Rex inuitat ad coenam. A coena familiares suos, atque domesticos in coenaculum conuocat. Hic ego bene longam de Christiana religione disputationem instituo. Illi verò multa ac varia me interrogant: quibus ego dum ad singula respondeo, noctis magna pars abijt. Mane cum illuxisset, Tonus rogatu meo popularibus omnibus CHRISTIANÆ capessendæ religionis fecit publicè potestatem. ex eo tempore ter quotidie concionari coepimus, matutinis primum horis, tùm pomeridianis, postremo vespertinis, tanta hominum vi confluente, vt non domus solum, sed etiam via auditoribus oppleretur. Secundum hunc rei Christianæ cursum more suo aduersarius non semel impedire conatus est. Tria visuntur Ximabaræ coenobia Bonziorum, qui cum alijs de causis plurimù possunt, tùm quod principes ciuitatis affinitate contingunt. Eius ordinis hominum fallacias, atq; superstitiones quod palam coarguimus, populumq; ab ea secta ad Christū omni ope traducimus, capitali nos ybique

ferè

fere odio profequuntur. Ximabaræ autem, simul atque ita propenfam in nos populi voluntatem intelligunt, inimicitijs, quas antea inter fefe exercebant, communi metu fuadente depofitis; calumnijs, fictisque criminibus nos oppugnare conftituunt. Ad Tonum adeunt mirantes, cur in fuis terris tam improbum genus hominum verfari patiatur. Anthropophagos efse nos, & quocunq; Chriftiana facra inferamus, eodem continuo bellum, excidiumq; importare. Si nobis in vrbe habitatio detur, Lufitanos ipfos illi imperium erepturos. Ad hæc, plebem incitare conantur, partim vt nos ex vrbe pellendos vna voce abs Tono depofcat, partim etiam vt nos publicè cóuitijs, maledictisq; profcindat. Eam rem vbi parum procedere animaduertunt, confilium etiam audacius capiunt. Dum ego in ædibus noftris de re Chriftiana ad populum maximè differo, facta manu quidam è Bonzijs de communi ceterorum fententia in ædes noftras irrumpit, pofitamque ibi Crucem effringit. Sanè indigna vifa res eft, valdeq; omnes, fed hofpes præcipuè nofter eo facto commoti. Itaq; nihil propius factum eft, quam vt eum interficerent. Bonzij autem furore elati fcelus fcelere cumulant. Mos eft neophytorum Chriftianam ab fe

Bonziorū calumniæ & fcelera.

Mos neophytorum.

ab se religionem susceptam cruce in charta depicta, atq; in ædium foribus collocata publicè profiteri. id illi sibi nō modo apud Deum salutare, sed etiam apud homines gloriosum existimant. Hæc omnia insignia Bonzij postridiè, primoribus vrbis pro affinitate fauentibus, discerpere ac lacerare decernunt. Quod vbi Tonus resciuit, Christianis confestim totam rem iussit renuntiari, eosq; hortatus est, vt tumultus vitādi caussa, eam iniuriam æquo animo ferre ne grauarétur: se ipsum in Bonzios vtiq; animaduersurum, sed tempore. Quorum amentia, ac furor eo vsque processit, vt quicumque ad nos audiendos venirent, eos vsu etiam fontis arcerent in proximo siti, ad quem plurimi aquationis caussa ventitabant. prorsus, vt nobis eius molestiæ vitandæ caussa, in aliam vrbis partem migrare necesse fuerit.

Iam verò illa quoque res accidit, non minus euentu felix ac læta, quàm initio tristis, ac turbulenta. Adolescentes duo ad nos audiendos rei nouitate inuitati ex oppido finitimo venerant. dumq; in ædibus nostris morantur, in familiari, & iuuenili colloquio (vt fit) vnus eorum alterius procaci interrogatione lacessitus, stricto mucrone in socium præceps iracundia ferebatur

batur; cum illum ex his qui aderant Iaponij quidam (aderant autem fere centum) vi arreptum retinent, eiq; de manibus ficam extorquent: quo ille facto ita iratus inde dilcessit, vt aut eam vlcisci iniuriam, aut mortem sibimet inferre, Iaponico more, decerneret. Accessit ad exstimulandum iuuenis animum satis iam per se incitatum, patris quoque denuntiatio vehemens, ne suum in conspectum veniret omnino, nisi prius ab ædium præcipuè domino apud quem res illa contigerat, doloris pœnas exegisset sui. igitur adolescens, amicis affinibusque coactis, vim comparat: quod vbi Ximabaram allatum est, Christianos omnes magnopere conturbauit, me verò potissimum, verentem, ne si ad manus ventum esset (quæ res non sine multorum cæde erat futura) tum verò Bonzij ciuibus quod cupiebant planè persuaderent, nos rixarum, ac seditionum vbique terrarum autores esse perpetuos. Iamq; se, quanquam in magno omnium mœrore oppidani ad Ioannis (sic enim appellabatur) hospitis nostri defensionem instruxerant, aduentabatque armatum agmen aduersariorum, cum iuuenis ille dux agminis repente præter omnium spem, gentisque consuetudinem exterritus substitit,

satis

satis dignitati suæ, satis parentis imperio factum existimans, si vacuam nobilis cuiusdam viri domum ingressus in suburbano positam, resistente nemine, pugionem inde vicissim abstulisset, atq; ita (vt fecit) in patriam reuertisset. Id à Christianis vbi rescitum est, tanta voluptate, lætitiaq; perfusi sunt, vt ab ipso noctis crepusculo, quamquam eos domum dimittente me, nihilominus gratias Deo cuncti simul agentes, factumq; inuicem gratulabundi narrantes, ad insequentem lucem vsque perstiterint. Nec tamen inter hasce, aliasque difficultates, & Bonziorum infectationes, domino Deo fauente, cessatū est. nam præter quotidianas conciones & catechismum, baptismi celebres varijs temporibus complures habiti sunt. Ac primum quinquaginta barbari nomen Domino dedere. deinde rursus circiter septuaginta. tertio denique baptismo, candidati trecentum numerati sunt, è quibus baptizauimus duntaxat eos, quos satis probe institutos Christianis præceptis inuenim⁹. ceteri, qui minus adhuc idonei videbantur, in aliud tēpus reiecti. Christianorum primitias libauit Dominus in hoc item oppido, sex videlicet trimos, aut quadrimos infantes: quorum qui primus excessit è vita, Christianæ fidei veritatem illu-

Totam noctem in agendis Deo gratijs persistūt Christiani.

Celebres aliquot baptismi.

LIBER IIII.

illuſtri ſanè teſtimonio comprobauit. Cū enim iam ageret animam, ſublatis ad ſydera manibus, Tem iangate mairo, id eſt, cōfeſtim (inquit) in cœlum migrabo. Cuius rei miraculo neophyti magnopere confirmati ſunt. Ipſe autem Regulus tametſi nec dum Chriſtianus eſt, & certis de cauſsis in aliud tempus Bonziorum ſcelus, ac maleficia debitis vindicare ſupplicijs diſtulit; ſuam tamen erga nos beneuolentiam, & Chriſtianæ religionis vel tuendæ, vel amplificandæ ſtudium plurimis rebus oſtendit: primum enim nobis honoris cauſſa familiariter ſæpe conueniendis nomen noſtrum apud Ximabaranos in admiratione, & in gratia poſuit. deinde aream templo ædificādo optimam, materiamq́; ſuo ſumptu conuectam, operasq́; ducentas nobis attribuit ad arcis ruinas æquādas ſolo, quæ arx quondam illa ipſa in area fuerat. in templi verò ipſius apparatum, & cultum familias ſeptuaginta in ea vicinitate habitantes certum vectigal pendere iuſsit, exturbationis pœna propoſita, niſi in officio perſtitiſſent. idem, quod Chriſtiani ad templum æſtu maris accedente ægrè admodū veniebant, ingenti ponte ad ipſius templi valuas vſq́; perducto, facilem ijs tutumq́; aditum præbuit. Auctus verò filiola (quam

Reguli erga Chriſtianam religionē ſtudium.

nos

nos quod clarissimo genere orta est, magno Christianæ rei adiumento futurā aliquando speramus) eam nobis tradidit baptizandā. quod fecimus, & nomine Christiano Mariam āppellauimus, vt eam videlicet nomen ipsum ad omnem virtutem, ac sanctimoniam excitaret.

Hæc ferè in oppidis Cocinoco, & Ximabara gesta sunt: quam ego vtramq; ecclesiam per id tempus sæpe reuisi, & alteri Damianum, alteri Paulum comites, ac familiares nostros interim dum ego abessem præposui. Vos etiam atq; etiam obsecro fratres, vt pro hac vniuersa Iaponica vinea domino Deo nostro quam diligentissime supplicetis. Ex portu Mariæ virginis adiutricis. 5. Kal. Decembris 1563.

IOANNES BAPTISTA
Montius Michaeli Turrensi
è Societate IESV.

Anno superiore in Iaponem peruenimus, & maritimum in oppidum Christianorum descendimus, vbi Cosmus Turrensis cum vno è fratribus nostris rem Christianā præclare gerebat. quibus ego cum nauare operam ibidem vellē, Bungum à Cosmo iccirco sum missus, quod sesquiannum iam ea princeps Iaponis

LIBER IIII.

nis totius ecclesia sacerdotem desiderabat. Ibi quanta Bungensium & lætitia, & benignitate acceptus fuerim, exponere nimis longum esset. Regem ipsum etiam inuisi aliquoties, à quo semper honorificè, humanissimeq; tractatus sum, qui tametsi ethnicus adhuc est in ea secta, quæ nihil superesse post mortem existimat, Christianæ tamen religioni tantum tribuit, rebusq; nostris vsque adeo fauet enixè, vt vnus è fidelium numero esse videatur. credo propterea quod ominibus ducitur, videtq; se ex quo tempore Euangelium in suis terris promulgari cœptum est, non solum imperio, atq; opibus auctum, sed etiam filio, quem vehementer optabat. Quod ad conuersionem harum gentium attinet, Euangelium longe, lateq; iam peruagatum est, & sane probatur in vulgus, & fere semper ad baptismū Dei beneficio aliqui perducūtur. Ratio autē nostra cum illis agendi est eiusmodi. Quæritur primū quam sectā sequantur. deinde non modo quā ipsi profitentur, sed etiám reliquæ omnes Iaponicæ sectæ multis rationibus ita confutantur, vt earum ope, ac præsidio æterna salute se nequaquam posse potiri intelligant. Id vbi perceperunt, docentur esse vnum rerū omniū opifice, qui ex nihilo cuncta procreauerit,

Ratio cum barbaris agendi.

EPISTOL. IAPON.

uerit, eaq; omnia fungi officio præter Angelos desertores, & hominem, qui è primo illo statu sua culpa exciderit, in quo ab Deo parente positus fuerat, idemq; naturæ legibus, rectæq; rationi aduersetur. Discunt deinceps Deum esse trinum, & vnum, cuius imperium primus ille homo neglexerit. Et quoniam infinitæ maiestati ac numini facta iniuria, infinitam quoque satisfactionem exigeret, secundam Trinitatis personam, cum genus humanum, aliáue omnino creata natura soluendo non esset, humanitatem nostram vltro assumpsisse, atq; induisse, vt idem homo simul & Deus innocentissimus pœnam nostris sceleribus debitam precioso sanguine suo acerbáque morte persolueret, & nos in omnipotentis Dei gratiam restitueret. Hæc illis omnia clare, & copiose explicantur. tum ad eorũ quæstiones probe respondetur, & omnis ex eorum animis, quoad eius fieri potest, dubitatio tollitur, atque vt illis certæ precandi formulæ traditæ, præceptaq; Decalogi exposita sunt, promittunt se barbaros ritus, superstitionesq; deposituros. deniq; sacri baptismi vis, atq; mysteria ijsdem explicantur, atq; ita Christo dant nomina ac baptizantur. Versamur autem in his Iaponis regionibus hoc tempore è Societate sacerdo-

LIBER IIII.

dotes septem, fratres quinq;. multi præterea sunt incolæ familiares, ac veluti sodales nostri præstanti virtute homines, qui nos in opere haud segniter adiuuant. Sed vniuersi pro messis copia sane quam pauci sumus, nec nobis (quod facile credas) ab occupationibus multum superest ocij. itaque subsidio vehementer indigemus. Pijs deprecationibus tuis & ceterorum me valde comendo. Bungo 5 Idus Octobris 1564.

EX ALIA EIVSDEM IO. Baptistæ epistola ad Ioannem Polancum presbyterum Societatis IESV.

NVNC aliqua mihi de Bungensium Christianorum pietate, ac deuotione dicenda sunt: quæ virtus cū semper in ijs apparet eximia, tum verò Quadragesimæ tempore maximè cernitur. etenim præter asperitatem vitæ priuatam & assidua supplicia voluntaria, Christiani in templum sexta quaq; feria conueniūt frequentissimi, atque vbi de passione Domini peroratum est, extinctis luminibus atrocissime cuncti sese diuerberant. Equidem vt primum interfui, attonitus rei nouitate,

Supplicia voluntaria neophytorum.

Ee

tate, atq; miraculo prorsus obstupui. Neq; vero duntaxat virorum hoc decus est: ipsæ quoque mulieres in hanc partem se admodum strenue, atq; acriter incitant. quarum nonnullæ cum me summis precibus obsecrarent, sibi vt in templo sumptis ne dignoscerentur virilibus tunicis, echinatis globulis ferreis in sua terga sæuire liceret; negaui scilicet: primum id minus decorum arbitratus, deinde etiam veritus, ne si ad ceteram austeritatem, & pœnitentiam, qua se ipsæ pænè conficiunt, verberum quoque tormentum, ac dolor accederet, certum adirent vitæ discrimen. id ipsum graui admodum ætate, senes à me magnopere contenderunt. Iam vero sacræ hebdomadæ officia quo animi sensu, ac lacrymis, paschalia autem solemnia quanto animi gaudio, atque hominum multitudine celebrentur, dici vix potest. Nec sanè minor est Natalium feriarum gratulatio, & celebritas. quin etiam pia simul, & iucunda per eos dies spectacula committuntur, illustribus aliquot actionibus è sacra historia Iaponico versu descriptis, quæ poëmata Christiani magno suo bono memoriter hauriunt. namque ea ratione & magnam sacrarum litterarum partem addiscunt, & hisce carminibus

LIBER IIII.

bus identidem concinendis prophanas cátiones quibus antea assueuerant, paulatim dediscunt. Nam quid ego de confessionibus dicam? quo in genere ita solertes, accuratiq́; sunt, vt aliud nil egisse videantur in vita. Quibusdā ego, id vehementer optatibus, per interpretem aures præbui, quorū nonnulli scriptam confessionem suam secum attulerant. Credas mihi affirmanti velim, quotidianas me sesqui anni totius (tam diu enim sacerdote caruerant) recognitiones actionum suarum, quæ examina dicimus, in ijs scriptis liquido comperisse: ea dispositione, atque ordine in commentarium crimina suis quæque diebus notata retulerant, cum ante id tempus octauo, vel quinto decimo quoque die sacramentum confessionis obire essent soliti. quæ mihi eorum diligentia eo laudabilior videtur, quod ex mediocribus interuallis peccata rite confiteri haud ita difficile duxerim: ipsorum verò octodecim mensium errata in temporum seriem digesta proferre, id verò in primis mirandum est. Quid quæris? contritione sua, animíque candore ita me sibi obligarunt, vt cum Christo Domino ingentes & agam, & habeam gratias, quod me in hæc loca perduxerit, tum etiam tibi

Diligentia in notandis & explicādis peccatis.

plu-

plurimum R. P. vel eo nomine debeam, quod autoritate, studioq; tuo perfectum est, vt aliqua mihi pars demandaretur huiusce tam fructuosæ prouinciæ: quam ego vt ex instituto, ac spiritu nostræ Societatis geram; peto abs te, vt infirmitatem meam tuis ad Deum precibus, ac sacrificijs subleues. Bungo sexto Idus Octobris 1564.

ALOISIVS FROES SOcietati IESV in Indiam.

Tacuxim oppidum.

ANNO proximo, Icoxiuræ vico ab hostibus cōcremato, & exciso, Cosmus Turrensis cum Aloisio Almeida, & Iacobo Consaluo officij causa conquisitus à Christiano quodam nobili viro Tacuxim oppidum Regis Bungensis æger naui deductus est. Ego autem ab Antonio Firandensi viro principe accersitus, Cosmi iussu Tacaxumam contendi febri frigoribusq; vexatus, quæ me quattuor menses male habuerunt. Eodē venit post mensem Ioannes quoque Fernandes. Insulani sunt numero trecentum circiter, & quinquaginta, omnes Christiani, quorum quibus licuit, aduenienti mihi nauigiolis obuiam prodiere, ceteris in littore præstolantibus. quorum omnium quanta sit pietas, atq; religio,

LIBER IIII. 219

ligio, ex eo facile iudicabis, quod bis in nocte ad Dominum deprecandum, Christiue
pasionem secum reputandam surgere è
lectulo consueuerunt. Quin etiam primis
tenebris multi cum se in preces fuderunt,
ad mediam vsque noctem in ea cogitatione suimet pænè obliti persistunt, Pyxidi-
culam ego cerearum agni cœlestis imagi-
num, quas Romæ summus Pontifex con-
secrauerat, Socijs nostris attuleram ex India. id vbi resciuit Christiana quædam a-
nus Facatensis, multis precibus vnam mihi earum extorsit. Eius rei fama statim hoc
toto tractu percrebuit. itaque ad me quotidiè & Firando, & alijs ex locis nauigia
veniebant virorum, fœminarumq́ue ple-
nissima, è reliquijs illis amoris (sic enim
appellant) aliquid à nobis efflagitanti-
um, negari non poterat. itaque totum
eius ceræ consecrationisque mysterium
exponebat Ioannes, deinde in eos distri-
buebatur. & sanè ceram in particulas ita
minutas secare coacti sumus, vt Christianis mille quingentis, ac triginta suffice-
rēt. quas pro suis quisq; copijs vel argentea
theca, vel ænea, vel stannea, vel ex aurichal-
co includebant, ex altera parte nomine IE-
SV spinea corona circumdato, ex altera tribus ad imam crucem clauis incisis.

*Bis in no-
cte orandi
caussa sur-
gunt Chri-
stiani.*

*Cereæ agnī
cœlestis
imagines.*

Ee 3   Tem-

Templum autem ipsum, quod Firando, alijsq; ex insulis confluentem ad nos multitudinem non caperet, per eos dies amplificatum, & sacrario, atque ædificijs ad hyemem traducendam ornatum est. opere absoluto, dum Iaponius quidam apud nos ceram in candelarum vsum ad ignem liquat, arida palearum materia, è quibus parietes erant extructi, flammam ita auidè arripuit, non modo vt hospitium nostrum, ædemque sacram, sed etiam quindecim ferè vicina Christianorum tecta comprehenderit, atque consumpserit. quorum sanè mihi æquitas animi ac patientia visa est admirabilis, cum incensis domibº, domesticóq; instrumento, in publicum se coacti proripere, tempestate perfrigida, cū è cœlo densa nix caderet, vna cum coniugibus, liberisque, qui nonnullis eorū erant septeni, octoniue, nostram tamen vicem magis, quàm suam ipsorum dolerent. Ex ea clade sacrorum apparatus Dei beneficio ereptus est, & aliquid è supellectili, vestibusq;, quas nos omnes egentibus Christianis ijs, quorum domus arserant, miseratione commoti diuisimus. Ioannis verò Fernandis commentarius multis iam annis elaboratus, in quem ille sacras conciones, & catechismi explicationem Iaponico

ser-

LIBER IIII. 220

sermone retulerat, sanè quam incommodè perijt. Ego interea cum ægrotus decumberem, ex eo periculo me ad quendam Christianum recepi, ibiq́; in summa egestate storea mihi pro stragulo fuit, lignum pro ceruicali: eo statim magna vtriusque sexus hominum, ac puerorum turba confluxit, incommoda nostra, & calamitatem lacrymis prosequentium: mortuos parentes lugere dixisses. atq; vt est gens ad omnem humanitatem, ac misericordiam prona, quanquam in summis rei familiaris angustijs, alij ad me contegendum proprijs vestimentis exuere sese, alij in cibum duas, tresue cocleas, alij virides cepas, alij denique siluestre allium afferre. aliquot etiam Firandenses, & Facatenses Christiani, qui in eam insulam anno priore Icoxiura migrauerant, cocta nobis cibaria septem octóue dies è suis domibus misere. Eius incommodi nuncio Firandum, vicinasque in insulas perlato, confestim ad nos subleuandos Christiani cum fabris, paleis, funibus, arundinibus aduolarunt: quorum opera cum ædes nostræ, templúmque, tum etiam incensa Christianorum tecta magno omnium gaudio, ac voluptate refecta sunt. *Christianorum caritas.*

Sub idē tempus ecce noua calamitas. Ad-
uectum

nectum ex India pretiosum ornatum sacrorum vnà cum aureo textili, & simul vitrea vasa donanda principibus, Firandum Cosmus, vt ibi videlicet ab incendijs tutiora essent, ad Christianum amicum custodienda transmiserat. Hic dum ludos quosdam profanos ipso cinerum die agunt barbari, vnus ex ijs temere arreptum ignem in ædificium conijcit, qui vento adiuuante, adeo vehemens ac sæuum excitauit incendium, vt bonam vrbis partem cum ædibus Antonij dynastæ, & Christiani eius, qui nostra seruabat, momento pæne temporis hauserit. quæ res magnam mihi præcipue, febri, tali anni tempore, laboranti, patientiæ materiam præbuit, quod in eas ego quoque sarcinas, Diui Thomæ partes, quæ appellantur, itemq; nonnulla valetudinis aduersæ remedia, quib° admodum inops est hæc terra, coniecceram. Inde paucis interiectis diebus vigilias agere sumus coacti latronum et hostium metu, quibus paruū hoc Firandi regnum infestum est, paratisq; nauigijs quibus alio, si res ferret, aueheretur sacra. vestis, & instrumentum, nos cum Christianis in editum locū, munitumque recepimus. Sed belli tumultus ille Deo fauente sublatus est Et quoniā Japonicæ linguæ ignoratio rem Christianam

LIBER IIII.

nã magnopere diſtinet, erepto ex aſsiduis occupationibus tempore, faciendum ſibi frater noſter Fernandes exiſtimauit, vt de Iaponico ſermone grammatica præcepta conſcriberet. ijs duplex etiam Lexicon addidit: in altero Iaponicas voces, in altero Luſitanicas alphabeti ordine cum ſua cuiuſque ſignificatione prætexens. Sexto, vel ſeptimo menſe, haud tamen iccirco intermiſsis concionibus, ceteriſque muneribus, eam lucubrationem abſoluit, in primis vtique neceſſariam Iaponijs excolendis.

In ferijs natalibus, atq; paſchalibus incolarum ſumma deuotio. Nocte natali ſub veſperam ientaculo exceptos bifariam in templo diuiſimus. Ibi alternantibus choris certos ex veteri teſtamento locos, ſacraſq; prophetarum prædictiones tempori accommodatas verſu Iaponico decantarunt. Deinde ſolemnia miſſarum ſacra peracta ſunt. Dominica in palmis cùm ſacrum fieret, paſsione Domini per vices, vt ſit, recitanda, tanta populi comploratio orta eſt, vt vix inter pronuntiandum nos mutuo exaudire poſſemus. Iam ſexta feria, quæ proximè conſecuta eſt, cõplures tùm Firando, tùm ex finitimis pagis Chriſtiani ad verberationem cum flagris, ac tunicis

Ee 5 con-

confluxere, quod Firandi conuentus huiusmodi ab Rege prohibentur. nec sæuientibus eo die procellis, atque imbribus deterriti sunt, quo minus acriter sese cędentes, sanguinemq; mittentes per multos passus agmine composito incederet. quod ipsum separatim mulieres quoque Christi amore incensæ fecerunt, idq; summa cum religione, & sanctimonia. Porro aquam sabbato sancto benedictā magno studio, ac fide ad morbos pellendos partim apud se religiose asseruandam sumpserunt, partim etiam Firandum, ceterasque in insulas atq; oppida Christianis dono mittendā. Paschali verò die dominico ad summam gratulationem species tantū, & pompa magnifica defuit. cetera sane egregia. vnum duntaxat palliū erat nobis, quo eodē pro vmbella in supplicatione vsi sumus. sub ea gestabā ego sacratissimū Christi corpus in calice. linteatus præibat Fernandes corona rosea redimitus, & quanquā macie ita confectus, vt vix hærere vestigijs posse videretur, valde tamen iucunde canebat, Dic nobis Maria, quid vidisti in via? Cui respondebat ex altera parte Iaponius quidā senex, trullā bacillo pulsans, nec ēm vlla in his locis organa musica sunt. Eo die cibū apud nos cūcti sumpsere, quod festis ferme celebrioribus factitant,

præ-

LIBER IIII.

præsertim vero die visitationi MARIÆ
virginis sacro, quem diem præcipuo cultu,
atque honore exigunt Misericordiæ sodalitia, conuiuij curatoribus in qualibet ecclesia constitutis.

Ipsis hebdomadę sacro sanctæ diebus Firandi res accidit ad prouidentiam Domini, iustitiamq; declarandā admodū illustris. Princeps Bonziorum erat in vrbe quidam Sasimandaque nomine, regni totius huiusce veluti Archiepiscopus, capitalis Christianæ religonis inimicus, cuius scelere antea & cruces præcisæ & Gaspar Vilela cū reliquis omnibus ex Societate nostra Firando pulsi, exclusíque fuerant, quam rem Antonius dynasta grauissime tulerat, nec tamen vindicauerat, eo quod Bonzius principum barbarorum affinitatibus admodū potens esset. Is igitur ab eodē Antonio, qui regij exercitus Imperator vna cum Rege eo tēpore militabat, per interpretē petijt fundū quendam continuādū prędijs delubrorū suorū. Id cum Antonius aperte negasset, accensus ira misit continuo Bonzius primū, qui Antonij villas, deinde sex circiter Christianorū Antonij popularium domos incenderent. Enimuero tū Antonius rei atrocitate commotus Regē adit, Bonzij improbitatē diutius ait tolerari nō posse: nisi in ipsum Rex

ani-

animaduertat, sese confestim rei militaris cura deposita, ad vlciscendam eam iniuriam profecturum. cui Rex quanquam inuitus, ac mœrens, tamen quod Antonij viri nobilissimi, & secundum se opulentissimi opera plurimum indigeret, respondit se totam rem ipsius arbitrio plane permittere. Tum recordatus iniuriarum nostrarum postulauit Antonius, vt Bonzium eo dignitatis gradu deiectum Firandensis regni finibus in perpetuum exterminaret, & ne qua spes reditus ei relinqueretur, agros illius, ac bona alijs possidenda assignaret. Quo statim facto; & Christiani molesto, grauique aduersario liberati, & Bonzijs dedecus ingens, ac dolor iniustus est.

Decem menses Tacaxumæ fuimus: quo temporis spatio vicinas insulas, quæ in Antonij ditione sunt, bis Fernandes inuisit. nec sane frustra. nam & Christiani, ipsius aduentu mirum in modum recreati, et barbari multi ad ouile Christi perducti sunt.

Vetula 90 annos nata ad Christū perducitur. in ijs vetula quædam annum agens circiter nonagesimum, mulier honorata, multisq; affinitatibus pollens. Hæc æternæ beatitudinis gratia, multa Iaponis delubra superstitiosis peregrinationib° circumierat, habebatque papyraceam tunicam, quæ descriptam Amidæ vitam continebat, quam illi

LIBER IIII.

illi cum alijs diplomatibus, & indulgentijs (ecclesiasticos enim ritus dæmon effingit) Bonzij pretio ingenti vendiderant, polliciti, si eo amictu, supremo die suo efferretur, omnibus noxis solutam, recta ad beatas Amidæ sedes procul dubio peruenturam. Ægrotum quendam eius propinquum Ioannes inuiserat, cuius domi casu ipsa quoque tum aderat. Eam igitur Ioannes accersi iubet, si pauca de redemptore generis humani, deq; altera vita cognoscere cupiat. audituram se respondit mulier: verum enimuero falli, si quis iccirco se Christianam futuram existimet. Sed vbi Dæmonis malitiam, fraudes Amidæ, cui illa tantopere fideret, Euangelicam denique veritatem Ioannes aperuit, vt Iaponica ingenia facile rationibus cedunt, eius orationem mulier ita approbauit, vt lacrymis obortis baptismum continuo peteret. quid multa? solemnes precationes edidicit, chartaceam illam tunicam, aliaq; Bonziorum scripta, quæ diximus, ad Ioannem attulit comburenda, sibi post hac sacrum fore nihil, ac religiosum affirmans, præter nomen IESV. ac deinde bapizata tantam animi pietaté, atque ardorem ostendit, vt cum vniuersos Christianos, tum eos præsertim, qui eam antea nouerant, ingenti gaudio affecerit:

quam

quam metuebant prius, nunc autem metu duplicatū in amorē conuerso, maxime diligunt; ac mirantur quæ prius vix præ imbecillitate corporis stare posset, eam nunc quotidie templum petentē, Angelicamq́; salutationem trecenties recitantem, & singulis noctibus bis orādi caussa è cubili surgētem. Eadē postea ad me Tacaxumá cum alijs Christianis naui contendit, vt rei diuinę interesset, et granū aliquod benedictum, & ceræ, quam diximus, consecratę particulam à nobis exposceret.

His rebus, alijsq́; peractis, quas ego breuitatis caussa prætereo, Fernandes ad me reuertit. Et quoniam Firandenses Christiani magno nostri desiderio tenebantur, mihi autem per Regem à Christiana religione contra quam initio simulauerat, alienum, in ea vrbe rem diuinam facere non licebat; supplicationibus habitis, & re cum Antonio communicata, omnino visum est faciendum, vt Fernandes saltem eo sese conferret, vbi ille dum fideles in officio retinet, labantes in fide confirmat, barbarosq́; præceptis Christianis instituit; interea naues Lusitanorum duæ in hanc oram à Sinis delatæ, quarum magistri cum iniussu meo Firandi portū inuehi nollent, Rex ratione lucri coactus (nā alioqui secus ac primis aduentus

uentus nostri in Iaponem annis simulauerat & nobis, & Christiano infensus est nomini) se mihi per quendam è suis familiaribus excusauit, quod bellicis districtus negotijs non dum mihi salutem nuntiari iussisset, & simul magnopere petijt à me, vt Lusitanos vrbis aditu ne prohiberē; se primo quoq; tempore de mea quoq; introductione cum nauarchis acturū. Illi igitur permittente me descendūt, & promissa ab Rege sæpius exigunt, templū ære suo se exædificaturos recipiunt. Rex tergiuersando rem extrahere, nosq; iam aperte frustrari cum eo ipso tempore oneraria, cui à sancta cruce est nomen, aduenit. sane oportune. nā & sacerdotes è Societate tres Melchiorem Ficaredum, Balthasarem Acostam, & Ioannem Cabralium, summa cum animi nostri voluptate ac lætitia nec opinantibus nobis aduexit et occasionē optimā prębuit Regis ab ea perfidia reuocandi. Hanc ego nauem actuario quæsitam reperi in ipso cursu velis adhuc inflatis, & Petro quidem Almeida Nauarcho pro excellenti eius probitate, & in Societatem nostram obseruantia, facile persuasum est, vt vela submitteret statim, ibidemque subsisteret: mercatores autem siue nauigationis nausea, tedioque, siue alia quauis de caussa nullis

ratio-

rationibus de sententia deduci potuere, quo minus scaphis oppidum peterent & mercimonia exponerent. magno illis ea descensio stetit: namque à furibus igne apothecis eorum iniecto, magna mercium parte vel flamma, ventoque sæuiente consumpta, vel etiam ab ipsis furibus inter eam trepidationem ablata, aureorum circiter duodecim millium damnum fecere. Interea Petrus Almeida, qui iactis anchoris, ab oppido sex millia passuum stabat, rogatu meo Regi aperte denuntiat, se nisi nobis restitutis nequaquam appulsurum. Rex autem dierum aliquot mora interposita ad extremum metuens, ne si rem diutius distulisset, magna rerum suarum iactura Nauarchus alios portus peteret, nobis & vrbis intrandæ, & sacræ ædis extruendæ potestatem fecit. Descendentibus nobis ad littus die natali D. Bartholomei apostoli, gratulatio ingens & à nautis Lusitanis significata est, & ab incolis Christianis, cum se præter spem voti compotes factos viderent. Nos cum Nauarchis & magno præterea comitatu Regem adiuimus, eiq; gratias egimus. accepti sane frigide, quod dedit accepimus. inde Antonio eiusq; matre salutata, ad instaurationem templi continuo animum adiecimus. ex onerarijs Lusitanorum

rum tribus, pecunia in ædificationem corrogata, & aureorum plus trecentorum summa confecta ad materiam, & reliqua comparanda ; opus celeriter ad culmen perductum est. Itaq; in eo templo natalem diem MARIÆ virginis egimus Balthasare sacrificante, & magno omnium gaudio concionante. Tanto autem studio à nobis de hac Firandensi cōmoratione multis de causis laboratum est. Primum quod ita mandauit Antonius Quadrius. deinde ne Christiani incolę summa virtute, ac religione homines deserátur : tùm vt iacta à nobis in animis puerorū, qui sane præstanti sunt indole, semina Christianæ doctrinæ ad bonam frugem nostra opera perducantur. postremo Lusitanorum etiā gratia, qui ad hoc emporium libentissime commeant, ad merces distrahendas, ac diuendendas opportunissimū. Dum hęc ad Firandū geruntur, cognitū est Cosmū Turrensem Bungēsis regis hortatu, atq; auxilio ad oppidū Rimani regni Cocinocum peruenisse, eamq; ecclesiā, quam hostes afflixerant, eiusdem Regis ope, ac beneficio restitutam. Eo Melchior Ficaredus cum mandatis, ac litteris, quas afferebat ex India ad Cosmum profectus est. Nec ita multo post Cosmus ad nos scripsit, vt ad se Balthasar Acosta, et ego venire-

F f

niremus, Cabralio, & Fernande Firandi relictis, quæ prima nauigandi facultas fuerit, proficiscemur. atque ego me, nisi per mea steterit peccata, Meacum ad Gasparem Vilelam missum iri confido. nam nostrorum hominũ subsidium aliquod non ipse modo, sed etiam Meacenses vehementer exoptant: quippe qui ad eum, sacrorum causa, ex remotis vrbis amplissimæ partibus ægre admodum ventitant. Cuius profecto res gestæ satis declarant nihil esse tam arduum atq; difficile, quod non animi robur, ac perseuerantia superet. Nam qui primis legationis suæ temporibus, contumelijs, probris, lapidationibus nullo defensore appetitus, diuq; vexatus est, tantũ constātia, patientiaq; profecit, non modo vt populo, sed etiā vt principibus, Regeq; iam ipso æquo, ac beneuolo vtatur. In agro Meacensi intra quadragesimum circiter lapidem ecclesias septem instituit, multis è prima nobilitate ad Christi cultum adductis: magnũ deniq; rei Christianæ studium in illis gentibus excitauit. Verum hæc, & reliqua huius prouinciæ acta ex aliorũ litteris fusius cognoscetis. Vos ego patres, fratresq; mihi carissimi per Deum obsecro, vt vestris in sacrificijs precibusq; memoriam mei retineatis. Firando. Quarto Non. Octob. 1564.

In agro Meacensi septem Ecclesiæ.

IOAN-

IOANNES FERNANdes Francisco Perezio ex Societate IESV.

ETsi putabam vos de rebus Meacenſibus è Gaſparis Vilelæ ipſius litteris cognituros: tamen cum Chriſtiani duo certi homines nuper ad nos Meaco veniſſent, faciendum mihi exiſtimaui vt quæ ab illis accepimus tibi per litteras primo quoq; tempore exponerem. Anno ſuperiore, cum Gaſpar ad Bonziorum furorem atque impetum declinandum ex vrbe Meaco Sacaium CHRISTIANORVM hortatu precibusq; ſe recepiſſet, Didacus quidam neophytus ad Xamaxinodonum in ius adijt, debitam ſibi à neſcio quo pecuniam iudicio repetens. hunc Xamaxinodonus vt agnouit, per ludibriũ ſit ne Chriſtianus interrogat. Ego verò ſum, inquit ille: cui rurſus Iudex: cedo, veſtra quæ dogmata ſunt? recuſanti reſpondere Didaco, ſeque excuſanti quod tyro eſſet etiam num; acrius inſtare denuo barbarus, & vrgere, vt aliquid in mediũ aſferat. Neceſsitate pænè coactus Didacus de animorum inmortalitate, deq; æterno totius vniuersitatis parente cœpit nonnulla disserere: quibus permotus Xamaxinodonus, abi (inquit) nuncia magistro tuo vt ad suam mihi doctrinam declarandam accedat. nã si tu rudis adhuc & nouitius tam bene disputas, quid de ipso doctore tuo putandum est? quod si veritatem religionis Christianæ probauerit; eam ego fortasse & Quequidonus collega meus suscipere non grauabimur. Didacus igitur nõ sine diuino cõsilio id factum existimãs, forensi actione deposita, Sacaium ilico ad Gasparẽ excurrit, eiq́; iudicis mandatũ exponit. Gaspar rem cum Christianis qui ibidem aderant communicat. illi negant se dubitare quin ea sit insidiosa euocatio; proinde nequaquam eundum. omnino probabilis erat ea sententia: verumtamen, ne cui verbum Dei audire se velle dicenti, aliquo pacto defuisse videretur, Laurentium Iaponium comitem suum ad eum legauit: qui, quanquam proposito vitæ periculo libens discessit, ea conditione, vt nisi intra quatriduum reuertisset, minus commode cum eo actum existimaretur. Dies duo, tres, quattuor, nec tamẽ redit. pro mortuo scilicet vel certe male accepto est habitus. mittitur de cõmuni sententia Meacũ vnus è Christianis Antonius nomine, vt cuncta Sacaium explorata certa-

LIBER IIII.

certaq; referat. Huic in ipso itinere occurrit Laurentius & comites duo cum iumento tendentes ad Gasparem deportandum, quod iam Xamaxinodonum & Quequidonum Laurentij opera Dominus ad se conuertisset. Meacum igitur cum Socijs tribus Gaspar profectus (ij sunt Iaponij Laurentius, Augustinus, & Damianus missus ad eum mense Decembri) Xamaxinodonum & Quequidonum baptismo lustrauit. Erant ambo venefici, et dęmone familiariter vtebantur. ijdem iuris Iaponici peritissimi, summaq; prudentiæ & eruditionis fama. itaq; ab ipso Rege & ijs qui rerum potiuntur de religione, belloq; consulebantur: Christianæ autem religionis adeo acres aduersarij, vt in ea affligenda & Gaspare exturbando Bonzij ipsorum præcipue opibus, gratia, autoritate niterentur. Nunc autem diuinitus immutatus vterq; tanto studio in Christianæ caussæ defensionem incumbunt, vt Iaponicarum opinionum prauitatem atq; fallacias scriptis arguere atq; aperire instituerint, Euangelica veritate ad calcem operis addita. quem librum ad communem omnium vtilitatem salutemq; sunt edituri. Sane grauem ex eorum conuersione plagam ac dolorem Bonzij

Duo apud Iaponios celeberrimi ad Dominum conuertuntur.

zij accepere, præsertim quod illos imitatus Xuicaidonus quoq; vir in Iaponicis meditationibus exercitatissimus, et Mioxindoni rei militaris præfecti cognatus, ad Christū accessit, atq; inde in patriam reuersus passuum ab vrbe Meaco 24 millia quæ Imoris appellatur, estque in Mioxindoni ditione, tantum apud affines & amicos exemplo suo monitisque profecit, vt eo Laurentius ipsorum rogatu missus à Gaspare, patricios sexaginta eorumque familias (omnino erit hominum numerus ad quinq; millia) baptizauerit, æde sacra confestim exstructa. quorum tanta fuit in fide virtus atque constantia, vt post Laurentij discessum à Bōnzijs ethnicisque ad defectionem solicitati lacessitique partim altercationibus, partim etiam ludibrijs & insectationibus non modo non ab incepto destiterint, sed etiam pro defensione Euangelij diem vnum in armis fuerint. Quibus rebus Xamaxinodonus cognitis, Gaspari persuasit vt ad Mioxindonum cuius domicilium ab Imori castro, vnius diei distat itinere, sese conferret, caussamque Christianorum apud eum ageret. Ab eo Gaspar benigne acceptus, cùm de rebus diuinis ipso valde approbante verba fecisset, summa eiusdem volun-

5000. hominum accedunt ad Christum.

LIBER IIII.

voluntate obtinuit, vt Imorenses ethnici Bonzijq; neophytis negotium postea ne facesserent. qua re Christiani molestia liberati & magnopere confirmati recreatique sunt: ad quorum numerum tredecim alios in reditu Gaspar adiunxit, postridieq; Meacum reuersus est. Ex eo tempore in agri Meacensis munitis oppidis quinq; ad passuum non vltra quinquaginta millia totidem ecclesiæ institutæ dicuntur. Regis autem ipsius Meacensium tanta esse fertur in Gasparem animi propensio, vt cum Gaspar ab Amangutianis litteras accepisset, eam Ecclesiam à Moridono tyranno vexari, pijs ipsorum discussis coetibus, euerso templo, areaq; ipsa per vim occupata; Regem adiuerit atq; ab eo impetrauerit, vt ad Moridonum scriberet, gratum sibi esse facturum, si Christianos populares suos commendatos haberet, eorumque templi instaurationem atque ædificationem adiuuaret. Eam epistolam Rex insigni cuidam viro dedit ad Moridonum in castra leucas triginta vltra Amangutium perferendam; eiusdé epistolæ separatim exéplo ad Christianos Amangutianos allato, qui propterea magnam in spem rerum meliorū venerunt. Hęc habui quæ de Meacensibus rebus

Ff 4 in

in præsentia scriberem, vt tam læti nuncij quam primum in Indiam peruenirent. Gasparem ipsum de eisdem rebus aiunt scripsisse. Eius litteræ, quas Bungi itinere pergens alius nescio quis ferre dicitur, vt speramus, propediem subsequentur. Hactenus de alijs. Quod verò ad me ipsum attinet, te per IESVM Christum R. P. obtestor, vt inei in sanctis sacrificijs tuis nominatim memineris, atq; id ipsum à reliquis omnibus Socijs peto: quo ipsorum deprecatione placatus mihi Dominus tantum virtutis impertire dignetur, vt Societatis nostræ disciplinam, ac leges ad finem vsq; vitæ costodiam. Firando 6 Idus Octobris 1564.

Libri quarti finis.

INDEX

INDEX LOCO-
RVM INDIÆ, IN
quibus Societatis homines
cum Euangelij promul-
gatione versati
sunt.

Æthiopia.	pag. 30.
Amboini insulæ.	42.
Bazainum vrbs.	24.
Cocinum.	19.
Coulanum.	21.
Damanum.	20.
Goa insula & vrbs.	15.
Hormutium insula & vrbs.	27.
Inhambanes.	31.
Macazar.	43.
Malaca.	39.
Maluci regio.	39.
Monomotopa.	31.
Ora Comorinensis.	22.
Regio Mauri.	42.

Ff 5   Soco-

Socotora insula. 24.
Solor. 43.
Tanaa oppidum. 25.

INDEX EORVM, à quibus Epistolæ missæ sunt.

A.

Aloysius Almeida Societati Iesu in Lusitaniam. Bungo 1561.
pag. 153.
Idem Societati Iesu. Ex Iapone. Anno 1562. p. 179.
Idem Societati Iesu in Indiam. Ex portu B. Virginis adiutricis. 1563.
pag. 210.
Aloysius Froes Societati Iesu in Indiam & Europam. Icoxiura 1563.
p. 205.
Idem Societati Iesu in Indiam. Firando. 1564. pag. 218.
Arias Blandonius Societati Iesu. Goa. 1554. pag. 89.

Arias

INDEX.

Arias Sanctius Societati Iesu. Bungo. 1562.   pag. 176.

B.

Balthasar Gagus Societati Iesu. Firando. Anno 1555.   pag. 103.
Idem Societati Iesu Goam. Bungo. 1559.   p. 138.
Idem Societati Iesu. Goa. pag. 194.

C.

Cosmus Turrensis Societati Iesu. Goa. Anno 1549.   p. 56.
Idem Societati Iesu Goam. Ex Iapone. 1551.   p. 74.
Idem Societati Iesu in Lusitaniam. ex Iapone. 1557.   p. 115.
Idem Antonio Quadrio Indiæ Prouinciali. Bungo. 1561.   p. 161.
Consaluus Fernandes cuidam è Societate Iesu. ex Iapone. 1560. p. 150

D.

Duartes à Sylua Societati Iesu Goam. Bungo. Anno 1555.   p. 95.

E.

INDEX.

E.

Exemplum litterarum Gaspari Vilelę ad Societatem Iesu. Cocino. Anno 1554.   pag. 79.

Exemplum litterarum Regis Cangoximani ad Lusitanum Indiæ Proregem. Xaxuma.   pag. 189

Eiusdem litterarum exemplum ad Antonium Quadrium Indiæ Prouincialem.   pag. 189.

Exemplum Epistolæ Ioannis Baptistæ, ad Ioannem Polancum, presbyterum Societatis Iesu. Bungo. 1564.   pag. 217.

F.

Franciscus Xauerius Societati Iesu Malaca. Anno 1549.   pa. 59.

Idem Societati Iesu. Cangoxima. 1549.   p. 63.

G.

Gaspar Vilela Societati Iesu. Firando. Anno 1557.   pag. 117.

Idem

INDEX.

Idem Societati Iesu Goam, ex Iapõne. 1559.   pag. 134.
Idem Societati Iesu. Sacaio. 1562.
    pag. 167.
Idem Societati Iesu Sacaio. 1563.
    pag. 202.
Idem Societati Iesu.   pag. 191.
Guilelmus Societati Iesu. Bungo. Anno 1559.   pag. 137.

I.

Ioannes Fernandes Francisco Xauerio. Amangutio. Anno 1551.
    pag. 76.
Idem Melchiori Nunni. Bungo. 1559.   pag. 135.
Idem Francisco Perezio. Firando. 1564.   pag. 226.
Ioannes Baptista Montius Michaeli Turrensi. Bungo. 1564. p. 215.

L.

Laurentius Iaponius Societati Iesu in Indiam. Meaco. Anno 1560.
    pag. 146.
    M.

INDEX.

M.

Melchior Nunnes Societati Iesu in Lusitaniam. Malaca. Anno 1554. pag. 87.

Idem Societati Iesu in Europam è Sinarum portu. Cantonio. 1555. pag. 107.

Idem Societati Iesu in Lusitaniam. Cocino. 1558. pag. 130.

P.

Paulus Japonius Societati Iesu. Goa. Anno 1548. pag. 54.

Idem Societati Iesu Goam. Cangoxima. 1549. pag. 73.

Petrus Alcaceua Societati Iesu in Lusitaniam. Goa. 1554. pag. 80.

FINIS.

Errata Librariorum sic emendanda.

PAg. 18. b. in marg. iniuriam illatam. 34. b. 2. nocte. 36. b. 13. post (ipsi) adde (partim. 38. a. 23. sacrilegis. ibidē b. 19. homines. 40. b. 28. post illa: optimis studijs) adde (tum propter paucitatem Sociorum responderi non potest. 42. a. 1. calicem. 46. a. 3. ille. 57. a. 6. anni M.D.XLII. 71. a. 2. delictis. 71. a. 9. de. 76. a. 1. ius. 84. a. 9. esse. 108. b. 3. eminus. 111. a. 1. opimam. 117. a. 22. itinere. ibidem b. 1. sedissent. 125. b. 8. reliquit. 129. b. 15. imbrium. 157. b. 16. magnum. 162. b. 4. sunt.

www.ingramcontent.com/pod-product-compliance
Lightning Source LLC
Chambersburg PA
CBHW050236230426
43664CB00012B/1719